全国教育科学"十三五"规划课题国家一般项目

"历史文化视域下的师德建设长效机制研究"

（课题批准号：BEA200117）系列成果之一。

班主任工作
十日谈

齐学红　李亚娟——主编

幸福老班

教育科学出版社
·北京·

出 版 人　李　东
责任编辑　颜　晴
版式设计　孙欢欢
责任校对　马明辉
责任印制　叶小峰

图书在版编目（CIP）数据

　　班主任工作十日谈. 幸福老班 / 齐学红，李亚娟主
编. —北京：教育科学出版社，2021.3（2023.9重印）
　　ISBN 978-7-5191-2579-0

　　Ⅰ．①班…　Ⅱ．①齐…　②李…　Ⅲ．①班主任工作
Ⅳ．①G451.6

　　中国版本图书馆CIP数据核字（2021）第044628号

班主任工作十日谈　　幸福老班
BANZHUREN GONGZUO SHIRI TAN　XINGFU LAOBAN

出 版 发 行	教育科学出版社				
社　　　址	北京·朝阳区安慧北里安园甲9号		邮　　编	100101	
总编室电话	010-64981290		编辑部电话	010-64981265	
出版部电话	010-64989487		市场部电话	010-64989009	
传　　　真	010-64891796		网　　址	http://www.esph.com.cn	
经　　　销	各地新华书店				
制　　　作	北京博祥图文设计中心				
印　　　刷	保定市中画美凯印刷有限公司				
开　　　本	720毫米×1020毫米　1/16		版　　次	2021年3月第1版	
印　　　张	15.5		印　　次	2023年9月第3次印刷	
字　　　数	215千		定　　价	49.80元	

图书出现印装质量问题，本社负责调换。

再赞"随园夜话"
为终身自觉学习服务

2020 年 12 月 18 日，南京师范大学教育科学学院独创的学习与研究班主任原理的组织形式"随园夜话"已经完成了 100 期！从 2021 年开始，启动"随园夜话"的第 101 期。

"随园夜话"是我们中小学教育者自由组织的学习、研究班级教育与班主任原理和方法的一种组织形式。在"随园夜话"活动中，不论参加者原先的职务、工作如何，凡参与活动的都是学习者。他们学习与休闲结合，轻松、优雅、诗性，共同享受学习、享受友谊、享受快乐。

当前，随着中国特色社会主义进入新时代，我们的教育，包括班级教育，要更好地贯彻落实党和国家的教育方针，实现教育目标，应遵循习近平总书记于 2018 年 9 月 10 日在全国教育大会上提出的培养具有"大爱大德大情怀的人"的指示。

习近平总书记的要求，也正是他提出的建设"人类命运共同体"的精神要求。"人类命运共同体"并非"人类中心主义"，而是"人与自然和谐共生"。早在 2010 年，我国就参与了国际生物多样性年活动，并立下碑文："宇宙何大，地球何小。命脉所系，四海一家。人类自然，相生相长。保护生物多样性，降低其丧失速率。值此国际生物多样性年，特立此碑。"

随着新时代的到来，我们对班级教育与班主任工作，在理论与实践上，都有了更高的要求。在哲学理论上，以《矛盾论》《实践论》为指导；在心理学理论上，以"心育论"为指导。

提高生命自觉。理解一切生命，特别理解人的生命。人的生命是物质与精神的统一，即肉体生命与精神生命的统一。人的生命成长发展包括体、智、德、美各项素质，经历生存、认识、道德、审美阶段。我们要做最好的自己！自己运动，自己教育自己，自己造就自己，自己解放自己，自己拯救自己，自己管理自己，做最好的自己！

做自觉教育者。理解教育本质，依据社会发展要求，依据生命成长发展的规律，有目的、有计划地从事教育活动，促进人的体、智、德、美的发展。教育包括施教与受教。受教即学习。

做自觉学习者。理解学习的本质，依据社会发展要求、生命成长发展的规律，有目的地促进人的知、情、意、行的发展——体、智、德、美的发展。自觉学习者能时时、处处、事事都学习。生命不息，学习不止。做终身自觉学习者！

"随园夜话"是南京师范大学教育科学学院师生的教育独创！新的历史时期，我们应发扬已有的"随园精神"，让老师朋友们轻松、优雅、诗性地融合学习与休闲，共同享受学习、享受成长、享受友谊、享受快乐！让"随园夜话"更好地为提高我们的生命自觉——终身自觉学习服务！

班 华 于朗晴斋

2021年1月

赞"随园夜话"班主任沙龙

2014年1月17日，南京师范大学班主任研究中心举办了"随园夜话"班主任沙龙五周年纪念活动。该中心是于1996年由南京师范大学教育系成立的一个小小的班主任研究机构，中心主任由当时教育学教研室主任高谦民老师兼任。中心成立后，开展了班主任与班级教育研究，承担了教育部立项重点课题，各省（自治区）的共约83所中小学参加了课题研究。中心多次举办全国性的班主任研讨活动，先后公开出版《班主任与德育》《班主任与素质教育》《发展性班级教育系统》《班级：师生成长的沃土》等一系列班主任用书。高老师退休后，齐学红老师继任中心主任，带领大家继续开展班主任研究工作。而七年前开始的"随园夜话"班主任沙龙，则是班主任研究活动的一种创新，一种可贵的教育创新！

七年来，"随园夜话"班主任沙龙共举办了57期活动，每一期都有一个交流主题，参与者多为南京市中小学班主任或学校德育负责人、研究者。南京市邻近的镇江市、太仓市的班主任朋友，也常来南京参加"随园夜话"活动。另外，南京周边的安徽省蚌埠市、郎溪县，山东省枣庄市，湖北省襄阳市等也不时有班主任来参加。年过七旬的黎鹤龄老师是参加"随园夜话"活动的积极分子。他不仅自己积极发言，还认真听取和记录他人的发言，并指导所在学校的年轻班主任承担沙龙主持活动。南京市教育局宣德处处长和有关局领导很关心班主任工作，也经常参加"随园夜话"活动。对于班主任工作的相关研究人员而言，参加"随园夜话"活动为他们提供了一个研究班主任的好机会。

"随园夜话"班主任沙龙，我赞赏它是一种教育创新，因为它是独具特色的班主任研究的新形式，是一个非常好的与班主任朋友们相互交流、相互学习、共同成长的乐园！每一种教育研究活动形式都有各自的特点或优点。但我特别赞赏班主任愉快相聚、自由研讨班级教育的"随园夜话"班主任沙龙，因为它有许多独特的优点。

——它不同于教育科研成果的学术报告会，不是一个人在台上做报告，其余人都坐在台下听报告。"随园夜话"班主任沙龙的所有参与者都面对面地相互交流，主持人或发言者大多用课件表达自己的思想，或者用多媒体演示自己班级的活动。

——它也不同于通常的学术研讨会，它不要求参与者必须事先准备好会议论文，到会上宣读（交流）论文。"随园夜话"班主任沙龙的参与者只要会前根据活动的主题或中心议题，写个简要发言提纲，或者做好发言的思想准备即可。有时，重点发言者根据需要做个课件就是很好的准备。

——"随园夜话"班主任沙龙的参与者都是学习者。这里不像科研报告会、学术研讨会那样严肃。既不需什么开幕仪式，也没有闭幕总结；开始没有领导致辞，结束也没有领导总结。它是一种学习活动，又类似一种茶话会，是漫谈式、对话式的，但又不是不着边际的任意闲聊。"随园"是一个"园"，"园"是有中心、有范围的，参与者围绕确定的中心或主题随意地聊。既有中心，又是自由发言，大家相互交流、平等对话、共同学习、共同成长。

——独特而优雅的"随园夜话"，让我们联想到英国的下午茶。这是一种友好交往的方式，也是一种学习与休闲，一种同行朋友的聚会。"随园夜话"给人一种轻松、优雅、诗性的感觉。确实，在活动过程中，人们是放松的、休闲的、愉快的。参与者或者听着他人班级有趣的教育故事，或者介绍自己班级的教育经验，大家随意品尝着面前桌上的水果茶点，在轻松愉快的氛围中交流着、学习着。每个人物质的、精神的需要都得到了合理的满足，好不享受！

　　——"随园夜话"的"随园"是南京师范大学所在地域的名称，"夜话"表明活动是业余的，是在夜晚进行的，参与交流活动的老师们是自愿来的。参加活动既没有一丝一毫的报酬，而且还要占用自己并不充裕的业余时间。因为他们是一群敬畏教育、忠于职责、热爱学生、积极参与班级教育研究的热心人。在这里，"随园夜话"的参与者们自由地交谈着，愉快地畅想着。他们不仅相互学习，共同成长，而且通过彼此沟通，增进了彼此间的了解，加深了同行的友情。

　　"随园夜话"班主任沙龙，让人们享受学习，享受快乐，享受友谊。作为喜欢班主任工作的人、热爱教育事业的人，能不赞赏它吗？

班　华　于朗诗名居

2015年6月

作为一种生活方式的沙龙研讨

始于 2008 年 9 月的"随园夜话"班主任沙龙，在不知不觉间走过了 12 年的发展历程，共举办了 100 期沙龙活动。从开始时的"七八个人，三五杆枪"，到现在走出很多在全国有着广泛影响力的优秀班主任、德育学科带头人，还有很多南京市、江苏省乃至长三角等地区班主任基本功大赛的优胜奖获得者。他们在这里得到了学术滋养，对于这些一线班主任而言，沙龙也给他们提供了对日常工作进行全面反思的机会与可能。如果说活动开始时还需要信念驱动，那么现在对于很多参与者而言，每月一次的沙龙活动已成为一种习惯：大家在一起谈工作、谈生活，交流信息，获得智力以及情感上的支持和相互慰藉，进而成为一种生活方式。沙龙活动在很大程度上发挥着促进班主任专业研修的作用，只不过没有任何的行政命令，完全是班主任自觉自发的活动，反而更能彰显班主任的主体性：从日常生活层面被动服从于各种行政命令的执行者，变为自主研讨、自由言说的行动主体，实现了从经验型班主任向专业型、专家型班主任的蜕变。这种蜕变得益于高校教师的专业引领、大学宽松自由的学术氛围。沙龙实际上是大学教师深入中小学一线，与一线教师结成的学术共同体和实践共同体。

在日益功利化的当今社会，"随园夜话"班主任沙龙堪称一个奇迹，成为一道美丽的风景线，吸引着来自全国各地有着强烈学习愿望的班主任加入。尤其是在疫情的特殊背景下，我们坚持线上线下相结合的研讨方式，不断扩大在全国的影响力，体现了沙龙一贯秉承的开放包容、民主自由、平等尊重的精神。如今，"随园夜话"班主任沙龙已成为在全国具有广泛影响力的学术品牌活动。

　　班主任工作内容和工作对象的复杂性决定了班主任研究本身具有复杂科学的特点，而有着不同学科背景的专家学者、一线教师围绕某一具体问题展开的研讨，常常具有启迪智慧、开发心智的作用。正因为沙龙具有这样一种自由研讨、自由表达的学术品质，使得所有参与沙龙活动的人都有获得感，所以大家才会乐此不疲，坚持长久。

　　对"随园夜话"主题研讨的内容进行精心设计、组织编排后形成的"班主任工作十日谈"系列，自2015年出版发行以来，在实践领域产生了广泛反响。如今修订再版，在原有主题基础上充实了新的主题和内容，更加具有时代感；与此同时，还将所有主题拍成视频，与纸制版配套发行，彰显了沙龙活动的可视化和现场感，便于读者观看学习，充分发挥了数字化媒体资源的优势，相信会给读者带来不一样的阅读和视觉体验。

齐学红　于朗诗国际
2021年1月

目　录
CONTENTS

班主任的教育情怀从何而来

在长期与一线教师和班主任的接触中，我发现，一个真正热爱教育、将教育作为毕生追求的人，他们身上往往有这样的共同特点，那就是对学生、对教育事业的热爱，以及沉浸其中的幸福感。这种幸福感因爱而生，尤其是当遇到外界诱惑或挫折时，表现为对自己理想信念的坚守。这就是教育情怀。也许有些人不是用"情怀"而是用别的词语来表达，但是，当你看到那些优秀教师或班主任在谈到自己的工作或自己的学生时，眼神里闪烁着的幸福光彩，工作中表现出的全身心的投入状态，"教育情怀"这个词语就会脱口而出。与"教育情怀"非常接近的是"教育信念"，它们的区别在于一个是"情"，一个是"信"。"教育情怀"因情而生，始终与情相伴，这种感情虽经历岁月的磨炼但历久弥新；"教育信念"在于目标的明确，更多地基于理性的思考与判断。

在一些人眼里，"教育情怀"可能是高大上的，令人生畏，很多人敬而远之。在我看来，它不过是一位教育人在长期从事教育的过程中形成的稳定的教育品质。"教育情怀"不能简单地等同于教育理想、教育信念，也不能归之于理性或认知，而是集理性、感性、知性与真善美于一体的，是一个人精神风貌的具体显现。教育情怀不是空穴来风，更不是故作姿态，而是深深植根于现实的土壤，源于教师独特的个人生活史和生命体验，并与理想和激情为伴，表现为自觉地提升自己的生命品质和精神境界。它代表着诗与远方，具体体现在教师日常的教育教学实践中。教育情怀可以从几个不同维度加以理解：对理想信念的坚守，对待学生的宽容与悲悯，对功名利禄的淡泊，对待人生的积极乐观，自我人格的独立与自由，等等。

本书源于我对自己身边一些优秀班主任成长故事的收集与整理，以及对他们个人成长史所做的叙事探究。他们中大多数是"随园夜话"班主任沙龙的核心成员，十年如一日地坚持参加沙龙活动，我对他们都非常了解，某种程度上可以说见证了他们的成长。这十位班主任中，有四位小学班主任，两位初中班主任，三位高中班主任，一位职校班主任。其中，女班主任七名，男班主任三名，是比较有代表性的。他们中有的曾在长三角地区中小学班主任基本功大赛中取得优异成绩；有的获得五一劳动奖章；有的获评南京市"斯霞奖"。多数已成为所在地区的德育学科带头人、名班主任工作室负责人，有的已被提拔到校长岗位。在这些令人羡慕的名誉和荣誉面前，他们仍能保持一颗热爱班主任工作的初心，有的甚至主动放弃了行政工作岗位，坚持回到教学一线做一名普通班主任。我相信，从他们身上可以发掘一些构成优秀班主任特质的共性因素，其一就是教育情怀。在本书中，对于他们生活史的研究分别从家庭影响、学生时代经历、工作经历以及与学生的关系等方面加以描述和呈现。通过对这十位班主任成长史所做的深入分析，我试图揭示教育情怀的内涵及其诞生过程。

一、教育情怀的人格特质

一个有教育情怀的人，首先是一个有独立思想、独立人格的人，他们对于生活、教育、学生有自己的理解，不容易受周围环境的影响，绝不人云亦云。其次，有教育情怀的人一定是有人生大智慧的人，他们的生命状态积极向上，对于个人的名利得失、功败垂成淡然处之；善于与人相处，能够实现个人内心世界与外部世界的和谐共处。换句话说，有教育情怀的人往往人生格局大，不计较个人的得失，视野胸怀更为广阔。教师职业本身就是一项触及人的心灵的事业。因为与人打交道，尤其是与未成年的学生打交道，教师自己的人生境界一定要更为宽广；因为面对的是学生，要在他们的人生道路上发挥积极的引领作用，首先自己要成为一个人格健全、道德高尚的人，教师的言传身教本身就是最好的教育。一个自身人格有缺陷的人，即使学问再高深，也不能担负起教师应有的使命和责任。

正如常州高级中学谢晓虹老师所说："教育如果不能指向使教育者和受教育者都拥有感受生活幸福和创造幸福生活的能力，那么就失去了其存在的价值。所以，我希望自己的学生具备独立人格，有独立思考的能力，能对自己的言行负责，能客观观察和评价社会现象。"独立人格、独立思考构成了教育情怀的内在人格特质。

二、教育情怀的构成要素

从十位优秀班主任的成长叙事中，我发现，班主任的教育情怀大致有如下四个构成要素。

（一）一颗热爱教育的初心

教育情怀最初源于早年个人生活中埋下的一颗热爱教育的种子，因此，当他们在面临职业选择时，能毫不犹豫地选择教师职业。他们对教师职业的热爱或源于父母的言传身教，或是因为自己喜欢的某位老师，有的则是因为曾经遇到过一位伤害自己的老师，而决意要成为一名善待学生、善待生命的好老师。从这些教师的成长故事中可以看出，他们是一群注定一生将与教育结缘、与教师职业相伴的人，其间虽然有过或因工作成绩优异获得职位升迁，或因一时工作受挫或生活变故，本可以离开教师岗位，但他们最终还是选择了与教师职业为伴。

昆山市葛江中学的于洁老师出身四代教师世家，传承了"做个读书人，保持独立的精神人格"的家训，从小埋下了爱读书的种子；因亲身感受到父亲作为教师、作为班主任的那份笃定、平和与美好，对教育事业的意义和价值有了更深体悟，从此立下了不辱没父亲美名的志向。因为出身教师家庭，对于教育有着特有的敏感与领悟；因为遇到了优秀的任教教师，习得了这些教师身上的优秀品质，汲取了更多的正能量。在她眼里，教育从来不是枯燥乏味的说教，而是与一群有血有肉的鲜活生命演绎出的生动故事。因为品尝到了做班主任的幸福与美好，即使遭遇了生活中的苦与痛，也不会选择放弃。班主任事业对于于洁老师而言是一种成全。总之，优秀教师、优秀班主任无不有着一颗热爱教育的初心，这颗初心在经历了生活的磨难和洗礼之后愈加纯粹和执着。

（二）对于教育理想与信念的坚守

教育情怀源于对教育事业的理解，以及对自身工作意义和价值的认同。这成为班主任在教育事业中执着追求的原动力。对于这些优秀班主任而言，在班主任工作实践中同样面临诸多现实的困扰，但他们的不同之处在于，能凭借对教育事业的热爱和对教育理想的坚定信念克服重重困难，在赢得学生、家长以及社会认可的同时，享受精彩的教育人生。当面对困难与挫折时，他们通过个人的虚心好学，或主动寻求专家学者的指导，或寻求同伴的支持与帮助，进而渡过难关，取得了良好的工作业绩，实现了个人成长与专业发展的良性循环，在班主任专业成长道路上积蓄了更多的正能量，获得了源源不断的自我发展的动力。相比于许多班主任而言，他们是其中的幸运儿，因为他们的幸福指数更高，幸福感也更持久。

谢晓虹老师对于教师职业有着自己的理解，她说："我一直告诉自己，除了这三年，我的心里要有你们三十年的人生，要有这个民族三百年的未来！"一个拥有这样的胸怀和社会责任感的人，才会不断追寻生命的意义和教育的意义，才会把这样的意义感、存在感、价值感传递给班上的每一个孩子。当谈到班主任工作时，她的一句"我愿意"就是对教师职业及教育信念的最好表达。常州市武进区人民路小学的王晓波老师对教育有着自己的理解与感悟："做教育其实是件挺朴素挺自然的事，就像农人想要种出最自然美味的庄稼，用的是最原始最朴素的方法一样。"她的班主任职业生涯源于"只有当班主任，才称得上是真正意义上的老师"这一教育信念。对工作意义和价值的理解与认识，决定着一个人的工作态度和工作状态。这就是为什么面对同样烦琐而又压力重重的班主任工作，很多班主任或望而却步，或苦不堪言，而这些优秀班主任却能乐在其中。

（三）良好师生关系的建立

教育情怀的核心是对教育、对学生的那份历久弥新的情感。正如苏霍姆林斯基所说，最好的教师，教育修养中起决定性作用的一种品质就是对孩子的依恋之情，对学生的爱、热情、激情、智慧。从这些优秀班主任身上，我们时时能够感受到他们对待学生的用情之深、用情之切。他们对待学生有一种发自内心的热爱，他们与学生亦师亦友，不是亲人胜过亲人。他们与学生之间的关系不是一种工作关系，更不是例行公事，而是有着更为丰富的内涵，即使仅就工作关系而言，也不是一种教育与被教育的单向度关系，而是互为成长伙伴。他们清晰地认识到，班主任对于学生并不是只有奉献与牺牲，而是同样被这些鲜活的生命所鼓舞和感染。正如蒙台梭利所说，儿童是成人之父。在很大程度上，是学生成就了教师，成就了班主任。对于这些优秀班主任而言，尤其能够体悟到这句话的深刻内涵。

谢晓虹老师在自己的教育小传中有这样一段话：

张爱玲说："因为懂得，所以慈悲！"知道自己执着的也不过是那些青春的岁月、长大的故事，因为爱着这样的生活，所以教师工作在我总是乐趣多于烦琐的。

喜欢感受一颗心灵从沉睡到觉醒的慢慢丰盈，喜欢体会一个少年从懵懂到智慧的点点积累。试问，有多少人能拥有这样的幸运，可以怀着这样的欣喜，注视和分享一个个作为个体的人的成长？

也许真正的热爱就是这样不功利、不自私的，在我的所得和付出这架天平上，从未觉得所得太少，付出太多。记不清自己的心里曾有过多少感动，数不清自己的眼中曾有过多少幸福的泪水，理不清自己的手上握着多少祝福。生活是慷慨的，做一名教师是幸福的。

南京市致远初级中学沈磊老师写道："我何其幸运，能与学生共成长。"这无疑是对师生关系、对教师职业幸福的由衷表达。他的班主任职业生涯源于对建立良好师生关系的追求，因为他珍惜并且期待一份师生感情！他写道："尽管平日的工作很辛苦，却能在最真实的喜怒哀乐中与学生共同成长。从岗位，到职业，再到专业，我在班主任专业成长道路上沉醉不归。教育，诗意地栖息在生命里，而我则恰好幸运地以最真实的方式参与了其中。"

（四）在不断学习中实现自我超越

班主任教育情怀形成的关键期是功成名就之后。在班主任工作经历中获得短暂的成功，由此赢得学生、家长和社会的认可，对于这些优秀班主任而言，并不是一件十分困难的事情，难就难在功成名就后的自我存在状态。很多班主任的职业生涯可能就止步于功成名就后的沾沾自喜。正如哲人所说，认识你自己！自我超越往往是最困难的。我认为，自我超越有两个关键点：一是对教育持有一颗平常心，不断超越世俗的功利心、功名心，将教育提升到一种自我超越的精神境界；二是不断学习，使自己的精神世界日益丰满，而不是让自己沦为物质生活的奴隶。

在现实生活中，有很多名班主任有了一定的名气和声望之后，自我意识极度膨胀，会刻意炒作自己，把自己作为谋取私利的工具，甚至在班主任圈子里拉帮结派、相互攻击，与自己宣称的教育理念和思想背道而驰，造成了不好的社会影响。我曾在一篇文章①中区分了名班主任和优秀班主任，在我看来，优秀班主任是能够经得起时间考验的。面对世俗的名利和物欲，优秀班主任大都具有很好的自我反思意识和批判精神，能通过不断自我学习，提高自己的精神境界和生命质量。

对许多班主任而言，他们往往被大量烦琐的日常事务性工作缠身，无暇进行自我提升和专业学习，进而逐渐丧失专业成长的动力，出现不同程度的职业倦怠感。而对优秀班主任而言，他们专业成长的动力源泉来自哪里呢？他们或是通过不断地自我学习，或是通过参加专业培训，或是向专家学者学习，或是与志同道合者为伴，从而获得进一步提升的动力。

谢晓虹老师认为："一个优秀的教师，应该善于认识自己，发现自己。……一个人只有找到自我成长的途径，才能有持续发展的内在动力，教师也不例外。自己与自己对话，是一个人成长的重要途径。"

王晓波老师写道："人生不能没有理想和追求，且不能仅仅以成败来衡量内涵丰富的生命。在教育路上我始终坚信：只要上路，就会遇到庆典。"她在自己的班主任职业生涯中努力成为一个自觉的学习者，不断寻找和树立学习的榜样，在经历了不断向优秀班主任学习的过程之后，走出了一条自己的专业成长道路。

南京江宁高等职业技术学校的陈斌老师坚持不断学习，养成了广泛阅读和自我反思的习惯。他认为："班主任工作说到底是做人的工作，需要班主任对人性有充分了解，不但要了解学生，还要了解自己。有着什么样的学生观、自我观念，将决定你有什么样的思维方式和工作策略。"他在职业学校班主任工作岗位上辛勤耕耘，做出了不平凡的成绩，他在六年时间里，带领一批不够自信的中职学生完成了

---

① 齐学红 . 我们向优秀班主任学什么？ [J]. 班主任，2013（1）.

二十部微电影和数十万字的毕业文集。

正如年轻班主任沈磊老师所说:"一辈子做班主任,一辈子学做班主任。这是一个信念,也是一种情怀。这样的选择就意味着我会心甘情愿地多付出一些辛劳,多挑起一些责任,却也将收获更多无私的爱。班主任只有和学生一起成长,教育的生命才会充满意义和价值,从而激发一个孩子,带动一个家庭,乃至优化整个社会。班主任的真正成长与发展,在其内心的深度觉醒。班主任的教育情怀是对未来的守望。这份情怀会是我对教育本质理解后的一种执着的大爱,它会为我提供不竭的动力,也能带动我周围的人,让大家一起播种爱,感受爱,传递爱。"

概括而言,拥有教育情怀是一个教师终身修炼的过程及结果。如果说热爱教育的初心是面向过去,承接历史,那么,坚守理想与享受师生关系的幸福则是面对现实,在现实中获得成功与积极的心理体验,同时也面向外部世界,不断寻求社会认可和自我价值感。之后则是回归内心,面对自我,不断超越,是一个由外而内、挖掘自身生命潜能的过程。换句话说,教育情怀的获得需要人不断进行自我提升和自我修炼,这是一个漫长的过程。就像《西游记》里的唐僧、孙悟空师徒几人到西天取经,历经九九八十一难,最终取回真经;所谓的真经不是无字之书,而是整个取经的过程,或者说是一种历练。我相信,任何人只要潜心向善、向学,热爱教育,毕生追求,不离不弃,一定可以取得"真经",在上下求索的过程中,不断提升自己的生命质量,成为一个有教育情怀、能享受教育幸福人生的人。

这里为大家呈现的十位优秀班主任的教育叙事,是他们人生的写照。虽然同为班主任,但每个人身处的生活境遇、地域或学校环境是各不相同的,有的甚至存在着巨大的差异。从生活史的角度研究班主任的教育情怀,就是把每个人的教育经历、班主任工作经历置于不同的生活或人生底色之上加以理解。教育即人生，人生即教育。不管他们身处什么样的生活境遇，教育都是他们生活中一道亮丽的风景线。热爱教育激发出他们个人发展的无限潜能，进而点亮或照亮学生以及周围人的人生。

齐学红

2017年7月

王晓波：把梦想变成一生的坚守

●●● 常州市武进区人民路小学

[教育小传]

我，一名科学老师，奉行"教育即生长"的育人理念，秉持"文化治班，治文化班"的带班理念，以"让每个生命在教室里开花"为自己的毕生追求。

我始终坚信，在教育孩子的过程中，家长的影响远远大于教师。因此，我在培育孩子的同时，更花大力气改变家长的观念，提高家长的育儿水平。我坚持每周为所带班级的学生、家长写信；坚持记录班级日志，每周出班刊《蓝泊湾》，向家长推荐文章，并为其提供交流平台；创新班级文化建设，在班中组建"母亲会"，开展的"家长讲师团"系列活动成为班级品牌活动。所带班级多次被评为"优秀班级""书香班级"和"十佳班级"，还入选全国新教育"十佳完美教室"。而我的教室也成为"雷夫常州行"唯一到访的教室，并得到了雷夫的充分肯定。担任班主任的十年里，我曾连续三次被评为"感动校园十大人物"，先后获区和市优秀班主任、优秀教育工作者称号。2012年2月，被评为常州市首届"学生最喜爱的班主任"。2018年8月，被评为常州市首届"特级班主任"。

我原本是一个内向而被动的人，却因为与孩子相遇而不断改变自我，超越自我。人生不能没有理想和追求，且不能仅仅以成败来衡量内涵丰富的生命。在教育路上我始终坚信：只要上路，就会遇到庆典。

从教之初的三年里，我是一名普通的专职科学教师，耕耘在实验室这方小小的天地里。"专职科学教师"曾经是我引以为傲的身份，然而，当"科学教师"的身份遭遇"班主任"这个角色时，我所有的骄傲和自信在瞬间瓦解，因为这个学科标签，我每接手一个班级，都要面对家长无尽的质疑，而质疑最多的便是："你不教语文，做什么班主任？""你教科学，能做好班主任吗？"每一次，我都要用比语文老师多几倍的时间和精力去赢得家长的信任，然后才能开始我的正常工作。

如今，带班整整十年了，我已从当初青涩的班主任新兵成长为一个有自己独立主张的成熟班主任。我不再介意自己是教什么学科的老师，十年的班主任经历告诉我：班主任教什么学科并不重要，重要的是要记得，你是一个教孩子成长的老师。就像我的一位家长说的："班主任教什么学科并不重要，重要的是他会带着全班一起向前走。"

带着全班一起向前走，让每个生命在教室里开花——这就是我小小的梦想。这个梦想引领着我从迷茫走向成长，让我在实践中一步步锤炼，在沉静中徐徐绽放。最终，我将这小小的梦想变成一生的坚守。

迷茫：我能做一名称职的班主任吗？

我一直固执地认为：只有当班主任，才称得上是真正意义上的老师！虽然新的教育理念不断充实、更新着教育管理者的头脑，但谁又会相信一个科学教师能做好班主任呢？别说其他人了，就连自己也有些怀疑：我可以是一个受欢迎受尊敬的科学老师，但我能做一个称职的班主任吗？从此以后，还能心平气和地对他们微笑吗？还能无拘无束地与他们聊天吗？

——2002 年 8 月 30 日

2002 年 8 月，学校大胆改革，启用非语文学科教师担任班主任。于是，我这个科学老师带着领导的信任，顶着家长的质疑，在学生的欢呼声中走马上任了。

　　然而，特殊的学科背景决定着我走这条路必然会遇到许多挑战：比如，我每周有二十节课，但只有两节课是自己班里的。这样的现实让我根本没有时间走近学生，更不用说走进他们的心灵了。当时我接手的是全年级纪律最乱、学科成绩最差的班级，由于缺乏对学生的了解，又没有相关经验可借鉴，所有的一切只能靠自己摸索：为了了解学生的学习情况，每天一有空，我就一本本地翻阅学生的作业本，语文、数学、英语，从课堂作业到家庭作业，从默写到作文……，我寻找学生成绩落后的原因，分析学生错题的缘由；为了提升学生的学习成绩，我偷偷挪用自己的科学课给他们讲数学题，带他们学语文，补英语，然而收效却甚微。那一年，学校举办全校运动会，我想既然我们在学习上比不过其他班级，那么我们就在体育上扬眉吐气吧！于是，每天放学，我都亲自带领运动员到操场练习。学生不会的，我亲自示范。很快，迎来了比赛的日子，我信心满满地带着这支队伍去迎接挑战。成绩播报那天，我和孩子们在教室里屏息凝神地听着广播，满怀期待地等待我们的排名：第一名、第二名、……第三十名、第四十二名……，迟迟没有我们班。我们班排在全校最后一名！当着学生的面，我的眼泪就流下来了。回到空无一人的办公室，我忍不住号啕大哭，所有的委屈，所有的难过，统统都随着眼泪发泄出来了。我不明白，为什么自己付出那么多却换来这样的结果，为什么自己用心投入却无法换来学生的进步。我无法释然。

　　当自己全身心的付出没有获得一丝回报时，我的心理一度失衡，脾气变得暴躁易怒，常常莫名其妙对学生发火，学生的心也离我越来越远。同事们劝我别做无谓的挣扎：科学老师注定是不适合做班主任的。"科学老师真的做不好班主任吗？"我不甘心，更不愿意在这样的状况下做逃兵。我暗下决心，一定要做出个样子来！

　　在焦头烂额中，我开始寻求出路。我加入了当时正兴起的学习魏书生老师的热潮中。我不仅将魏老师的班规班纪全盘复制到班级中，还将魏老师的"道德长跑""写说明书"等统统移植到班级管理中。这些制度的运用确实在某种程度上提升了班级管理的质量：五年间，我所带的班级常规工作秩序井然，学生规范有序，班级几乎每周都被评为"文明班级"，学校甚至还以我们班为原型，拍摄了"学生一日常规"专题片。一时间，我们班成了各班争相学习的榜样。

然而，表面的风光却掩盖不住我的担忧：每个孩子仿佛都是班级这个大机器上的一个零部件，当部件齐全时，机器运作良好，而当某个零件出现问题或者脱落时，机器就会因故停运或运行紊乱。按部就班使得浮于班级表面的常规质量得到了提高，但学生生命的品质却并未得到提升：我过于关注学生的共性，却忽略了学生的个性。说到底，我所谓的学魏书生，不过是学了点皮毛，求了个形似，照搬照抄了他表面上的条条框框，至于他深邃透彻的思想理念、圆融智慧的教育哲学，则半点没学来。而且，我还忽略了小学生和中学生之间的差异。

更让我苦闷的是，虽然我知道了问题所在，却没有能力去解决。

成长：从一个人走到一群人走

是谁说过的：什么时候开花并不是最重要的，重要的是它永远在成长！三十岁，也许相对一个人的成长而言，起步是晚了点，但重要的是，我起步了。一如傲立于漫天风雪中的干枝梅，怀抱着自己的理想，坚信着自己的力量，昭示着自己的存在。

——2007 年 12 月

有人曾说过，如果你想走得快，一个人走。如果你想走得远，一群人走。由于经验积累以及教育阅历的不足，我无法真正从实质上将魏书生老师的教育智慧融会贯通，使之成为自己的人生财富，所以整整五年的时间，我独自的摸索没有获得更长远的进步。

真正的转变始于 2007 年 12 月的一次江阴之行。那是我第一次外出参加班主任培训。那一次，我不仅结识了许多优秀班主任，更有幸结识了李镇西老师。聆听了李老师的报告，且在与李老师的交流中，我第一次发现，原来，教育生活可以如此丰富多彩！李老师的智慧和幽默深深地影响着我，其他老师的热情也不时地感染着我，内向而不善言辞的我开始加入他们的交流和讨论。每个周三，我们相聚网络，谈学生，谈读书，谈教育热点……。在思维的碰撞中，我开始反思自己的教育行为，发现自己一直以来过于注重教育的技巧，忽略了教育本身，忽视了学生生命的成长，而这些，也许正是我学习魏老师却不得其法的深层原因。我的教育生命因为这次美丽的邂逅，而变得更加丰润。江阴之行，不仅改变了我的思维方式与行走方式，更改变了我的人生。"我要开花！"我第一次在心间生发出如此强烈的成长渴望。

李镇西老师常说："实践是基础，读书是关键，思考是灵魂，写作是成果！"知道自己和优秀老师的差距后，我立刻行动起来。我开始尝试每天做"五个一工程"：上好一堂课，找一位学生谈心或书面交流，思考一个教育问题或社会问题，读不少于一万字的书，写一篇教育日记。阅读与交流为我打开了另一扇窗户，我逐渐意识到，要将技巧化作教育智慧，仅靠班主任一个人的力量是远远不够的。作为一名科学教师，我清楚地看到孩子们在语数英课堂上与音体美课堂上，呈现出完全不同的状态。"是时候改革了！"我对自己说。

率先改革的便是班规班纪。当时的班规班纪强调的是"一旦触犯某条班规，将受到某种惩罚"，在我看来，这是用一种"恫吓""威胁"的方式规范孩子的行为，孩子们因为"害怕惩罚"的心理而不敢"触犯"规则，从而不得不"遵纪守法"，这样做的终极目标是便于教师实行班级管理，而并非立足孩子生命成长的需要。孩子们只知道这样做不好，不能这样做，却不知道怎样做才是好；孩子们知道底线不能触碰，却不知道自己其实可以做得更好。班里没有一种制度或评价方式立足孩子们的视角去设计，去引导孩子们朝向美好。在这种背景之下，我根据孩子们之间流行的"集卡换购"游戏，推出了"善德币"的评价体系。我和孩子们商量"哪些行为是好的，值得表扬的"。三年级的孩子还有些懵懂，在老师的再三引导和启发下，也只能说出诸如"每天按时完成作业""上课认真听讲"此类关于学习的几个方面，并不能涉及教育生活的方方面面。没关系，慢慢来吧，先把孩子们能想到的几条贴在墙上，如若孩子们能做到，便给他们发放相应的善德币，随着教育生活的不断展开，孩子们会发现"挣分"的机会很多：按时完成作业，背书，为班级服务，帮助他人等，从班主任分管的内容，到学科教师分管的范畴。善德币从班主任处流通到各学科教师处，自然，墙壁上的积分规则也越来越多，越来越全面。一时间，"攀比"蔚然成风。孩子们把阅读经典当成一种善德。每天早晨，彼此争相背诵经典诗词，兴致盎然；他们把感恩当作一种善德，从"杯水行动"到"母亲节的康乃馨"，他们乐此不疲，沉醉其中；他们把责任意识当作一种善德，每个人的责任区尽心尽力完成，即使有时忘记了，总有同学善意地提醒；他们把节约当作一种善德，用完的草稿纸主动放入回收筒……。为了赢取善德币，孩子们"不择手段"寻找为班级做贡献的机会。曾经，几次三番做动员，请孩子们给班级添一份新绿，带一些植物到班级里来，但苦口婆心最终没有收获多大成果。全班五十六名学生中，仅有两名学生带来了植物。而今，且不说那些植物了，就是孩子们视为珍宝的书籍，三天两头都有孩子带来作为班级图书角的新鲜血液，至于争着去做值日工作的更是屡见不鲜。

在推出"善德币"评价体系，初尝了各学科教师团结协作凝聚成一股教育力量的甜头后，我开始大胆改革，在原有学科教师共同体的基础上，再度联合各界力量一起参与到教育中来。我在班里组建了三个教育联盟，即：学科教师共同体、家校联盟共同体、社会义工联盟。其中，家校联盟共同体由家委会和母亲会组成。一位学者曾说，推动世界的手，就是推动摇篮的手，未来的竞争，不在硝烟弥漫的战场上，而在当代女性的手中，这充分说明了母亲在孩子培养中的重要作用。我们发现，随着越来越多的女性从社会转向家庭，成为全职妈妈，教育的大军里无形中就多了一支生力军，如果能够充分利用好这股力量，将给孩子们的生活，给教育带来无限的可能性。于是，我在分析了班级实际情况后，做了如下说明：在功能上，家委会侧重于宏观上班级建设与发展的规划，母亲会更多地侧重于微观上班级活动的组织与实施。在性别结构上，家委会成员以一切有志于儿童教育的家长为主，无性别限制，而母亲会则主要以女性为主。而社会义工联盟则是一支由有志于儿童教育的社会人士组成的教育团队，这里既有各行各业中的管理人员、成功人士，也有具备一技专长的普通大众，比如清洁工、厨师等。老师、家长、义工因孩子走到一起，共同为孩子的成长出谋划策，身体力行。

每学期初，我组织家委会和社会义工联盟共同规划班级一学期的走向，聚焦孩子们的成长点，我们一起设计活动，制订计划。一个学期开始后，母亲会和社会义工联盟根据计划开始实施活动。无论是悉尼妈妈的电影课、邵爸的烹饪课，还是赋力企业管理培训中心杜叔叔的活力营，都受到了孩子们的热捧。而孩子们的反应也在不断地激励鼓舞着家长参与教育。悉尼妈妈曾经给家长们讲过自己和女儿的故事。悉尼妈妈平时工作强度很大，若有空闲的时候，她喜欢和朋友们打打麻将作为放松。这个小爱好引发了女儿的强烈不满，每当她试图教育女儿时，女儿总会很反抗甚至很反感："你除了打麻将还会干什么？""凭什么你可以打麻将，而要我学习呢？"自从她来班级上过课，受到全班同学的好评，甚至时常有人央求悉尼妈妈再来班级上课时，悉尼开始重新审视自己的妈妈，觉得妈妈身上有很多优点，母女俩开始冰释前嫌。期末时，悉尼妈妈以最高票被孩子们评选为"感动班级十大家长"。大家给她写的颁奖词是：

我们的欢笑声中，有您不辞辛劳的汗水；我们的明事理中，有您倾囊而出的智慧。在我们眼里，您，早已不只是某个同学的妈妈，更是五（8）班全体同学的妈妈。因为春暖，五（8）班花苑里的花儿开得更艳。

段老师是武进电视台"生活连线"栏目的著名主持人，也是我们班社会义工联盟中的一员。第一次找到他，是因为我正在为班里的"梦想课程"寻找一位拥有梦想且能够现身说法的榜样人物，偶然听到他的故事，觉得他就是我理想中的人。于是，千方百计联系上他，而他也十分热情，满口答应了我的请求。于是，我们便开始了漫长的备课过程，首先是主题的确定，其次是呈现形式的斟酌。我们从 QQ 上沟通，到多次面对面交流，最终在一个月后将教案定稿。那天的课非常成功，不仅吸引了我们班的孩子，更吸引了所有来校实习的未来教师，以及我们的生活老师。之后，我接手三年级，发现所带班级的学生在朗读及对语言文字的理解上不是很好，于是，我又想到了段老师，再次和他联系，请他来给孩子们上了一节口语训练课。上完课后，他对我说："语言的感觉及口语口才的训练是一个长期的过程，不是一两节课就能解决问题的。"他提出自己愿意每周为孩子们义务上课，通过系统的学习让孩子们有所进步。从那以后，每周四，段老师都风雨无阻地赶来为孩子们上课。孩子们的进步也显而易见，他们不仅对语言敏感多了，而且勇敢了、自信了。更让我惊喜的是，孩子身体里沉睡的潜力被不断唤醒，对周围事物的兴趣和关注力也在不断被激发。虽然段老师不是我们班某位同学的家长，但期末时，孩子们却一致推选他为"学生最喜爱的十大家长"之一，并为他写了颁奖词：

浩轩爸爸：有一种爱叫"成全"。您，虽然不是我们某个同学的家长，但您却用父亲成全子女般的大爱坚持指导我们口才练习。每周四，您风雨无阻，从单位赶来学校上课。您精心准备课程内容，幽默的语言、夸张的表情，常常逗得我们哈哈大笑。您用心为我们架设展示的舞台：万达广场汇报演出、常州电台小小故事会……，一次次锻炼，让我们变得越来越勇敢，越来越自信！屏幕上，您用热情感染着每一位观众；课堂上，您用梦想激荡着每一位学子；生活中，您用大爱书写了属于自己的生命传奇。

多年的班主任经历告诉我：不是每一个孩子都喜欢并适应学校课程的，家长和社会力量的加入，为孩子的成长提供了更多的可能性。

改革后的班级生活丰富多彩，充满活力。孩子们生长其间，自由舒展，每一天都充实而快乐。他们关注的焦点也从最初只关注学科成绩到关注教育生活的方方面面。

锤炼：对生命有了更多的敬畏

这七个多月，于我的一生，在时间上，也许太过于微不足道，但在价值上却非同寻常：它不仅让我体味到了另一种学科的美妙，更让我体味到了另一种人生的价值，让我倍加珍惜生命中的每一段经历。这七个多月，我和孩子们一起在音乐中净化，在绘画中神思，在故事中成长，在聊天中共同走过阴霾；我们一起哭，一起放声大笑，在心情的更替中重塑自我，在心灵的重建中认识生命存在的价值。

——2009 年 1 月 11 日

正当我在自己的教育田野里大胆改革、精耕细作，不断品尝着学生进步的喜悦时，突如其来的汶川大地震打破了我平静的生活，也打乱了我的实验计划。

2008 年 6 月 3 日，一百零六名地震重灾区的孩子在武进当地一家企业的资助下，来到常州，在偏远的泰村实验学校落脚。我临危受命，挥泪告别了相处近一年的学生，赶赴泰村实验学校绵竹班支教。

尽管早已在电视上领略了地震的惨烈，尽管也曾为面对这些孩子，做了充分的思想准备，可当真的见面时，我还是惊愕不已：落目处，是几个孩子头上触目惊心的伤疤，大部分孩子胆怯，幼小的心灵充斥着惊慌、无助和对家乡的思念，眼里写满了凝重的忧伤；他们有的在教室默默地流泪，还有的反复叙述着自己死里逃生的遭遇。

这些孩子，尽管有时表现坚强，但受过伤的内心并非即刻就能痊愈的，他们变得特别敏感，特别没有安全感。刚来时，看到食堂和宿舍的墙壁上有裂缝，硬是不肯进去，都惊恐地大喊："地震来了！"雷雨来临，又是惊恐万状，纷纷询问："怎样才能预防雷击啊？"报刊中的自然灾害的消息，总能吸引他们的眼球……。面对这样的孩子，我能做什么？我不敢轻易说话，生怕说错话伤了孩子；我不敢轻易微笑示好，怕笑容刺伤了孩子。但有一点我很肯定：我希望他们重拾快乐，获得幸福！

　　为了让孩子们暂时忘记灾难的伤痛，我给他们买书本、羽毛球拍、绳子、皮筋、音箱等物品。每个周末，我组织年轻的美术老师、体育老师去给他们上课，我试图用经典著作、多彩活动、优美音乐去丰富孩子们的生活。为了让怯懦而自卑的孩子们尽快走出灾难的阴影，正确认识自己，恢复自信，我带他们做读写绘。为了给孩子们打造值得回忆珍藏的童年生活，我组织他们开展各种各样的活动：成语接龙、古诗词擂台赛、班级运动会、课本剧表演等，让孩子们在异乡的土壤里茁壮成长。

　　看着孩子们一天天成长，我却没有期待中的放松，反而有更多的担忧：作为备受瞩目的灾区孩子，几乎每天都有社会各界的爱心人士、公益团体来校献爱心赠送礼物，而孩子们却常常为礼物的分配不匀而争吵，甚至为争夺礼物而大打出手。长期闭塞而有保障的生活让他们习惯了依赖，习惯了被施舍，习惯了被安排好的生活。人们的爱心抚平了他们的伤痛，却也滋长了他们不劳而获的心态。

　　显然，这不是健康的心态。于是，我给他们写了一封题为《别把爱心当作理所当然》的公开信。

别把爱心当作理所当然

亲爱的孩子们：

　　你们好！

　　其实，想讲这个话题的冲动由来已久。

　　如果硬是要说出一个源头，那么可以追溯到你们初来时（应该是2008年6月5日吧？）的第一次活动——和常艺校的联谊。记得活动的最后一个环节，是常艺校的哥哥姐姐们给你们发礼物。当时，你们一百多个孩子拥挤在"星空间"狭小的舞台上，面对着那些诱人的礼物，你们拼命伸出小手，犹如那饥渴的幼雏焦急地等待着母亲的喂食一般。你们争着，抢着，全然不顾台下坐着的观众们。虽然，有那么一瞬间，我很是惊讶于你们的举动，但转瞬我就理解了你们。所以，孩子，我不怪你们！因为初来的你们，是那么好奇这个新奇的天地，那么新奇人们的爱心。你们率真地表达着自己的想法，台下的每一个人都宽容地看待这一切，看着经历灾难的孩子在面对礼物时的开心。

孩子，人们是因为疼痛，所以才理解；是因为爱，所以才宽容。

活动结束后，你们回到教室，依然沉浸在收到礼物的兴奋中，互相交流着，喜悦之情溢于言表。也许是我过于粗糙，竟忽略了在这欢腾的背后隐藏着的悲伤：因为礼物分配不均，一些同学竟然因此委屈了，甚至哭了——请原谅我当时的不冷静。记得当天的课上，我就自己所看到的谈了感想。虽然没有批评之意，但已经表明了立场：希望大家能够满怀感激地面对每一份爱心，并以自己的绵薄之力，将爱心延续。其实，说完之后，我就开始后悔了。我后悔自己的那些话会不会说得太早以至于扫了你们的兴？或者是我太过于苛刻？面对诱惑，即使成人也未必能抵抗得了，何况尚未成年的你们呢？

孩子，我是因为理解，所以才宽容；又是因为在意，所以才苛刻。

记得，我刚认识你们的时候，几乎每天都要买些东西给你们。有时是一些课余休息时的小玩具，绳子、皮筋、羽毛球拍；有时是满足你们肚里馋虫的小零食；有时是书本、文件夹、手提包……。而当有一天，我猛然发现，你们什么都在指望着我时，我傻眼了，这不是我的初衷！当救助成为常态时，也许可以说是社会的某些方面的进步，但也同时意味着某些方面的退化。那绝对是件很可怕的事。你们习惯了依赖，习惯了被施舍，习惯了被安排好的生活。总之，一句话，人们的爱心抚平了你们的伤痛，却也滋长了你们不劳而获的心态。

于是我想尽各种办法来扭转局面。善德币，就是那时应运而生的！虽然说"善德"是不可物化，更不可量化的，但我希望你们通过对"善德"的追求，深刻理解"只有耕耘，才有收获"的道理。我很少再买东西直接送给你们，而是希望你们能够用赢得的善德币来换取所需要的物品——劳，而后才是获。我不希望我的无私奉献成为你们心灵的负担，同样不希望它们会成为滋长你们惰性的借口。而今，看着你们那么努力地挣分，那么努力地想要上进，我是多么开心、激动。因为你们终于有些明白：只有依靠自己的努力，才能收获属于自己的成功！

孩子，如果在我写这封信前，你还没有好好地去思考该如何面对人们延绵不绝的爱心，那么现在可以认真地去想一想：是索要？是祈求？是等待施予？还是心怀感激，慎重地接受？或者是在心底问上一声，是否还有更需要的人？无论如何，孩子们，我都希望你们能记住：爱心，是给予那些懂得珍惜并知道它价值的人的，千万别把人们的爱心付出当作理所当然的事。

从那以后，我坚持每周都给他们写一封公开信，并把自己的一个办公桌抽屉设为孩子们给我"寄"回信的"邮箱"，以便及时了解孩子们的思想动向。以下是我在 2009 年 5 月 12 日给孩子们写的一封信的节选。

5·12，我们永远不会忘记！（节选）

亲爱的孩子们：

你们好！

一转眼，一年竟过去了。

扳着手指也能计算出分别的日子了。

如果不是地震，人生中有多大的概率，远隔千里的人们能相遇、相知？无论对你们还是对我，这一年都是一次难忘的人生旅程，我万分珍惜这一段缘。你们呢？

昨天，和朋友们聊起彼此的学生时，听着他们的抱怨，想着你们的乖巧，除了"我们的孩子真是太好了！太完美了！"之外，就再也找不到任何的语言来形容了。真的，毫不夸张地说，你们是我接触到的最优秀的最出色的学生！我因为你们的存在而感到骄傲幸福！尤其是，看到你们今天的表现时，我的内心激动万分：我的孩子们真的长大了！你们越来越自信，越来越成熟！

如果不是照片记录了你们刚来时的模样，也许谁也无法再把你们和一年前那些瘦弱、惊恐、怯弱的孩子相联系。

一年前的卓恒，颓废迷茫，对于学习没有丝毫兴趣，每次调研成绩都在最后几名，很难想象，他曾经是市优秀少年。但一年后的卓恒，不仅一改往日的颓废，变得阳光开朗，更重要的是他重新燃起了斗志，从英语学习的进步，到期中调研的第九名，每一项成绩的取得都和他的进取之心分不开。舞台上的他，面对着无数双期待的眼睛，用心诠释着他对文字的理解，用声音表达着他内心的情感。他变得自信了！这是我最自豪的事！

　　…………

　　一年前的钰童，算得上是班级里比较开朗的女孩了，她和余乔表演的《我是一个美女》，逗乐了初来时每一个孤寂而抑郁的孩子，她的一曲《赛马》，激扬了我们的斗志……。并且她始终坚持认真学习，凭借良好的语感获得了常州市英语口语比赛资格的同时，也以大气的作风成就了自己！她终于如愿以偿冲上了调研成绩班级第一的宝座！而今的她，更加老练，更加大气，当然，眼前的路也更加开阔、明朗！这是我最快乐的事！

　　…………

　　孩子们，在这一年里，我们一起逛公园（苏州乐园、红梅公园、青枫公园、恐龙园……），一起饱览祖国的大好河山（游天目湖，看江阴，爬茅山……），一起流泪，一起欢笑。我们策划课本剧表演、成语比赛、辩论赛，甚至自行组织班级趣味运动会，我们一起欢唱，一起奔跑……

　　我一直想要告诉你们的是：虽然我们并没与你们一起经历可怕的地震，但别忘了，我们和你们一起携手走出了灾难的阴影，你们的一切，我们感同身受！

　　今天，在地震一周年纪念之际，写下这些文字，既希望你们永远不要忘记这场灾难，不要忘记伤痛，不要忘记恩情，也希望你们能永远看到希望！只要活着，一切都有希望！只要行动，就有收获！

　　孩子，让我们一起记住这个日子：2008 年 5 月 12 日。

　　祝

幸福每一天！

你们的班主任：王晓波

2009 年 5 月 12 日

如今，我经常接到孩子们及他们家长的电话、信件和邮件。在分享他们成长快乐的同时，我也和他们一样，在怀念和体味着这一年朝夕相处的日子留给自己的丰厚的人生滋味。彼时，我常会想起一位老师的话："不必用堆叠的荣誉来证明教师的成功，因为班主任的光荣，就印刻在学生的记忆里！"以下是一封孩子给我的信。

亲爱的王老师：

您好！

回想起来，与您分别已有两年多了。还记得2008年5月12日，我们历经了一场特大灾难。对于我们，那一瞬间，是黑色的，那时的天空，是灰色的。就在那一天，我们的天塌了，没有了家，没有了校园。我们血脉相连的亲人，也被无情地掩埋了。

幸运的是，爱总是围绕在我们的身边。我们受到了社会各界好心人的帮助，我们来到江苏常州读书，那里的老师、同学让我们倍感温暖。

王老师，相信您还记得我们一起生活的点点滴滴吧！在您对我们的照顾下，我们每个孩子在常州都度过了一段难以忘怀的日子。

还记得，刚到常州的时候，我常常因为想念妈妈而伤心哭泣。您说，常州绵竹一家亲，我们就是一家人！您像妈妈一样关心爱护我，带我去您家过周末，给我买衣服买鞋子，让我渐渐适应了常州的生活……

当我们面对受伤的身体、不通的语言，感到自卑的时候，是您告诉我们：你是最重要的！你是最特别的！因为你就是你！

您每周都要给我们写一封名叫《绵竹青青》的信，哪怕您出差也毫不例外。2009年4月20日那天，我们收到了许多好心人送来的礼物，可是，因为礼物分配不均，我们为此争吵，男生们甚至大打出手。您在当周的信中告诉我们：爱心，是给予那些懂得珍惜并知道它价值的人的，千万别把人们的爱心付出当作理所当然的事。2009年5月12日，您给我们写下了长达五千多字的《绵竹青青》，信中，您回顾了我们在常州一年的生活及变化。您知道吗？当我们读到自己的名字时，想着一年来的变化时，我们都哭了。我一直记得您在信中鼓励我要坚强、乐观，要努力克服一切困难。您知道吗？如今的我，已经从内向、软弱慢慢变得活泼开朗、坚强大方了！如今的我们，虽然不在一起，可只要谁有事，大家都会想办法帮助他，因为我们都记得，我们共同的约定——一家人，一个梦，一起拼，一定赢！

谢谢您在那段日子对我们的付出。那段日子，是我生命中最难以忘怀、最舍不得的日子，也谢谢那些帮助过、关心过我们的常州人民！谢谢你们！

祝

身体健康！工作顺利！

您的学生：李涵
2011 年 6 月 15 日

支教的一年里，我陪伴着孩子们一起哭，一起笑，一起从灾难的阴影里走出来，自己仿佛也经历了一次重生，对生命有了更多的敬畏。从那以后，我不再把"学生成绩""文明班级"等作为自己努力追求的目标，而更在乎生命的成长。我希望孩子们能够获得作为人的幸福，获得身体与心灵的双重幸福！这是底线，也是最根本的目标。

沉静：我不会用脚尖跳舞

在这样一个教育英雄辈出的年代里，我们需要激情！需要去开创出自己的教育天地！但在这并不缺乏激情的年代里，我们更需要沉静！沉静，沉下心来，以孔子为自己的职业榜样，做出自己的特色，哪怕这是一段孤独的生命历程，一如狄金森的诗《我不会用脚尖跳舞》里所描述的那般，孤独而丰盈。

——2009 年 7 月 13 日

2009 年 7 月 10 日，全国新教育实验第九届年会在江苏海门举行，我慕名而去。在那届年会上，我第一次了解到可以从空间上去解读一个班级。

我第一次开始静下心来思考班级、教室与学生的关系。一直以来，我只是把"班级"当作学校的一个组成单位，一度致力于追求学生为班级服务，从没有从空间的角度去审视它。年会上提出的"完美教室"让我眼前一亮：班级是组织单位，强调规则与训练，而教室是一方为生命存在的空间，追求的是生命的丰盈和成长。原来教室就是一方滋养生命的土壤！

"我也要缔造一间完美教室！"在当天的博文里我给自己一个期许。那段时间，只要一有空，我便会上网和老师交流，几乎每天晚上都要过十二点才休息。这样疯狂的交流不仅让我成为"教育在线年度优秀网友"，更让我对"完美教室"有了深入的了解。

朱永新教授说："完美教室是一根扁担，一头挑着课程，一头挑着生命，开发卓越课程，缔造完美教室，书写生命传奇。"理科背景出身的我深知，要带孩子们走得更远，仅仅有自然学科的积淀是不够的。完美教室，需要完美课程的支撑。

"什么样的课程才能既符合学生的年龄特点又契合我的个性和专业背景？"为此，我专门请教了干国祥老师。干老师在给我的回信中说，古人的星辰、四季、物候都是一种自然科学，一种与存在不相脱离的科学方式，它们是科学的基础与前提。关注自然，关注生命与自然的关联，这本身就是科学之基。干老师的回答坚定了我选择从"农历课程"出发的信念。

从五年级下半学期开始，我带着孩子们穿越四季，亲近自然，感受物候变化，一起经历从开始时的生硬麻木到对自然节气诗歌的逐渐敏感。然而，农历课程的实施对教师有着极高的要求：国画、民间故事、汉字、书法、考古、对联、民俗等都有涉及，而最让我为难的是自身底蕴的不足，对诗词的敏感度不够。怎样才能带孩子们走向远方？唯有沉下心来读书！《唐宋诗词十七讲》《人间词话》……，一个理科教师开始了一段文学修炼之路，也开始了一段课程架构与设计之旅。

以下记录的是我的一节谷雨农历课程。从文字里，我们大概可以感受到孩子们在怎样一种氛围之下生活。

站在春天的尾巴尖上，跳舞

今天早上，我早早地准备好了谷雨晨诵的PPT，但并没有把它显示在大屏幕上，然后表达了歉意："真是抱歉，这段时间忙着一些事情，竟然忽略了我们的农历课程。"正待继续，一个孩子抢着说了："我知道，昨天是谷雨。"我很是惊讶，因为觉得自己的课程做得很不够，或者，孩子们之前并没有积淀，所以，我觉得孩子们对背诗词的兴趣明显高于品味诗词的兴趣。但孩子说出的这句话，激起了我的兴趣，我忍不住问："你怎么知道的？""我看手机的。""老师，我也知道的，我查日历的。"孩子们对节气的敏感竟胜于我，我不得不佩服于老师的预见性。

原来，孩子们真的可以通过这样的熏陶变得敏感起来。

于是，我问他们："你知道，这个节气为什么叫谷雨吗？"

有孩子说："春天是稻谷生长繁盛的季节，所以需要大量的雨水。"

一个孩子恍然大悟："哦，难怪前天（周日）下雨了呢。"

教室里一片顿悟声。我接着孩子们的话，告诉他们谷雨的两种解说：

《二如亭群芳谱》："谷雨，谷得雨而生也。"《月令七十二候集解》："三月中，自雨水后，土膏脉动，今又雨其谷于水也。雨读作去声，如'雨我公田之雨'。盖谷以此时播种，自上而下也。"

看来，我们的孩子，在农历课程的浸润下，不仅变得敏感了，还激发起了对自然的原始的情感。

我拿出今天的《扬子晚报》，和孩子们一起分享关于谷雨的信息，告诉孩子们，自谷雨起，雨水增多，将大大有利于谷类农作物的生长。

我问孩子们："知道关于谷雨的农谚吗？"

他们显然缺乏这样的体悟，没人能够应答。我便出示了下列四句谚语，并请他们读一读：

谷雨阴沉沉，立夏雨淋淋。

谷雨下雨，四十五日无干土。

谷雨时节种谷天，南坡北洼忙种棉。

水稻插秧好火候，种瓜点豆种地蛋（土豆）。

孩子们读着这些带着些泥土气息的文字，开心地笑了。我顺势问："读着这样的谚语，你们想到了曾经学过的一些诗吗？"孩子们说了些关于春天的诗，但都没有猜中。于是我出示了《乡村四月》。

乡村四月

宋·翁卷

绿遍山原白满川，

子规声里雨如烟。

乡村四月闲人少，

才了蚕桑又插田。

"哦，这首诗我们学过了！"

孩子们，你们看，那山坡田野间草木葱茏，遍地绿色，河里涨满春水，一眼望去，白茫茫一片。在如烟的细雨中，传来了杜鹃鸟婉转的啼叫声。四月的乡村，没有闲着的人，刚忙完了采桑养蚕，又忙着去田里插秧了。

复习了《乡村四月》，又重新把《滁州西涧》再次诵读了一遍：

滁州西涧

唐·韦应物

独怜幽草涧边生，

上有黄鹂深树鸣。

春潮带雨晚来急，

野渡无人舟自横。

有了这样的体悟，再回到谷雨上，我和孩子们一起读了苇岸写的关于谷雨的一段有趣的文字：

谷雨是春季的最后一个季节（节气），也是一年中最为宜人的几个节气之一。这个时候，打点行装即将北上的春天已远远看到它的继任者——携着热烈与雷电的夏天走来的身影了。为了夏天的到来，另外一个重要变化也在寂静、悄然进行，即绿色正从新浅向深郁过渡。的确，绿色自身是有生命的。这一点也让我想到太阳的光芒，阳光在早晨从橙红到金黄、银白的次第变化，实际即体现了其从童年、少年到成年的自然生命履历。

读着读着，我问孩子们："读着这段文字，你有什么感悟？"

一个孩子说："我知道了原来季节也是有生命的，春季就好比是人生的少年时代。"

一个孩子说："我发现了大自然的神奇，初春，满校园都是嫩绿，现在的校园，变成了翠绿。绿色真是有生命的。"

…………

我说："是啊，绿色有生命，阳光有生命，一年四季都有生命。我们站在人生的春季，正如那满树的嫩绿，散发着勃勃的生机，这是多么美妙的人生阶段啊！"

古人云："一日之计在于晨，一年之计在于春。"不知不觉间，我们从立春走来，一路经历了雨水、惊蛰、春分、清明，而今的谷雨已是春天最后的一个节气了！我不由得有些伤感起来，旋即又想起，应该抓住这春天的尾巴，尽情地享受春的美妙，尽心地品味春的馈赠。于是，便有了这个标题——《站在春天的尾巴尖上，跳舞》。跳舞，是一种恣意绽放生命的方式，在这样的春日里，用这样一种方式去和春天说再见，会很美很精彩。

带着孩子们做农历课程，日益敏感的不只是孩子，还有我自己。

从农历课程出发，以时间为轴，循着生命成长的节奏，我们设计的课程有以"天"为跨度的晨诵午读暮省，以"月"为跨度的生日课程、生活课程等，以"学期"为跨度的开学课程、结业课程等，以"节气"为跨度的农历课程、梅花课程等，以"生命"为跨度的梦想课程、电影课程、青春期课程等。另外，还有以空间为轴的课程：旅游课程、公益课程等，辅以时机为轴的各种以"事件""人物"为主体的课程。一门门课程擦亮了孩子们的童年，丰盈了孩子们的生命。我心间有大大的期许：希望孩子们能够拥有放眼世界的大视野，拥有兼济天下的大爱之心，拥有悲天悯人的诚挚情怀。

每年九月，学校会迎来一年级的新寄宿生。我会带领班里的"资深"寄宿生们放学后到一年级做义工，给弟弟妹妹们讲故事，陪他们做游戏，让他们不孤单；每天早晨，协助一年级班主任做好值日工作。周末，我们走进福利院，为孤寡老人送去欢乐；每年自闭症日，我们都会参加义卖会，为本地的自闭症儿童送去关爱；我们在全校发起"一张纸"微公益行动——设立环保基金，号召各班各部门节约纸张，过低碳生活。除了帮助身边的同学，我们把环保基金寄给了更多有需要的人，一部分捐给了新教育基金会，一部分捐给了湖北的当代愚公——王光国书记。今后，我们将用基金帮助更多的人。

随着学习和思考的深入，我越来越觉得：做教育其实是件挺朴素挺自然的事，就像农人想要种出最自然美味的庄稼，用的是最原始最朴素的方法一样。不是等庄稼渴了就浇水，病了就喷洒农药，而是在植物还是幼苗的时候，就开始通过增加土壤的肥力不断地强壮它的根系。孩子也一样，我们所要做的，不过就是不断增强土壤的肥力，去强健孩子的体魄和心灵，让他们健康成长：早读课，陆续进教室的孩子们常常干扰已经进入早读状态的孩子，我会轻轻告诉晚到的孩子从后门悄悄地进来；清洁工阿姨刚刚拖过的地，我会带着孩子们绕行，并告诉他们尊重他人的劳动成果；孩子若唯我独尊，不用多说，带着他们去照顾低年级的弟弟妹妹就好；孩子乱扔垃圾，只要告诉他们垃圾是放错地方的资源，然后带着他们做垃圾回收，让垃圾重新发挥价值……，这就是一间教室的文化土壤。土壤越肥沃，生命越旺盛。

绽放：每朵花都有开放的姿态

每朵花都有开放的姿态。想起艺莲苑里的千瓣莲，它的花开得很迟，但它孕育了太多的美丽，有太丰富的内容，所以迟迟不开放，甚至它很多时候就是个花苞，根本就开不了，但它仍然有它的价值，一如人。我本不相信自己能做好班主任，我本不相信自己有能力去带灾区孩子，我本不相信自己会去参加一场海选……，然而，人们的期待超越了我对自己的期待，他们信。于是，一朵花在信任的目光里，选择用自己的方式静静地开放了。不求热闹，不求华丽，只在意是否绽放了。

——2012 年 2 月 14 日

俞敏洪说："人生就像花儿一样，有的人在春天就开放出了美丽的人生之花，有的人要在夏天、秋天或冬天才开出绚烂的人生之花。"谁能说，积蓄了三季日月精华而迟迟绽放在冬天的花不美呢？花有自己的季节，人有自己的时刻。要让我们的人生更加从容淡定，就要耐得住寂寞，在努力进取中期待生命鲜花怒放的时刻。

担任班主任的十年里，我一路摸索，一路追寻，从刚开始完全依靠个人权威进行管理的"人治"，到尝试依靠班规班纪、集体意志的"法治"，再到如今以"家"文化为基调、"善"文化为核心的"文化治班"，每一个节点，都见证着我生命的绽放：我从一个习惯等待、习惯被安排的人，逐渐回归自我，成长为一个懂得尊重自己决定的人。每一个节点，都见证着孩子们生命的绽放：他们从一个个只关注纪律、仅在意分数的人，逐渐成长为一个个学会观照自己内心，有自己独立思想，懂得关心他人、关注世界的人。

我深知，自己距离那个"卓越"的标准还有很长的路要走，班级距离那个"完美"的境界依旧遥远，但我不气馁，我会带着信仰上路，朝既定的目标持续奋进——守住自己的教室，让每一个生命在教室里开花！我始终坚信：只要上路，就会遇到庆典。

[**专家点评**]

在不断前行中贴近教育的本真

齐学红　南京师范大学班主任研究中心

我以为，能够在班主任工作岗位上辛勤耕耘、收获幸福的人，一定是对教育事业有着特殊理解，对孩子有着特殊情感的性情中人。我把这样一种对教育所持有的独特认知与情感体验称为"教育情怀"。

虽然在我国专门设立了班主任的工作岗位，学校、家长、社会对于班主任工作重要性的认识也在不断提高，但是在学科专业至上的评价体系下，很少会有老师选择并认同班主任这一专业。在这样一种制度环境下，那些自觉地将班主任作为专业甚至事业看待的人，是非常值得敬佩的。其中，对班主任的专业成长有意识地加以规划和设计的人，更是难能可贵。王晓波就是这样一位行走在班主任专业化道路上的有心人。

晓波进入我的视野是在一个个班主任专业论坛上。她从一个虔诚的学习者，到作为优秀班主任介绍自己的成长经历；从一个原本内向被动的人，到因为与孩子相遇而不断改变自我，超越自我。在担任班主任工作的十年里，她一步一个脚印地向着自己设立的目标前行，不受任何外部因素的影响，以一颗教育的平常心在班级的沃土上默默地耕耘。

晓波对班主任工作的特殊理解和情感体验，源于她作为科学教师的特殊身份，在只有主科教师才能担任班主任的集体无意识下，科学教师的特殊身份使得晓波的班主任工作有着不同寻常的经历。她的班主任职业生涯源于"只有当班主任，才称得上是真正意义上的老师"这一教育信念。对于班主任工作内在价值的认识，直接决定了她的工作态度和工作状态：面对每周二十节课的教学任务却只有两节课教自己的班级，与学生相处时间短、班级学生成绩差、运动会失利等的客观现实，她没有退缩，而是选择主动向专家寻求智慧。从对魏书生班级管理制度的学习模仿，到对李镇西教育思想的具体践行，从一个人的苦苦摸索，到一群人的相互鼓励、结伴同行，晓波执着地行走在班主任专业发展的道路上。

很多人把参加班主任培训作为外在的约束，而晓波是主动地寻求专业发展的外部支持。培训对于班主任所能发挥的作用，一定是建立在班主任自身的主动发展愿望与追求基础之上的。一次班主任的外出培训，不仅改变了她的思维方式与行走方式，更改变了她的教育人生。她的改变首先是从自我改革入手的。她从基于班主任自身需要的班级常规管理，转变为基于学生立场、以学生为主体的班级文化建设；从学科教师共同体的建设，到家校联盟共同体、社会义工联盟的建设；从一个人的努力，到汇聚社会各方教育力量共同参与班级教育，家长和其他社会力量的加入，为孩子们的成长搭建了更多的平台。而她自己则实现了班级教育的组织者、协调者及领导者等不同角色之间的转变，将教育从一个人的事业变为一群人的事业。

当她的教育实验不断结出累累硕果的时候，她接受了汶川地震后到泰村实验学校绵竹班支教的特殊任务。对大地震后孩子们的心灵救助，无疑增进了她对不同生命的感知与理解，这样的感知与理解成了她一段宝贵的人生经历和精神财富。为了走近这群有着创伤记忆的孩子的内心世界，她选择了给孩子写公开信的交流方式，信里有对孩子们的爱与期待，更有对理想的坚守。在这些从生命中流淌出来的文字中，我们看到，晓波的内心世界是澄澈清纯的，也是最容易被孩子们感知和理解的。

接下来，晓波又走进了朱永新的新教育实验，开始了她的完美教室的建设以及课程建设的思考。于是，充满生活气息的"农历课程"走进了她与孩子的生活；与学生一起学习一起成长的过程总是美好而又充满魅力的，这也是优秀班主任成长的理想状态。于是，就有了她对教育的这般感悟："做教育其实是件挺朴素挺自然的事，就像农人想要种出最自然美味的庄稼，用的是最原始最朴素的方法一样。"

正是这种原始、朴素与自然，使她能更加贴近教育的本真，也更能够沉下心来专注于自己的班级教育研究与实验，进而一步一个脚印地记录下了一位优秀班主任的成长轨迹和历程：在担任班主任的十年里，从刚开始完全依靠个人权威进行管理的"人治",到尝试依靠班规班纪、集体意志的"法治",再到如今以"家"文化为基调、"善"文化为核心的"文化治班",每一个节点,都见证着她生命的绽放。她从一个习惯等待、习惯被安排的人,逐渐回归自我,成长为一个懂得尊重自己决定的人。

我特别欣赏晓波的是她对教育有着自己的理解与感悟,这份理解与感悟更多地来源于她对生命的理解与感悟,以及对于班级管理实践的不断探索与追寻。同许多年轻老师一样,她也经历了对于前人班级教育思想与做法的学习与借鉴,难能可贵的是她不盲从,不教条,而是从自己和学生的实际出发大胆创新,进而形成自己"文化治班"的带班风格与特色。

在晓波身上,我体会到:教育本来就是一件自然而然的事情,教育者的生命一如学生的生命一样可以自然绽放,就像向日葵那样,不断地寻求阳光、空气和水分,没有刻意安排,顺其自然而已。

凌荷仙：与梦想同行

•●●江苏省镇江实验学校 ●●•

[教育小传]

每个人都应拥有梦想，实现自己的梦想是很多人一生的追求。出生偏僻乡村的我，有幸遇到了生命中的贵人——我的老师们。他们在我心中播下梦想的种子：长大也要做一名受学生喜爱的好老师。

争取了五年多，我终于做了班主任，有了家的归属感。因为喜爱，我全身心地经营这个"大家"：关心每个学生的身体健康，呵护他们的纯真心灵；理解、包容他们的不足，鼓励他们有个性地发展；所在班级多次被评为"杨瑞年中队""文明班级"。我先后被评为"镇江市十佳教师""镇江市语文学科带头人""润州区优秀教育工作者""润州区教育系统德育工作先进个人""润州区教科研先进工作者"。

在"顺其自然"中，学生和我共同成长！我一直怀揣着梦想努力工作，学生也用真心、真情给予我慷慨回报。他们让我找到了工作的价值，体验到职业的幸福感；让我不再彷徨，毅然坚守从小埋在心底的教育梦。

"理想的教育是培养真正的人，让每一个从自己手里培养出来的人都能幸福地度过一生。"苏霍姆林斯基的教育思想启发了我，"幸福教育"成了我的理想追求。而今的我不再独自去追逐，我要和我的学生牵起手来，一起去追求幸福！

老师，是您为我播下梦想的种子

离开故乡已经二十多年，家乡的山山水水、一草一木总是让我魂牵梦萦。时光荏苒，岁月流逝，许多的人和事我都已淡忘，但是我的小学老师蒋老师、中学老师王老师和潘老师，他们在我的记忆深处，依然是那样清晰、那样亲切。

上四年级时，蒋老师教我们语文，做班主任。那时的她是两个孩子的母亲，四十岁左右，中等个子，比较纤瘦。她烫着发，戴着一副金边眼镜，穿着很得体，让人觉得很年轻、很温和。她上课并不是热情四射、慷慨激昂式的，而是娓娓道来，似三月的和风，婉约动人。身为班主任的她像妈妈一样耐心地照顾着我们，我们就像她的孩子。

从她身上，我学到的不仅是知识，更多的是如何做人、做事。记得有一次，她要外出学习三天。第一次离开我们这么长时间，她有点担心。临走前，她再三叮嘱我们几个班干部管好班级。她一点一点教，我们一点一点记。那三天，刚上五年级的我们将班级管理得井井有条。她回来得知后，好好地表扬了我们，而且经常在其他人面前夸我们。我们特骄傲，也因此变得更加自信。现在回想起来，我们之所以能做好，不仅是因为她指导得细致，更因为长期耳濡目染，潜移默化受到了影响。

一次上班会课，蒋老师与我们谈论"理想"。她给我们讲了周恩来总理"为中华之崛起而读书"的故事，我们都非常钦佩周总理。她问我的理想是什么？我脱口而出："我要做老师！做教育家！"当时懵懂的我不知道天多高地多厚，居然说要做教育家。做了半辈子普通老师的蒋老师定然知道要想成为教育家是何等的难，可是她并没有"纠正"我，更没有嘲笑学生的年少轻狂，而是微笑着说："那你可要好好努力啊！"一个微笑，一句鼓励的话，陪伴了我好多年。这样的老师，我怎能不喜欢呢？从那天起，我的心中便埋下了一颗梦想的种子。

刚步入中学大门，我有幸遇到了他——王老师。王老师刚大学毕业分配到我所在的学校，教语文，做班主任。他中等个子，身材匀称，头发有点硬，似乎根根都竖着，看上去很精神，浓密的眉毛下还有一双深邃的眼睛。这样一位风度翩翩的年轻老师的课堂更是吸引人。他口才特好，常常旁征博引，为我们这些乡下孩子打开了一扇通往大千世界的门。他风趣幽默，常常逗得我们哈哈大笑，上他的课自然特别轻松，很多人也自然而然地喜欢上了语文。他很会讲故事，只要有空就给我们讲，不用看稿子就能滔滔不绝地讲上半天。我们津津有味地听着，个个都入了迷。甚至到了第二天，我们都会央求他继续给我们讲。有时，我会想那个故事一定是他编造出来的，只是他能自圆其说，编得天衣无缝罢了。这样想来，不由得更加佩服他的文才与口才了。而今，同学聚会，每每谈到王老师，我们都会感谢他让我们受到了良好的文学熏陶，以至在日后的学习、工作中受益匪浅。

王老师做班主任也有自己的一套，常常不按常规出牌。记得初一开学没多久的一节班会课，他让我们这些来自各个村的乡下孩子毛遂自荐竞选班委。二十多年前，在闭塞的乡村，乡下孩子大多胆怯、害羞。王老师就不停地给我们打气，在他的鼓动下，我们一个个陆续举起了手。没想到他竟然还让我们做"竞选演说"和"投票选举"。以后，这样的民主选举成了我们班的惯例。那时候，学生活动是否开展，学校对班主任没有统一要求，偷懒的班主任不搞也没关系。可是我们的王老师点子特多，经常组织我们搞活动，"歌唱大赛""诗朗诵""演讲"……。一个个活动，一次次锻炼，让我们不断进步。

有一段时间，班上不少同学迷上了看武侠小说、言情小说，我也是其中之一。王老师发现后，耐心教育我们，讲了不少道理。但是我们还是没有抵制住小说的诱惑，继续偷看。有一天，我想他终于忍不住了，严肃地对我们说："我这里有一把尺，我不敲你们。你们自己敲自己，敲几下，敲多重，自己决定，但是一定要敲醒自己。"我们一个个乖乖地走上了讲台，用尺敲自己的手。这一敲真把我敲醒了。从那以后，在初中阶段我再也没有看过言情小说，没有因看闲书而浪费宝贵的时光。

并不是所有的时候，他都是意气风发、神采飞扬的，我们也曾看过他的消沉。有一段日子，上课时的他还是眉飞色舞的，课后，他的脸上就失去了神采。经过多方打探才得知王老师失恋了，大概是因为他到了乡村学校。是啊，一个才华横溢的老师本可以留在城里，可是不知什么原因却到了这个比较偏远的乡村中学。现在女朋友又要离他而去，心中的烦闷自然会让他郁郁寡欢。我们也不知如何为他排解烦恼，只是在心里为他担心着。日子一天天过去，不知是时间可以冲淡一切，还是老师自己很好地进行了调整，往日的笑容又浮现在他的脸上。他的女朋友最终没有来到这里，与他厮守一生，而他却把自己的青春、热情、智慧奉献给了这里的孩子。他把根扎在了这方并不肥沃的土地上，一直没有离开。

人们常说，人生有"三幸"：上学时遇到一位好老师，工作时遇到一位好师父，成家时遇到一个好伴侣。如若遇到一幸，人生便足矣！我是多么幸运，上学时竟然遇到像蒋老师、王老师这样的好老师。蒋老师，没有渊博的学识，没有高超的教艺，但是温文尔雅的她像春风雨露一样滋养了我的心；王老师，没有显赫的背景，没有丰足的财富，但是热情智慧的他像高山流水一样熏陶了我的心。他们都在我的心中播下了梦想的种子。

孩子，是你们让我执着地追求梦想

六年相伴：从彷徨走向坚定

小时候的梦想，往往会在成长的过程中夭折，这不足为奇。我亦是如此，十来岁有了自己第一个梦想：做个好老师。随着年龄的增长，见识"大"了，就觉得老师太"小"了，总觉得一辈子做个小老师委屈自己了。于是，我不再想做老师。初中填志愿，父母坚持让我上师范学校，当时逆反的我就是不愿填这个志愿。后来，迫于无奈，我最终屈服，带着不得志进了师范学校。三年里，我一次次告诫自己"既来之，则安之"，于是全身心地投入学习。然而我又一次次质疑自己被迫的选择，于是在抱怨中徘徊。

转眼毕业，来到城里上班，我感觉自己是那样的渺小，变得不再自信满满，时不时会闪现出逃离教师岗位、逃离这座城市的念头。幸运的是乡村淳朴的民风民俗、少年时遇见的慈爱老师、憨厚勤劳的父母影响了我，赋予了我纯朴善良的本性。即使心中有许多的不乐意，也会努力把手上的工作做好。但是，最终改变我，让我不再彷徨迷茫，将工作当事业，坚定地选择坚守教育梦的，是我的学生！

刚毕业，我教三年级语文，做班主任。虽然年轻没有经验，但是有的是时间和充沛的精力。只要一有空，我就进班，几乎整天都和学生在一起。即便是下课，我也不是坐在班上看管他们，就是跟他们一起跳绳、踢毽、玩游戏。校园艺术节期间，我就带着他们排节目，有时候还利用周末到校指导他们练习。班会课不像有些班主任那样让学生做作业，而是带着他们搞活动。教学上我也不敢怠慢，为了给学生补课，我常常很迟才回家。在紧张、忙碌中，一学期很快结束了。工作虽然很辛苦，但是我一点儿也不觉得累，我的心被四十几个学生装得满满的，感觉很充实，"不甘做个小老师"的想法也暂时抛到了脑后。

第二学期报到时，我踌躇满志，准备好好干一场，却突然接到校长的通知，学校缺少专职电脑教师，鉴于我在师范学校参加过省电脑技能大赛，所以让我专职教电脑课，我只能服从安排。一个星期二十几节课，每天送走了一个班的学生，又迎来另一个班的，一茬接着一茬。我看上去忙忙碌碌的，但心里却空空荡荡的。所教班级数达十个之多，所教的学生有四百多人，可是，我却感觉没有一个学生是自己的学生。我无法融入任何一个班级，感觉自己成了边缘人物。期末填写工作意向时，我积极申请做班主任。由于学校确实缺少电脑教师，所以申请没有被批准。接下来的四年，我年年打申请，学校都不批。

记得有一次开学工作会议上，领导宣布我教一个班的数学并做班主任，我特别高兴。可是我还没来得及上任，学校又改变主意了，让我继续教电脑课。听到消息的那一刹那，我的眼泪"刷"地流了下来，觉得特委屈。离开故乡，来到这个陌生的城市，而今又没有了牵挂的学生，我的心开始被思乡、孤寂占据。逃离教师职业、逃离陌生城市的念头又时不时地闪现在我脑海里，驿动的心变得飘忽不定。

2002年，在我的一再请求下，学校终于决定让我带一个班。做了班主任，拥有一个班的学生，让我有了家的归属感，我用激情精心营建着这个来之不易的"大家"。整整六年，两千多个日子，无数个故事让我感动，让我回味，让我深思……

那是一节午会课，我组织学生讨论如何过好十岁的集体生日。对于这个话题，大家都非常感兴趣，个个热情高涨，小组讨论非常热烈，教室像炸开了锅似的非常吵闹。"老师，悦悦哭了……""啊？"教室里突然安静下来。"老师，我妈妈……不能给我过生日……"她抽泣着，断断续续地说。"怎么了？"我看出了她的伤心，格外轻柔地问。"她……她在我上一年级的时候就出国了，一直到现在都没有回来。呜——呜——我很想她……"哦，我是多么粗心，她妈妈出国这么多年，作为班主任的我竟然不知道。我万万没想到整天嘻嘻哈哈的小女孩心里竟埋着这么大的一个秘密，同学们都很惊讶。悦悦早已泣不成声，我的鼻子也酸酸的，有些孩子的眼睛也红了，有些孩子流下了眼泪。她的同桌突然站起来说："老师，我们一起为她过生日，好吗？"我惊喜地望着她："很好！""悦悦，不要伤心。你妈妈不在家，你可以到我家来玩，我让我妈妈给你做好吃的。""悦悦，天气冷了，我让我妈妈也给你织条围巾。"教室里又一次沸腾起来，我的眼睛也湿润了。课后，孩子们一一兑现了诺言。我也为自己的疏忽深感愧疚，接下来的一个月，我家访了班上绝大多数学生，给他们带去了我的问候、祝福，还有小礼物。

有了这次近距离的接触，我看到了每个孩子身后的许多东西，增进了我对他们的了解，为我日后的工作提供了很大的帮助。所以，我要说，孩子是最率真的，跟他们在一起，你会被他们之间诚挚的情意深深感动，你会发现世间最纯真的美。

有一次学校组织全校学生打预防针。我班的学生已经上四年级了，一个个都表现得很勇敢，男孩子眼睛眨都不眨一下，女孩子最多闭上眼睛，皱个眉头。唯独他，躲到最后不说，轮到他时，他竟大叫起来：

"我不打，我不打！"我拉住了他，耐心地跟他讲打预防针的好处，告诉他打针其实一点儿也不疼。他根本不听劝说，就像发狂的野兽一样，拼命地从我和医生的手里挣脱出去，然后狂奔起来。他在前面跑，我在后面追。他跑得飞快，我奋力地追着，从操场追到后花园，从后花园追到功能室，最后在其他老师的帮助下才抱住他。他还是无法平静，直到他爸爸来了才乖乖安静下来。我不是爱哭的人，自认为很坚强，可那一次，我在全班学生面前泪流满面。我觉得自己特别委屈，本来一天下来已经非常疲倦了，现在又为了一个孩子把自己搞得如此狼狈不堪。

这个孩子让我操碎了心，实际上，他这样发火已经不是一次、两次了，几乎每个月都会爆发一次。一年级时，他在教室里又蹦又跳，还用头使劲地撞墙，那情景非常可怕。所有教过他的老师也都领教过他的暴脾气。每次发火时，他都是咬牙切齿、虎视眈眈、双拳紧握，甚至还会打向老师。最让人头疼的是许多次的发火都是莫名其妙，他不为什么事就会暴跳如雷。他让我烦恼不已，有时都会因他而做噩梦。为了他，我想尽了办法，一次又一次地说服教育，一次又一次地促膝长谈，一次又一次地登门家访，做这些虽然收到了一些成效，但是直到他毕业，我也没能彻底改变他的暴脾气。

就是这样的一个孩子，考上高中的那一年竟然来母校看我。我笑问："现在怎么样，还乱发脾气吗？"已经长成一米七几的大小伙，腼腆地笑了，低下头不好意思地说："好多了！凌老师，上小学时，我发了不少火，您还记得吗？""记得哦，当时都把老师吓死了。"我跟他打趣。"凌老师，不好意思，小时候不懂事，对不起啊。""怎么改的？"我想探个究竟。"其实我上初中脾气也不太好，因为发脾气还吃了不少亏。后来慢慢地我知道发脾气真的很不好，于是就努力去改，只是现在偶尔也有控制不住自己的时候。""慢慢来，不要急，大了自控能力会更强的。""嗯，老师，现在工作辛苦吗？"……我们一直聊到六点多，最后还是他懂事地提醒我太晚了得赶紧回家。当他的妈妈来接他时，她拉着我不停地跟我说"对不起"，一再说他儿子很感谢我，说一定还会再来看老师的。

那一刻，我突然发现，自己应该庆幸的是：我曾经守护了一颗敏感的心。对于那个孩子，我给予了更多的包容、耐心和赏识，最终他慢慢变得懂事，还懂得了感恩。如果当年我不能控制住自己，采用简单粗暴的方法，那一天他绝不会来看我这位老师。孩子可能是顽皮、任性的，学会等待，他会绽放独特的美丽，给你无限的惊喜。

我知道，并不是只有自己会牵挂已经离开的人，其实在某个地方、某个时间，可能就有我的学生也在想着我，我的心一下就温暖了许多。多么希望时光能够倒流，回到从前，我要亲口对他们说："六年来，我人生中最美好的时光与你们三十四个可爱的孩子一起度过。在这个'大家'中，我们乐过、苦过、唱过、跳过，放声尽情笑过，不由自主哭过，从陌生到熟悉，从疏远到亲密，酸甜苦辣，各种滋味都细细品尝过。我懂你们，你们也懂我。我改变着你们，你们也在改变着我。从你们身上，我找到了工作的价值，体验到职业的幸福感。是你们，让我不再犹豫彷徨；是你们，让我毅然选择坚守从小埋在心底的教育梦；是你们，让我不再好高骛远，最终选择脚踏实地去追梦。"

慷慨给予：从清贫走向富足

四块月饼

我从小就不喜吃甜食，可是打那以后，我对甜甜的月饼便情有独钟。

那天是教师节，学校搞完活动已经接近六点了。离开学校经过传达室，门卫小姜喊住了我："凌老师，陆洋家长等你很久了。"虽然已有一年不见，但那张脸再熟悉不过了。陆洋的学习成绩在小学一直是在艰难中缓步前进的，所以我和他妈妈为此经常见面交流。胖胖的她，笑眯眯地对我说："今天，陆洋本来打算来看老师的，可是他们学校不放假。"自己不能来，居然还让妈妈代替来，这让我倍感意外。"凌老师，这是陆洋让我给你带的礼物。中秋节快到了……"当她小心翼翼地掀开盖在礼物上的纸时，我呆住了，纸里包的竟是四块月饼。我知道陆洋家境很不好。我曾走过一片废墟，挤过窄小杂乱的过道，来到他那小小的、乱乱的家。在那里，我给他补过课。他那身体不太好的爸爸接待了我，一开始我还以为是他爷爷，竟是那样苍老。在我还没有回过神时，陆洋的妈妈又拿出一包东西："这是胖大海，陆洋说老师的嗓子不太好，用它泡茶喝，嗓子会舒服些。"我竟一时语塞，不知说什么。"陆洋，让你费心了……""没有，他也很努力，毕业考试还考了 90 分。真的不错！"那胖乎乎、憨憨的孩子埋头苦读的样子又清晰地浮现在我的眼前。今天我完全没有想到，他还记得让妈妈代他来看老师。

没有漂亮的包装盒，没有昂贵的礼品，没有动听的话语，有的只是一家人最诚挚的心。从那以后，每次到教师节、中秋节，每次看到月饼，我都会想起他，心里觉得特别甜。

百　宝　盒

我没有珠宝盒，却珍藏着一个四四方方的纸盒子，里面装满了学生送我的形形色色的小玩意：有精美的贺卡，也有比较粗糙的；有编的手环，也有串的项链；有集体照，也有个人照；有学生给我带来的他姐姐结婚发的喜糖，我没有吃，一直放着；有学生的个人作品集，也有学生写给我的书信，有一名学生每年都会给我写来一封信，我都一一珍藏。

2013 年，我带的第三届学生带着我的牵挂毕业离开了我。一年后，一位调皮的女孩居然要用手中的笔"画一画"她的老师。

时光荏苒，转眼我已小学毕业两年，可怀念的情愫仍萦绕在我心头。早就想借助绘画来纪念自己的小学生涯，今天就画一画当年的班主任凌老师和我们吧。

展开画纸，调匀颜料。

画什么呢？我眼前突然涌现出一群叽叽喳喳的学生和和蔼的凌老师。对了，"跳蚤市场"可是当时的新鲜事呢！那时候凌老师笑眯眯地指挥着我们画海报，她甚至挽起袖子，亲自拿起水彩笔与我们共同创作呢！海报左边是成堆的书籍，右边是时尚的玩具。一个憨厚的大熊抱住了他们，嘿嘿，这可都是凌老师的主意呢！我握起画笔，在纸上唰唰几笔留下明亮的色彩。画画好了，可总觉得缺少了些什么。不好不好，再换一幅。

重铺画纸，再调颜料。

哦哦，我可忘不了惊心动魄的拔河比赛！老师带我们四班与二班比赛。为集体荣誉而战的我们紧张得满头汗珠，凌老师也满脸是汗，可她仍扯着嗓子为我们加油助威。在听到老师的呐喊后我们四班学生憋足了劲，卖力地跟着号角往后拽。在僵持了相当长的一段时间后，我们班终于险胜！那时，兴奋的我们和老师一起叫啊、笑啊，欢呼雀跃的场面到现在还能让我的眼眶湿润。重握画笔，渲染一幅热烈的画面？哎，还是不太满意，不行，再换一幅！

续铺画纸，又调颜料。

我脑海里又浮现出另一件难忘的事。秋高气爽的一天，凌老师带我们上大课间活动课。为了让我们强身健体、全面发展，亲爱的凌老师居然决定亲自教我们跳远！文弱的她？优雅的她？怎么不顾风度、牺牲形象呢？就在我们错愕之际，凌老师整理衣裳，站上跑道迅速助跑，接着纵身一跃，如蝴蝶般轻盈地栖息在沙坑里。整套动作，一气呵成、干净漂亮！除了羡慕、惊讶，我们一个个也摩拳擦掌、跃跃欲试了。"你们肯定都很棒！"老师亮亮的眼睛里充满着光芒，圆圆的脸上闪烁着笑意。哦，天哪！老师那活力的身影又怎会沉寂在记忆的长河中，被我淡忘？我眼中倏地落下一滴泪，只觉心中久久不能平静。提起画笔，我行云流水般完成了画作！画面上，夕阳金色的光辉镀在我们师生身上，它定格了老师的恩慈，也象征我们如梦如幻般金色的童年！

凌老师，三年的教学时光——共同走过的一千多个日日夜夜，难忘的画面还有很多很多。忘不了你辞去校领导职务，挤出时间辅导学生，钻研语文教学，呕心沥血倾心课堂！忘不了你期末休业式上，自掏腰包，买了许多的课外书籍作为奖品，分发给我们这些获得荣誉称号的学生。忘不了你利用课余休息时间，指导我们排练小品——《王大妈家的低碳生活》，支持我们积极参加润州区少年宫的圣诞联欢晚会，让我们抓住一切机会锻炼自己的才能！

如今，我依然忘不了您的悉心教导，忘不了您给予我们的自由天空，忘不了……，真希望有一天我能亲自将这幅画送到您的手上！

（2013届毕业生周逸然）

多么心思细腻的孩子，多么富有才华的孩子，洋洋洒洒地书写，淋漓尽致地倾诉，令我欣喜，令我欣慰！我知道自己真的没有她"画"得那么好，所以并非因为得到学生的夸奖而喜，而是因为自己的真心真情真爱，学生能懂，这令我心满意足。

只有在自由天空下呼吸的孩子，才能拥有自由的灵魂、纯真的心灵，才能写出充满真情实感的文章。我喜欢自由，喜欢呼吸自由的空气，享受自由的气氛。我非常庆幸自己生活在农村那广袤得能让我们自由成长的天地，非常幸运地遇到了没有给我太多束缚的老师，所以庆幸自己的身心一直都能自由生长。以至如今成年的自己还能自由地思考，能够大胆地去做自己想做的一些事。读了上面学生写给我的信，我更加坚定，要尽己所能给学生创造自由的环境，让他们能呼吸自由的空气，思想能够自由地驰骋。

我不是恋旧的人，也不是自恋的人，但是每年我都会把我的百宝盒拿出来翻翻。回忆往昔与学生相处的时光，这样我总能找到让自己鼓足劲努力工作的勇气，找到满满的自信。反复读着、看着，我感觉自己又回到了那群孩子身边，真想对他们每个人说："你们知道吗，老师多么感谢你们！感谢你们还记得我这位小学老师！感谢你们影响了我，改变了我！感谢你们给了我自信，让我坚信自己很适合做老师；感谢你们帮我坚定了人生的理想，让我真心喜爱做老师。"

电子礼物

我的手机虽然不贵，但我却格外珍惜，因为里面藏着许多份电子礼物。教师节、春节，纷沓而来的短信祝福、电子贺卡，盈满我的心扉；平安夜，小娟的留言电话，小松的"平安果"，让我酣然入睡；在孩子毕业后，竟然逢节必给我发短信祝福，一直坚持了七年多，这样的家长，满足了我这个小老师的一点点"虚荣"……

2013 年，我的第三届学生快要毕业了，我在想：送什么礼物给他们呢？童年的时光于一个人的一生是最为美好的，我决定给全班学生编一本属于他们自己的书。我带着他们用了整整两个月的时间编好了一本一百多页的书。我们一起给书命名——《童心飞扬》，希望我们永远有一颗童心，能够尽情自由翱翔。由于条件所限，未能将其印刷成册，所以成了一本电子书。瑶瑶是个有心人，她还特意做了个一百多页的幻灯片，上面不仅有同学们的作品，还有许多的照片。欣赏着我们自己的作品，激动、喜悦、自豪溢满我们每一个人的脸庞。美好的小学生活永远地印在了书上，不会随着时间流逝而消磨。

书中的每篇文章，都让我回味不尽，节选两段，在此也与我的学生再说说心里话吧。

记得六年级时，我们几个同学忙着准备江苏省金钥匙竞赛，您每天中午、下班后都放弃自己的休息时间给我们辅导。有好几次，您儿子来找您，可您只是让他先回班级，自己却依旧为我们讲着课。您还带我们走出校门去见科学方面的成功人士，为我们普及科技创新知识。谁也不知道，您为了我们牺牲了多少课余时间，在幕后付出了多少努力。作为母亲，您把爱分成了两份，一份，给了子女，另一份，给了学生，不求丝毫回报。我们都是您的孩子。

在那次比赛中，我获得了江苏省一等奖。优异的成绩，不，是您一路的陪伴，让我迷上了科学，为我的人生打开了另一扇门……。老师，是您成就了我。

——节选自班级文选《童心飞扬》（2013 届毕业生杨立）

"老师，是您成就了我"，"成就"，我真的不敢当，我只是尽自己的能力对自己的学生做了一些力所能及的事。其实，我想对我的学生说："孩子，应该是你们成就了老师。虽然，我只是一位普通老师，没有卓越的成就，但是，跟你们在一起，用心地培养你们，看到你们一点点地进步、成长，我就觉得很有成就感。让你们去参加比赛，结果其实真的不重要，关键是你们经历了这样的过程，这对你们的成长而言非常重要。比赛，除了能丰富你们的知识，开阔你们的眼界，还可以让你们懂得把握机会，增强你们迎接挑战的勇气，磨炼你们顽强拼搏的意志……，也许，你们现在还不懂，但长大了就会明白的。老师，只是尽己之能，为你们创造机会，教你们珍惜机会，为你们的成功提供服务而已。仅此而已。"

称职的班主任

作为班主任，她总是来得那么早，迎接每一名学生的到来。下午放学，常常是华灯亮起，辅导完最后一名学生才推着车子离校。日复一日，年复一年，她就是这样陪伴了我们三年。她对每一名学生都像自己的孩子，心疼我们，关心我们的方方面面……

优秀的语文老师

在教学方面，她更是兢兢业业。每次上课，都是在她那声高昂的"上课"声中拉开序幕。"上课"短短两个字，就能立刻收拢我们的心，把我们的视线、我们的心齐刷刷地拉到她那。她的课堂充满了活力，只要学校有公开课，大部分都会在我们班上。我们为此十分骄傲。

好学的"学生"

她很爱学习……。也许就是因为有了"最是书香能致远"，才有了"腹有诗书气自华"，才有了与众不同的气质。凌老师不但自己爱看书，也教导我们从小就要爱读书，爱学习。

——节选自班级文选《童心飞扬》（2013 届毕业生丁子航）

知我者，我的学生也。"做好班主任、好语文老师、好学生"的确是我职业生涯的三大角色目标，没想到我的学生竟会对我有如此的了解。惭愧的是，感觉自己并没有做得很好。学生的真言真情激励着我，鞭策着我，我必须不断追求，不断努力，争做孩子们心目中喜欢的"好班主任、好老师、好学生"。

一个小小的老师，有那么多学生送自己礼物，一件件、一样样都是饱含真心、真情；每年、每月、每日都可能有学生，一个、两个，许多个，在远方把你牵挂，为你祝福。做个小老师怎能再说自己"清贫"？我觉得自己是个"富翁"！怎能再抱怨做老师没有意义？我觉得做老师很幸福！

学习，让梦想的翅膀变得丰满

　　大专、本科的自学考试，近四年的在职研究生进修，历时两年的凤凰研修营培训，平常或长或短的业务培训学习……，这一次次艰难的学习历程，以及一次次激烈的竞赛活动，于我，何尝不是历练？它们都能让我梦想的翅膀更加丰满。

　　对于历时较长的培训，必然要让参训人面对许多矛盾。教师培训不同于其他行业培训，去培训之前必须把自己的课安排好，包括早读、中午进班、放学后留校，林林总总。培训完了，你落下的课、没改的作业，还有其他没处理的事都还得一一补上。往往是别人五天做的事，你有时必须三天甚至两天就得做好，做不好就只能自己加班加点干。作为女老师，还肩负着家庭主妇、孩子母亲的重担，培训进修势必会用到工作之余的时间，因此也会产生诸多矛盾。莫尔曾说过："人生中最困难者，莫过于选择。"面对如此之多的矛盾与压力，我们必须进行艰难的选择。最终，为了心中的"教育梦""语文情"，我一次次选择加入培训行列，用行动证明自己的坚持。

　　面对来自各方的压力、烦琐的工作，再来读深奥的理论，解答一道道难题……，谁也无法轻松地说这样的培训进修历程是容易的。

　　学校的工作有时做不了都要带回家干，自然所有的进修学习都只能放在晚上和周末。当别人在休闲娱乐时，我坐在书桌前，埋头读书、做题。记得怀孕时，我正在进行本科阶段的自学进修，一边挺着大肚子，一边坚持每天看专业书籍。九月，儿子出生，一边照顾他，一边看书。十月，儿子满月的第二天便奔赴考场。也许，真的是天道酬勤，那回的三门考试竟然全部通过。研究生入门考试中的英语，对我们这些在师范学校里没有学过英语的人来说，无疑是块"硬骨头"。没办法，只能买来各种辅导资料，一点一点啃。自己忙学习，也不能不照顾孩子、家庭。于是，把孩子送进兴趣班，自己则在走廊上看书；陪孩子散步，手上还拿着英语词典背单词；晚上，把孩子哄睡了，自己再拿起书来……。最后在全国统考中，英语成绩竟然超过学校录取分数三十多分。

除了学历进修外，其他的许多培训只要安排我去，我都会安排好课务认真参加。我经常教育学生："他山之石，可以攻玉"，"玉不琢，不成器"，"人不学，不知义"。为师的我，怎能不以身示范呢？我先后参加了"全国中小学德育管理与班主任工作创新研修班""江苏省小学语文骨干教师高级研修班""江苏省德育骨干——小学班主任提高培训班"等培训活动，受益匪浅。特别是 2011 年暑期，区教育局组织骨干班主任在南京知行小学开展的为期一周的培训，对包括我在内的许多班主任都产生了深刻的影响。那一场场精彩的讲座、一次次讨论热烈的沙龙、一堂堂生动的实践活动课、一个个难忘的夜晚……，燃起了我们的热情，激起了我们的斗志。培训结束，几乎所有人都有了回去好好做班主任的念头。回到镇江，我也积极报名，成了润州班主任工作室的核心成员，和其他成员一起热心地建设班主任们共同的温馨家园。做专题讲座，开展沙龙活动……，忙得不亦乐乎。可以说，2011 年的培训对我和许多一线班主任的人生观、教育观，都产生了积极的影响。必须感谢那些好的培训，它们确实有着特别的魅力，能将人深深吸引，甚至能对人产生重要影响。

课堂是教育活动的主阵地，一个好班主任一定也是一个好的学科老师。从事语文教学，我起步比同届毕业的老师要晚五年之久，怎么办？勤能补拙，一边参加培训研讨活动，虚心向专家、身边的老师学习，一边认真钻研教材、教参，研究学生，上好每节课。我的努力得到了学校的认可，学校也给了我许多竞赛的机会。竞赛，自然要承受巨大的压力，每一次，我都咬咬牙，坚持到最后。我先后参加了江苏省"蓝天杯"语文赛课，镇江市综合实践课程故事讲述比赛，镇江市网络团队语文教研竞赛，还连续两年参加了市级信息技术与学科整合课的比赛……

就这样一直坚持着，一次次痛并快乐着的历程，让我经受煎熬的同时，也得到了无数的锻炼。

为了尽可能地将许多事做好，我学习着"十个手指弹琴"，要求自己提高效率。读完一本本理论图书，自己的理论水平也渐渐提升了；听了许多节优秀教师上的课，也不断尝试着改变自己的课堂，上课的感觉越来越好了；听了好多优秀班主任的事迹报告，把他们的经验巧妙地用在自己班上，我与学生的关系更加和谐了。"镇江市十佳教师""镇江市语文学科带头人""镇江市十佳科技园丁""润州区优秀教育工作者""润州区教育系统德育工作先进个人""润州区教科研先进工作者"……。这些荣誉的取得，其实都并不是有意而为之，一切都在顺其自然中发生。

那一张张证书，于我，不过是成长过程中的一个个印迹而已。最让我欣喜的是我的经历与我的成长也促进了学生成长。班上的学生大多学习兴趣浓厚，养成了良好的习惯。我辅导的学生，在省市各类比赛中都取得了不错的成绩。看到学生取得的成绩，看到学生的成长进步，我真切感受到自己的努力没有白费。那么辛苦，值！学生和我一样，感受到自己在成长，怎能不微笑？

让我们微笑着面对一切！坚持到最后的我们，笑得最灿烂！心怀感恩的我们，笑得最美！感谢一路相伴的学生、老师、朋友！

孩子，我们携手追求幸福教育梦想

记得刚做班主任时，期末没评上"杨瑞年中队"，我就觉得特别委屈。自认为与平行班比，无论是班级管理、获奖情况，还是其他方面都是最好的。我和孩子们都很努力了，可结果……，越想越难过，中午我竟跑回家偷偷地哭了一场。现在想想，当时的举动是多么幼稚、任性。年轻时往往容易被外在的、光鲜的东西所迷惑。诸葛亮的一句人生名言让我幡然醒悟："非淡泊无以明志，非宁静无以致远。"人到中年，更能体会"淡泊名利，志存高远"是一种智慧，是一种境界。多一份淡定，多一份从容，多一份宁静，用淡泊的心态、清醒的心智和从容的步履前行，才能更好地去做理想的教育。

理想的教育是什么样的？翻阅名著，查阅资料，苏霍姆林斯基的一段话，让我们深思："在教学大纲和教科书中，规定了给予学生各种知识，但却没有给予学生最重要的东西，这就是幸福。理想的教育是培养真正的人，让每一个从自己手里培养出来的人都能幸福地度过一生。这就是教育应该追求的恒久性、终极性价值。"揣摩反思，原来，幸福教育既不是一种口号，也不是一种教育模式，而是一种教育观念、教育追求和教育理想。对个体而言，学校肩负着为学生的幸福人生奠基的天职；对社会而言，学校承载着给幸福中国培养有用之人，更重要的是培养有幸福感的人的使命。

"幸福教育"正是许多人一直追求的教育理想，不也应该成为我的理想追求吗？而今的我，不再独自去追逐，因为只有老师和学生齐心协力共同去追求相同的目标，我们才能够真正体验到幸福的感觉，才能共同地幸福成长！所以，我要和我的学生牵起手来，一起去追求幸福！

每个人都应该有梦想。在追求梦想的过程中，动摇、叛逆、消沉……，这一切都无可厚非。但是只要我们不忘初心，认定目标，选择坚持，奋力追逐，就能实现我们美好的梦想。为了实现我们的"幸福教育"之梦，让我们选择坚守，守住内心的善良和对教育的热爱。坚持，坚持，再坚持！

平凡中的幸福

华莉 镇江市润州区教师发展中心

"古希腊神话中说，每一个星座都寄托着人们的美好祝愿，那么我们'班主任星座'一定是希冀着每一个孩子都健康成长，愿自己的班主任生涯像花儿一样幸福绽放，像果实一样丰硕甜美。让我们每个人都做这个星座中的一颗星星，找到自己的位置，哪怕不是最明亮的，哪怕只是一颗小星星，也要尽己所能发光、发热。当成为'白矮星'的时候，回想人生，我们会不无骄傲：我曾经当过班主任，当过孩子们心中那颗亮亮的星！"无意中翻到了凌荷仙老师在2011年南京师范大学班主任研究中心组织的"镇江润州区骨干班主任高级研修班"中写的个人博文，不禁感慨万千。

她，没有美丽的容貌，没有甜美的嗓音，没有过人的口才。胖乎乎的脸上，洋溢着甜甜的笑容；嘶哑的声音，流露着诚挚的心声；平实的话语，启迪着孩子的心灵。和她相处过的学生为她发自内心的关爱而感动；共事过的教师认可她工作踏实勤奋、有热情能创新，为人朴实、低调谦和；跟她接触过的家长感谢她能认真负责地教书育人。

甘守清贫，不甘平庸。班主任常常调侃自己这个"小小班主任"是天底下最小的主任。身为小小主任的她清楚地知道：选择了教师这个职业，做了班主任，就要甘守物质上的清贫，只有这样才能保持平和的心态，宁静方能致远。但是物质上的贫乏，绝不意味着精神上的贫瘠，小小班主任也可以做精神上的富翁。作为班主任，她不随波逐流，不碌碌无为，保持热情，创造性地开展工作，在平凡的、清贫的工作岗位上，细细体会幸福的感觉。

爱由心生，痴心不悔。爱，是教育中永恒的话题。一个好班主任肯定是一个充满爱心的教师。凌老师初任一个"大循环"教学班的工作，就连续做了六年的班主任，她饱尝了其中的酸甜苦辣，从学生身上，她找到了自己工作的价值，体验到职业的幸福感。教师在影响着学生的同时，学生也在影响着教师。在多元复杂的大时代背景下，凌老师清楚地认识到爱学生首先要做到淡泊名利，看淡分数，珍爱学生的生命，关注学生的全面发展，着眼学生的长远发展。因此，她要求自己不挤占学生的常识技能学科的课，带领学生开展丰富多彩的体验活动，让学生经受锻炼，享受快乐，从而提高自己的综合素养。她爱班主任工作！那是一种发自内心的对学生深切的爱，对工作炽热、纯粹的爱！

怀揣梦想，勤勉工作。凌老师儿时的梦想就是做一名好老师，可是小时的梦想往往会在成长的过程中动摇。随着年龄的增长，见识"大"了，就觉得老师太"小"了。于是，她犹豫了，动摇了。然而，最终是她的学生改变了她，让她不再彷徨迷茫，坚定地选择了坚守教育梦。一直以来，她怀揣梦想，勤勉踏实工作，除了做好日常班务工作外，还开展了课题研究。她努力打造活泼向上、自主管理的班集体。她深入钻研如何让学生学有所得，学得快乐；她用热情、智慧、个人魅力打造高效的课堂；她开展丰富的学习活动，激发学生求知的欲望，提高学生学习的自觉性。她特别关爱特殊儿童，引导同学们对特殊儿童不求全责备，真心诚意地与他们交流、沟通；她利用课余时间，给他们补课，跟他们谈心，促使他们不断进步；她细心地观察，寻找他们身上的闪光点，及时给予肯定，帮助他们建立信心。让所有的学生都体验到幸福，尤其是要让特殊儿童也能幸福成长，是她由衷的心愿。辛勤耕耘，默默付出，收获了学生的成长，她无怨无悔地工作，踏实走在实现自己梦想的路上。

良师益友，推波助澜。凌老师常常说，她特别感谢她生命中的重要他人，他们是她的良师益友。在培训中结识的导师，打开了她的眼界，开拓了她的思维，转变了她的观点。特别是 2011 年暑期在南京知行小学的班主任培训对她产生了深刻的影响，更深层次地唤醒了她做个好班主任的热情。后来，润州区成立了"润州区班主任工作室"，因为在培训中的出色表现，也因为对班主任工作的热爱，她成为工作室的核心成员。在班主任工作室的一次次活动中，她与伙伴们互相勉励，彼此帮助，交流观点，共解难题，互相启发，忘却烦恼，分享快乐。的确，一个人的成长固然有他本人的勤奋努力，但是，良师益友对人一生都会产生至关重要的影响。希望我们每个人都能够成为别人的重要他人，赠人玫瑰，手有余香。

成长自我，成就学生。经历过一次次艰难的学习研究历程，参加过一次次激烈的竞赛活动，接受过一次次名师好友的指点，实践过一次次教育活动，写过一篇篇论文案例……，天道酬勤，凌老师在不断成长，也取得了一定的成绩。同时，教师的成长也促进着学生的成长。她不断启迪孩子的心灵，为孩子打开知识之门，为他们编织甜美的梦想。无论在哪所学校，她都成为深受学生、家长和同事们喜爱的班主任。当她所教班级被评为"优秀班级"，她被评为"镇江市十佳教师"的时候，她说："看到学生取得的成绩，看到学生的进步，就觉得自己的努力没有白费，做一个普通班主任才是最快乐的。"

白矮星是一种低光度、高温度的恒星。因为它的颜色呈白色，体积比较小，因此被命名为白矮星。每当夜晚凝望星空的时候，我都会想到无数像凌老师这样的普通班主任，他们就像白矮星一样，尽己所能发光发热，用平凡的一生照亮孩子的梦想！并且，也在这样的人生中找到属于自己的幸福！

陈海宁：快乐是一种选择

•••江苏省南京市江宁实验小学———

[教育小传]

　　1996 年，那年我十八岁，走上了讲台，走上了班主任的工作岗位。斗转星移，工作已有二十多个年头，先后担任过班主任、大队辅导员、德育主任。作为德育工作一线老师，作为一名班主任，我懂得了：教育不是说教，而是感染；不是灌输，而是熏陶；不是按部就班地重复，而是用心地在细节中不断创新。归根结底，教育就是回到学生本身，如同谈一场轰轰烈烈的恋爱：选择，就要无悔；相遇，从此相伴；相伴，方可相知；相知，懂得相守。快乐就是一种选择，而态度决定幸福。

　　对我来说，选择了教师这个职业，选择了班主任这个岗位，就要去爱学生，激发他们的潜能。通过教学、生活中的情感教育，激发他们向上、向善，并且为他们构建了幸福成长的乐园，从而赢得了学生的爱戴、家长的赞誉和同事的好评，促进了自己的专业成长，获得了职业幸福。

　　多年来，我先后获得过许多荣誉：南京市公益夏令营优秀辅导员、南京市首届书香班级优秀辅导员、南京市德育先进个人、江宁区优秀辅导员、江宁区优秀班主任、江宁区德育工作带头人等。撰写的多篇论文、案例在各级各类评比中获奖，出版个人教育专著《左手责任右手爱》。最让我难忘的是 2014 年，那一年我有幸参加了长三角中小学班主任基本功比赛并获得一等奖，还荣获了南京市五一劳动奖章。《江宁新闻》《南京日报》《南京好人 365》、南京电视台先后报道过我的教育故事。成绩成为过去，赞扬成为甜蜜的鞭子，鞭策我不断学习，不断进步，在自己选择的教育之路上走下去。

快乐就是一种选择

我出生在农村，我们的小学很小，一个年级只有一个班，我所在的班级只有十六个同学。那时候，老师会带着我们去采茶叶，会偶尔弄一桶泥来教我们做泥塑，有时也会带一盒蚕宝宝到教室，让我们轮流采桑叶喂蚕。没有游戏机，没有手机，甚至没有丰富的图书，但是在老师的引领下，我们仍然无比快乐。记得我上四年级的时候，学校来了一位年轻的男老师，成为我们那个偏僻农村小学的大队辅导员。他说着普通话，举行大队委竞选，带我们排练舞蹈，闲暇之余吹一曲箫……，一切都让我们无比兴奋。也是在那时，我悄悄在心中种下梦想的种子：长大后我也要做一名老师。现在想来，班主任是学生的精神关怀者，是学生成长的重要他人。那位老师就是我成长中的重要他人。在他的感染下，我有了学习的目标，产生了学习的动力。有一首很美的歌叫《长大后我就成了你》："小时候，我以为你很美丽，领着一群小鸟飞来飞去。小时候，我以为你很神气，说上一句话也惊天动地。长大后我就成了你，才知道那间教室，放飞的是希望，守巢的总是你。……"一直都喜欢这首歌，我觉得，选择了这个职业，就要无悔地去做，只有这样，才能获得快乐。这么多年来，如果你问我爱这个岗位吗，我会说："爱！"如果你问我一直爱吗，我觉得也不是。曾经有很长一段时间，我觉得班主任这条路太难走，走起来太辛苦！

有多少次面对学生层出不穷的问题，我手忙脚乱；有多少次面对家长的指责甚至辱骂，我委屈哭泣；有多少次面对上级检查，我疲于应付。这一切都让我在班主任这个岗位上走得精疲力竭。

2003年，学校安排我担任大队辅导员，我第一个念头就是："终于可以不当班主任了！"在后来的四年里，我从大队辅导员，到德育副主任、德育主任，踏上了行政之路，可是，我没有感到幸福，觉得从年头忙到年尾，真正让自己有成就感和价值感的时刻却寥寥无几，偌大的一个校园，我没有归属感。终于，我开始想念我的班主任工作，想拥有一个自己的班级，拥有一群让我牵挂的学生。

直到 2007 年，我调入南京市江宁实验小学，才重新回到班主任的岗位，那次开学，看着五十几张稚嫩的面孔，我的心里幸福极了。第一天，我就记住了每一个学生的名字，把他们记在了心里。在与他们相处的三年里，我们一起努力，班级成为南京市首届金陵书香班级、江宁区优秀班级，班级语文成绩从年级倒数第一，到毕业考试时，全班语文成绩优秀率达百分之百。家长对我的认可、学生对我的喜爱，让我真正理解了这个岗位：当初，不是班主任之路难走，是我走的方法不对、心态不对。不去抱怨工作的烦琐、学生的问题，而去用心喜欢这个工作，本着对教育的使命感，怀揣对学生的仁爱之心，我就收获幸福了。

老师，我帮你搬书吧！

老师，妈妈做的饼干，给你尝尝。

老师，我在全区航模比赛中获奖了。

老师，告诉你一个秘密，我喜欢张帆。

陈老师，还记得我吗？我现在也是一名老师了！

…………

学生一句句话语就是幸福的味道，坚定了我无悔的选择。

陈老师，你是美丽江宁人的候选人，我们一起来为你投票。

陈老师，孩子交给你，我们放心。

…………

家长们的支持就是幸福的基石，是我无悔选择的支撑力。

陈老师，你班级管理得很好。

陈老师，去参加江宁区班主任基本功选拔赛吧。

陈老师，比赛需要帮助，尽管说，学校一定全力支持。

…………

学校领导的支持就是幸福的依靠，是我无悔选择的动力。

多年来，我为能与在校学生、家长、领导和谐融洽相处而感到快乐，为与送走的毕业生还能够彼此铭记、惦念而感到快乐，为自己教的学生有的也已经走上了讲台成为一名教师而感到快乐。这种种快乐就来源于我选择了"班主任"这个岗位。

初建班级，让"爱"做纽带

既然是无悔的选择，就努力去构建以"爱"和"情"为基础的教育关系。从我们与学生相遇的第一天开始，我们就已经息息相关，彼此相伴。

从名字入手，一见钟情

2010年，我接手一个五年级的班级。出于多种原因，此前这个班每年换一次班主任，导致班级的学生缺乏安全感，班风也比较散漫。学生到了五年级，自我意识增强，也具有更强的判断能力，对新的老师充满好奇，也更带有观察与审视之心。我如何才能在最短的时间里，赢得学生的认可呢？

记得曾经读过的《美国优秀教师行为守则26条》，第一条就是记住学生的名字，可见其意义之非凡——记住名字是尊重人的一种表现。教育是一项无比精细的工作，常常需要我们从记住学生名字这些寻常小事上去用心。这些小事体现了教师对学生的重视和尊重，而这种重视与尊重，可以产生期待效应，学生会去努力成为老师所期待的人。

于是，我决定从名字入手，拉近师生之间的距离。开学报名那一天，我用半天时间记住了每个学生的名字。放学时，当我对学生们说"我把你们都记在了心里"时，他们因为不相信，逐个站起来让我叫名字。

你是帅气的符仁杰。

你是比我高的严帅。

你是今天干活最多的陶新宇。

你的个头很小，很文静，你叫徐倩。

有两个小酒窝，笑容灿烂的是方世昊。

…………

至今我还记得当时学生们惊讶的神情。由此，我换来了他们的喜爱与佩服，让我在以后的班级管理中一直和他们保持着一种友好的朋友关系。虽然这件事只是我当时没想那么多就做的，但后来才知道对学生的影响有多大。在两年的时间里，只要学生写与人有关的作文，我就会在他们的文章里读到这件事。

小学有许多老师教过我，但我最喜欢的是陈老师，因为我个子最小，胆子又小，所以很少有老师在意我。但陈老师在开学第一天就能叫出我的名字，我真高兴。

——徐倩

今天我的心情很好。从一年级开始，出于多种原因我们班每年都换班主任，今天又来了一个新老师，个子不高，是位女老师，我想她会不会也只能教我们一年就走呢？可是放学时，她居然记住了我们班56个同学的名字，还说会一直教我们到毕业，真了不起。我一定好好表现。

——陶天童

…………

原来，在我记住他们的同时，他们也把我深深地记在了幼小温暖的心田里。我想，每一个学生都渴望被老师尊重，渴望老师心中有自己，爱自己。记住孩子的名字，就是老师对学生的一种尊重。

2012年，我担任一年级一个班的班主任。开学初，我拿到了学生名单，乍一看，有几个名字里的字很生僻，我根本不认识：束易翮、魏亦薆、俞子烜。每位家长都希望我们记住孩子的名字，每个学生都喜欢老师第一个记住他的名字，我便在每一次接手新班，与学生初次见面前，对学生的名字做足功课：查准读音，便于准确喊出学生的名字；理解名字的含义，便于初次见面好交流。

束易翮（hé）：束、易分别为父母的姓氏。翮——羽毛中间的硬管，《尔雅》中著羽本谓之翮。泛指鸟振翅高飞。家长一定是希望孩子能振翅高飞。

魏亦薆（ài）：薆——草木茂盛、香的意思。家长一定是希望他们可爱的女儿如草般坚强，如花般芬芳。

俞子烜（xuán）：烜——盛大，显著。

侯万山：不知道父母为何给孩子取这个名字，但我知道抗日战争时期，有个英雄与他同名。

初次见面那一天，我就由此与他聊天。当他知道自己跟一个英雄同名时，脸上露出了无比自豪的笑容，走路时，背也挺得直直的。

我还告诉孩子们，班上有四大豪杰（名字里含"杰"），六块美玉（名字里的字与玉有关），五轮太阳（名字里的字含有日出之义），并把他们分别编成几个小组，为小组分别取名为"英雄组""美玉组""旭日组"，孩子们甭提有多高兴了。

跟孩子初见时，就名字展开聊天，在孩子情感的湖面上荡起了阵阵涟漪，唤起了学生内心的自信。这种做法，一来打消孩子上学的恐惧，二来让孩子感受到老师的关爱，三来让孩子尽快认识新同学，四来让家长看到老师对孩子的重视，真是一举多得。

从此以后，我规定自己在开学初要做到：读准学生名字，读懂学生名字，记住学生名字。让我和学生初次相遇时，就一见钟情。

利用表扬本，发挥大作用

新学期，我教一年级。在与学生相处几天后，我发现他们对新同学、新学校、新老师既感到好奇，又感到畏惧，缺乏安全感。在与老师相处时，特别喜欢老师的表扬，常常将老师表扬自己的话一字不漏地记在心间。在了解了这样的心理状态后，我确定了新学期的班级目标：让每一个学生获得安全感。

我让学生在家长的陪伴下，自己选购一个漂亮的独特的本子，作为一学期的表扬本。开学的第一个月，我会根据学生在学校的表现，每天在他们的表扬本上进行记录，并奖励性地画上一个笑脸。集够十个笑脸，就会得到一张启航卡，并且会拍照贴在表扬栏上。我也鼓励家长将孩子在家的良好表现记录在本上，我再给予表扬。这样，家长会了解孩子在学校的情况，我也会知道学生在家的表现，家校配合，让他们尽快适应小学生活。第二个月孩子的拼音学完了，认识的字也多了，我鼓励学生每天阅读十五分钟。家长在表扬本上将阅读的书目进行记录，我批阅并奖励孩子一个笑脸。这样，小小表扬本的功能又多了一项。半学期过去了，学生适应了小学生活，开始出现各种各样的小状况了，于是，我告诉他们，得到的笑脸一定要珍惜，犯错误会失去一个笑脸。家长们在家中遇到孩子出现问题，无法解决的，也记录在本子上。我每天看到后，会及时配合家长教育孩子，努力解决问题。学期的最后一个月，孩子们会写的字多了，我开始鼓励他们记录自己在学校及家中表现好的事情，我也根据情况进行奖励。这一举措，一方面促进孩子对所学汉字进行适当运用，另一方面也是在培养孩子自我反思、自我教育的能力。

小小表扬本成了我们班家校沟通的新渠道，成了学生小学生活的记录本，成了班级评优的小标尺，成了班级管理的好工具。德国作家席勒有句名言："还有比生命更重要的，那就是荣誉。"激发学生获得荣誉的欲望，抓住学生渴望荣誉的心理，教育就能起到事半功倍的效果。

惺惺相惜，走进学生心灵

初次相遇的认可，是一个美好的开始。可是，师生相处的漫长生活才迈出第一步，如何在以后的相处中培养师生情感呢？

在与学生的相处相伴中，学会用儿童的眼睛去观察，用儿童的耳朵去倾听，用儿童的兴趣去探寻，用儿童的情感去热爱，才能更加了解学生，才能让学生对老师油然而生亲切之情。

真情沟通，才会敞开心扉

在班主任素养中，"尊重与爱的素养"是非常重要的。建立在尊重基础上的"爱"才是理性的、人文的。教师应尊重学生兴趣、爱好、性格、人格……，站在学生立场思考，真心为他们着想，真情沟通，建立平等和谐的关系，让他们感觉老师是自己人，他们才会敞开心扉，喜欢老师并对老师产生信赖感。

沟通的最基本方式，就是与学生谈话。德育可以在谈话中实施。作为老师，在与学生相处中，谈话方式上要特别注意细节，否则，语言也会变成一种锋利的武器，刺伤孩子脆弱的心灵。每个老师都会说爱学生，那么，如何才能体现出爱，让学生感受到快乐呢？

我是这样做的：夸奖学生的话当众说；批评学生的话私下说；鼓励学生的话大声说；开导学生的话慢慢说；要求学生的话循序渐进说；言辞过激的话不要说；愤怒伤人的话不要说；不能兑现的话不要说。

那天，我刚迈进教室，就听见一个孩子在不停地埋怨："陶恺怎么还没把水拎来！"原来几个孩子想把教室墙壁上的污迹擦一擦，便让陶恺下楼提水，可是十几分钟过去了，他还没有上来。

我刚想去安慰他们一下，只见陶恺拎着水进门了，满头是汗。

"怎么这么久啊！"

"怎么才这么一点水呀！"

"下次不喊你拎了！"

陶恺满头的汗水已经掩饰不住因为委屈、生气而涨红了的脸庞，他什么也没说就坐在了座位上。此刻，谁也叫不动他做事了。

我看看水桶里装着的半桶水，再细看看陶恺，才发现他的鞋子有点湿了。如果我和其他孩子一样责怪他，那么会有什么结果呢？我们的教育对象是活生生的人，教育过程绝不仅仅是一种技巧的施展，而应该充满人情味，教育的每一个环节都应该充满着对人的理解、尊重。我心想：让我来帮帮陶恺吧。

"你很辛苦，从一楼把水拎到四楼，鞋子都湿了。"陶恺看看我，低下了头。

"你也挺了不起的，居然能把半桶水拎上四楼。"他又抬头看了看我，我继续说，"能帮我把小黑板擦一下吗？"

"OK。"他推开椅子就跑去干活了。

多可爱的孩子呀！我很感慨，我只是用话语鼓励了他而已。

孩子的童年是一首歌，一首记载了快乐、单纯的歌，质朴是它的基调，活泼是它的主旋律。当他们犯错时，需要老师格外用心地去引导。在彼此相伴的学习生活中，我愿意弯下腰和学生们交流、沟通，成为他们最忠实、最贴心、最温柔的朋友。

记得一天早晨，我照例早早来到教室批改作业。当来到一个叫爱爱的女生身边时，我发现她的头发扎得很乱。"今天头发怎么这么乱呀？"我脱口而出。孩子的脸一下子就红了。我意识到自己的语气过于强硬了，立刻摸摸她的头，笑着说："平时头发梳得很漂亮，今天怎么了？"

她抬起头看着我："今天是我自己扎的辫子，我想自己学习扎辫子，这样，妈妈早晨就不那么忙了。可是，扎辫子时总是扎不整齐。"

多好的孩子，幸亏我没有笑话她。发现问题，耐心倾听学生的心声，是对他们的尊重，也是我寻找解决问题办法的一种方法。最好的教育就是帮助。下课后，我带她到办公室，拿出梳子一步步教她如何扎辫子。从那以后，这个女生每天自己扎小辫儿，一天比一天扎得好。

小孩子的事常是些小事，尤其是一二年级的孩子，一支笔丢了，椅子被书包压倒了，上厕所没有纸了，水杯盖拧不开了等。尊重他们的身心规律，及时帮他们解决了小事就没事了。如果你轻视这些小事，那么小事就可能变成你解决不了的大事。对待学生的问题，我经常问自己："如果这是自家的孩子，应该怎样去处理？"在问题处理和决策上，多问自己：这样做是否出于公心？这是不是最佳方法，还有没有其他好的方案可选？这种出于尊重的态度和换位思考的方法，使我对学生少了苛求，多了宽容，少了埋怨，多了理解，使他们一步步走向自信。

你知道吗？陈老师的办公桌就像一个百宝箱。我发现，同学们的作业本坏了，老师就从办公桌里拿出订书机和胶带，帮助修补。一个同学胳膊摔破了，老师就从办公桌里拿出消毒水和创可贴。那天，我辫子没梳好，老师又从办公桌里拿出一把梳子教我梳头呢！办公桌抽屉里还有暖宝宝、漂亮的光荣卡、各种颜色的夹子、各种味道的糖果……。嘻嘻，这些是我那天偷偷看到的。

——爱爱

孩子的世界是五彩缤纷的，真情的沟通，彼此的尊重，让他们敞开了心扉，爱上了我，因为有爱，一切教育就显得更从容了。只要我们给予学生更多的尊重，愿意花更多的心思，就能与孩子们一同享受成长的快乐。

以身作则，真心接纳

"亲其师，信其道。"小学生喜欢上某门学科，大多是因为他们喜欢上任教这门学科的老师，而喜欢上班集体，多是因为喜爱班主任。班主任作为学生的精神关怀者、学生发展的人生导师和重要他人，更要以身作则、言传身教，做好榜样。

在班级建设过程中，我会用自己的行为引导学生，努力塑造自己的正面形象。2014年我参加班主任基本功比赛，我会跟学生交流培训的收获、比赛的经历，让学生感受到自己班主任认真刻苦的品质。学生劳动时，我会参与；学生游戏时，我也会加入其中。在自己以身作则的努力下，班级学生尊重我，也会模仿我，从而能约束和改变自己的行为。

可是，我渐渐发现，小心谨慎，维护正面形象固然重要，但班主任的"白璧微瑕效应"更能拉近师生心灵间的距离。

我每天早晨早早进班，走到学生座位边，面批昨天的家庭作业，这样既能在无声中督促学生早读，也能第一时间观察到学生当天的状态，更能及时将作业情况反馈给学生。即使早晨教师操音乐响起时，我也会坚持把作业批完，再到操场做操。这样的状态持续了近半个学期。

小学生每天上午和下午都会做眼保健操。每次眼保健操音乐响起，很多学生都在写作业，不能及时做操。这样的情况一直困扰着我。虽然我安排了值日班委，还利用晨会不断教育，但是收效甚微。有一天，我照例走到教室窗口，再次发现这样的情况。我正准备去责备他们时，忽然意识到学生存在的问题，自己也存在：我每天早晨不也是自以为正确地批改着作业，不及时做教师操吗？

那天，我就这个错误向学生道歉，并承诺改正。后来我发现，学生做眼保健操时写作业的现象也少了。

学生眼中的班主任：

陈老师就像妈妈一样爱着我们，我喜欢叫她"陈妈妈"，每次考完试，她总能以最快的时间把试卷批完，我觉得她是在给我们做榜样，告诉我们，学习不能拖拉。那天，我肚子疼，她给我灌了一个热水瓶放在我肚子上，我觉得温暖极了。我爱陈老师。

——张少熠

陈老师每天比我早到学校，每次进教室时，我都能看到她认真批改作业的身影。一直觉得老师做事特别负责，作业一定批完才会去做操。有一天，老师突然跟我们道歉，说她为了批作业，不及时做早操是不对的，聪明的人应该能安排好时间，在规定的时间里做该做的事。原来，老师也会犯错，不过只要改正，还是好老师，正如老师教育我们："只要改错，还是好孩子"。

——王源珺

原来班主任不经意间犯了小错误，及时向学生解释或道歉，展示教师真实、真诚的一面，会让学生更愿亲近老师。

2017 年，我教毕业班，学生面临毕业，情绪波动较大，逆反心理明显，往往老师的说教他们根本不放在心上。有一次，全班一大半人不好好上音乐课，我一气之下，要求每人写份检查，反思自己的行为。我的要求提出的那一刻，我看到了一些孩子眼中流露出的不满和不屑。我告诉自己，这可不是小事。回到办公室，我自己先就这天的事写了一份班主任检查，放学前，当众读了一遍，我在检查反思中明确告诉学生，班级出现问题，班主任有不可推卸的责任。学生们听了以后，第二天纷纷交来反思，在反思中很多人提到了我的反思让他们很感动。所以我们在教育工作中，应当以身作则，既树立"良师"榜样，又培养"益友"情感。

合理帮助，才能走得更近

上述的这个毕业班，我从他们入校起就一直担任他们的班主任。班级有五十多个学生。从一年级开始，我坚持做了一件事情，就是记住每个学生的生日，并在他们生日当天，为其过集体生日，让同学们送上祝福。从学习角度看，这样能训练学生的表达能力；从德育角度看，这样能培养学生的友爱意识。我还会送上一份礼物给过生日的学生，让他们觉得，在学校有老师像妈妈一样爱着他们。也会给家长发一条问候信息：

今天是 12 月 12 日，是李旸的生日。看着孩子一天天成长，我和你们一样感到幸福。祝李旸生日快乐，也祝您全家幸福安康。

暑假已过去十多天了，我也开始想念孩子们了。今天是倪响的生日，请代我向他转达祝福，告诉他陈老师想念他了，祝他生日快乐。孩子的成长离不开父母的操劳，也向你们表示问候：你们辛苦了，祝你们幸福快乐。

每条短信，都触动了家长的心灵，让家长们感受到孩子成长的幸福，感受到老师对孩子的关爱，从而为家校沟通打下基础。

记得在一年级时，我请班长统计学生生日时，有一个叫月琳的学生就是不愿意说自己的生日是哪一天。为什么？我亲自去教室询问，她居然低着头说："我没有生日！"正面沟通不行，那就侧面调查吧。与家长一沟通，终于知道原因了：原来她的生日是 4 月 14 日，曾经有同学借着"414"笑话她"死要死"，就为这个，她还跟妈妈吵过架。很快就到 4 月 14 日了，怎么才能消除她的心理阴影，助她扬起自信的风帆？怎样才能让学生们正确看待数字呢？我苦苦思索，办法终于找到了。我布置了两道特殊的作业：查找历史上 4 月 14 日出生的名人和关于"四"的词语。

第二天晨会课上我对学生们说："今天是 4 月 14 日，有一些人不喜欢这个日子，觉得'414'，读起来有点像'死要死'。"学生们笑了，小月琳低下了头。"可是就在这一天，有很多伟大的人物诞生哦！"学生们争先恐后："1629 年 4 月 14 日，在荷兰一个名叫惠更斯的人诞生，他经过努力成了物理学家、天文学家、数学家和钟表学家。"（哇，这么厉害呀！）"1898 年 4 月 14 日，中国著名的历史学家翦伯赞诞生。"（还有中国的！）孩子们满脸惊讶。

…………

在交流中，学生们体会到一个人的成就与他的出生年月日没有关系。我趁机在屏幕上出示月琳的生日，问学生们："2006 年 4 月 14 日，中国未来的漫画家出生了。她叫——""月琳。"全班学生异口同声，并投去羡慕的目光，小月琳的脸红了。我真诚地说："月琳，你喜欢画漫画，想成为一名漫画家！陈老师送给你一本漫画书作为礼物，希望你梦想成真！"全班同学不约而同地给予了热烈的掌声。

接着我让学生们说说关于"四"的词语，孩子们七嘴八舌：四平八稳、四面八方、五讲四美、五湖四海、四大发明、四大名著、文房四宝、四合院。我告诉学生们："在数学中，'4'只是代表一个数，而在中国传统文化中，'四'是一个吉祥的数字。因为人们认为它带有圆满伸展的含义，所以特别喜欢将它用在一些词语中。陈老师祝同学们万事如意、心想事成！"我故意把"事"拖长，学生们恍然大悟。这时，音乐响起，学生们热情地唱起了生日歌。看着月琳灿烂的笑脸，再看看全班学生一张张充满幸福的脸，我心里也很美。

陶行知先生说："真教育是心心相印的活动。"俗话说："管人要管心，管心要知心。"作为老师，应该要有一种"觉知感"，能在眼神交换中，言语沟通中，让学生知道，这个老师懂得他；而学生也会感谢老师，愿意蜕变自己，变成更好的人。我们除了关注学生的成绩，还应该多花些心思关注这些德育细节，不用空洞的说教，不搞机械的形式，不做违心的表态，只是抓住时机，找到切入点，合理地给予帮助，潜移默化地感染学生，激发他们内心深处的情感，那么这样的教育才是"近乎自然"的，才能关爱入心，走进学生心灵，才有可能创造奇迹。

现在，我们的班级是个温暖的家庭。若有学生生病了，几天没来，同学们就会打电话去问候；有家长某天有事，不能来接孩子，必然会有热心的爸妈把孩子送回家，甚至带回自己家睡一晚；有学生犯错被老师批评了，会有很多同学来为他求情……，我们惺惺相惜。这样的班级，是学生们依赖的集体；这样的同学，是大家快乐的伙伴，更是我作为班主任的幸福所在。

树立典型，让每个学生都成为榜样

苏霍姆林斯基说，我们的教育对象的心灵绝不是一块不毛之地，而是一片已经有着美好思想道德萌芽的肥沃的田地，因此，教师的责任首先在于发现并扶正学生心灵土壤中的每一株幼苗，让它不断壮大，最后排挤掉自己缺点的杂草。学生进入三年级后，会更有想法，更有个性，内心情感更为丰富。了解学生个体，帮助他们寻找发展之路，就显得尤为重要。用什么样的方法才能更好地了解学生，让他们潜在的能力得以发挥呢？

我们班有个小姑娘，白皙的脸庞、灵动的眼睛、乌黑的短发、娇小的身材，常穿着一条牛仔裤，全身上下无一不透露着孩子的机灵。开学第一天，我让学生们自己暂时选个座位坐下。很多女孩子选择的是最靠边或者最后面的座位，我知道这是她们腼腆或缺乏自信的表现。而她却坐在了第一排正中间，一坐下就东张西望，对一切充满了好奇。真是个活泼有个性的小姑娘。两个星期后，我就初步了解她了。她从不穿裙子，也不穿漂亮的小皮鞋。虽然才上一年级，就能自己坐公交车回家。在班级里以最快的速度认识了一群同学。上课时，积极发言，但也小动作不停。课间，她是游戏的主导者。一不高兴，她敢拍桌子大喊，俨然一个"女汉子"。第一次家长会，知道她的父亲在外地工作，母亲工作繁忙，所以造就了她的能干、独立与好胜心强。她妈妈说，孩子在家坐不住，不爱看书，希望我能帮帮她。现在很多家长觉得上学能把课本知识学好就不错了，读课外书既没用，又影响孩子视力，像这位妈妈能够从孩子一年级时就关注孩子阅读兴趣的培养，真是难能可贵。所以，我当时就下决心，一定要协助家长培养这个女孩的阅读兴趣。

有一天，看到她上语文课时在课文的插图上画画，当时我挺生气的，可转念一想，找到教育契机了。下课后，我送给她一本绘本，至今还记得书的名字叫《失落的一角》，那本绘本用最简洁有味的线条和文字，阐释了一则有关"完美"与"缺憾"的寓言：一个圆缺了一角，它一边唱着歌一边寻找。有的一角太大，有的又太小，它漂洋过海，历经风吹雨打，终于找到了与自己最合适的那一角，它们组成了完整的圆，但是圆却发现自己再也无法歌唱，所以它轻轻放下已经寻到的一角，又独自上路继续它寻找的征途……。我教她如何去读图画中的这个故事，也教她去画绘本里面的图画，那一天她非常快乐。

一个星期后，我又送给她第二本书《爱心树》。这本书的图画色彩丰富，文字也略多了一点，因为她认识的字还不多，我就读给她听，让她也讲给我听。后来，在一次阅读课上，我给她提供了一个展示的机会，让她给全班小朋友讲《爱心树》的故事。因为她原本就是个胆大的孩子，所以讲故事时她一点儿也不胆怯，赢得了同学们的掌声。我顺势宣布，以后每次阅读课上都请她讲故事，其他同学如果也爱读书积累故事，也可以上台讲。就这样，班上有很多孩子开始对读书感兴趣了。

后来，我就不再送书给她了，只借书给她，并且要求她一个星期读完才能继续向我借书。就这样，她爱上了阅读。到了一年级下学期，我鼓励她做简单的阅读摘抄；二年级，我鼓励她模仿书中故事，自己也写小故事，并且将她写的故事展示在班级宣传栏中。渐渐地，读书、写作成了她最大的兴趣。在阅读中，她也学会了友爱同学，懂得了如何尊重别人，明白了许多道理。同时，她还每天坚持写日记，到了三年级，已经有厚厚的两本日记本了。2014年的年底，我在她日记本中选出了几十篇优秀的作品进行汇编，制作了一本她的作文专辑，书中有她近两年写的优秀习作，有她阅读时的生活照，当然还有我写给她的寄语：

从"岳越"到"岳月"，名字更换，人却依旧，如百花丛中的一朵雏菊，美丽却不耀眼。因为爱上读书，所以便找到快乐；因为爱上写作，所以便更加执着。每一篇日记，都记录着成长的足迹，展露着可贵的童真。

当我把这本名为《小荷才露尖尖角——岳月作文作品集》的书送给她作为新年礼物时，她眼中的惊讶、惊喜和自豪，让我感到万分幸福。

"蜂以采花，故能酿蜜；蚕以食桑，故能成丝；海纳百川，故能成其大；人读百家书，故能养其气。"因为阅读，让"女汉子"收敛了好胜之心，多了几分灵性。如今她已成为我们班的小作家，在很多写作比赛中获奖，为班级争得很多荣誉。岳月作文中的班主任是这样的：

我第一天见到陈老师时，觉得老师不太爱笑，看上去挺严肃的，心里有点畏惧。后来发现，老师很关心我们。每天都会细细观察我们的一言一行，并在表扬本上写上赞美的话语。每天最开心的就是翻开我精美的表扬本，读着老师的表扬话语，心里特别高兴。一年级时，老师送了好多书给我看，让我渐渐爱上阅读。记得我第一次写日记，老师就把它打印出来，贴在教室墙壁上，我当时无比自豪。从此，我爱上写作，每天写一篇日记，记录着我的奇思妙想，讲述着我的喜怒哀乐。三年级时，老师为我印了一本作文集，老师说，那是我的专著。哈哈，我成了班级里的小作家了。感谢陈老师，我很爱她。

这个学生的事例让我发现，在班集体建设中，通过树立榜样，更能促进优秀班集体的形成。在我们班里，像岳月这样的榜样学生还有许多。比如一提到魔方，同学们会异口同声喊出庞成方的名字；一提到军事小专家，那就是俞晓晞……，这些学生发挥了榜样作用，为形成良好班风奠定了基础，也为集体增添了荣誉。

当然，班级中不是每个学生都能成为榜样，更多的学生还需要我去帮助他们获得学习上的成就感，或者发现其独有的闪光点，以此促其树立一种健康而稳定的精神追求。在这样的相知相伴中，师生建立了亲密的关系，学生会因为我而感到安全、幸福；我因为爱他们，愿意站在他们身边，陪伴他们，帮助他们，等待他们成长。

坚守情怀，等待花开

一个班级就是一个情感场，老师要去感受学生的"爱"，学生要能感受教师的"情"，这样才是一个充满活力的集体、一个阳光温暖的家庭。在这样的"爱"与"情"的教育中，需要师生一起相守，静静等待花开的幸福。

践行班级精神，促进班级团结

要想班级形成团结氛围，必须有共同认可的班级精神。我为此也不懈努力。一年级时，学生们通过班会课选择了向日葵作为班花。由向日葵确定班级精神：团结合作、积极向上、谦虚求实。随后学生设计出精美的班徽——微笑的向日葵：每天带着微笑面对生活，让生活处处充满阳光。向学生征集班旗设计稿，在集体讨论中确定班旗图案，这也是一次集体教育。我们的班旗——多彩的向日葵：旗面使用国旗的红色，表达对祖国的热爱；向日葵位于旗面中心，象征班级精神；花朵中间的白鸽、树叶、双手寓意着希望；花朵下方的两条蓝色条纹，象征希望之路。每一次集体活动，班旗飘扬，学生心中无比自豪。结合班花、班徽、班旗，学生的奋斗目标也格外明确了：做盛开的向日葵。只要遵守班级各项规定，为班集体服务，为班集体努力，践行班级精神，就可以荣获"盛开的向日葵"称号，荣登班级光荣榜。下面是获得这一称号的学生的获奖感言：

经过一个月的努力，我终于成为一朵盛开的向日葵。陈老师为我们拍照时，我高兴极了，妈妈看到我的照片也一定会开心的。我以后还要努力。

——李中天

我已经连续三个星期成为盛开的向日葵了，看着自己的照片贴在班级光荣榜上，我为自己感到自豪，陈老师说，连续的成功说明我的自我约束能力、自我管理能力在不断进步。我为自己点赞！

——郑语曈

在这些举措下，每个同学都积极向上，大家团结在一起，绽放美丽的风采，结出累累的果实。

坚守德育阵地，打造特色活动

学生处在不同年级就有不同的心理特点。当他们进入三年级后，学习中会更多地用到小组合作方式，需要具有合作意识与合作素养。他们开始有更强的独立意识，在平时的学习与生活中容易过于自我，易与同学产生矛盾，需要培养包容与谦让的品质。女生随着年龄增长，逐渐变得腼腆，不敢、不愿大声表达自己意愿，而男生更加调皮，需要培养他们大方得体、有度有礼的品格。平时学习有困难的学生缺乏自信，甚至自卑，渐渐与同学疏远，不敢参与集体活动，需要培养他们的自信心。但是，分析了问题，明确了目标，怎么去做呢？

2014 年我有幸前往台湾，参加了"读者剧场"项目的研发学习。"读者剧场"原本是一种用于语文课程深化的活动。其将戏剧元素融入语文学习中，使学生进入一个虚拟的情境，学生在情境中运用自己的想象力、创造力和生活经验，进而提升主动学习的欲望。学生在完成团体目标及与他人合作的过程中，锻炼了自我决策的能力。我结合本班情况，决定将"读者剧场"用于班级德育领域，于是开启了班级的德育阵地——"向日葵读者剧场"。

在三年级时，我们开展了初阶训练。我将语文书中的一些课文改编成剧本，利用班会课指导学生开展活动。在活动中，每一个学生都有自己的角色，而扮演什么角色，都是通过各种游戏决定的。所以，学生不会因为角色分配产生矛盾。角色分配好后，就形成了多个表演小组，学生就开始了合作训练。在训练中，他们会相互提意见、相互配合，在这个过程中，学生渐渐培养了合作意识。我会在小组之间巡视，指导他们如何做到声情并茂，如何去体会人物表情心理，如何与组员配合，等等。表演时，学生都很投入，读者剧场中的角色扮演，帮助学生揣摩角色的心理。而作为观众，也要学习观看之礼，学生可以通过欣赏读者剧场的表演提升听的能力与听的素养。就这样，学生喜欢上了读者剧场的活动。他们还把剧本带回家，与父母、爷爷奶奶一起表演，这也增进了家庭和睦。

到了四年级，我开始将班级发生的一些问题编成剧本，帮助学生在训练与表演中懂得道理。我班的一些学生也开始自己试着去改编课文，或者编写班级发生的故事，自编自导。比如，学生针对班里同学争做"盛开的向日葵"的现象，编写了《谁是向日葵》剧本。

经过一年半的实践，我们班的"向日葵读者剧场"已成了班级特色活动。这一活动成功地将学科学习与德育相结合，为学生提供了德育的情境，学生在练习与表演的过程中，增进了友谊，增强了合作意识，提升了自信，也培养了综合素养。

我的理想就是当一个导演。班级开展的"向日葵读者剧场"让我有了用武之地。我向陈老师提出申请，想要编排一个剧本，老师欣然允许了。我花了一个星期时间写好了剧本的第一幕，然后开始招募演员。同学们热情高涨，争先恐后地前来报名，原来在班里名不见经传的我，一下子成了大家"巴结"的对象。当然，我本着择优而取的原则，严格挑选了演员。在后来的排练中，我们会为一些动作发生争执，会为一个道具的设计各抒己见，我发现，大家都很负责，都想把这个剧演好。我相信，在我们的努力下，一定能向同学们展示最棒的读者剧场表演。

——吴昆祐

在活动过程中，同伴效应、角色效应发挥了作用，德育效果明显。我希望能将活动一直纵向地坚持下去，并且也将活动横向展开。比如邀请同年级的学生参与，邀请科任老师参与，邀请家长参与，提供更多合作学习的机会。在活动中贯穿全员育人的理念，增强学生的学习动机，发挥学生的想象力与创造力。

坚守教育梦想，态度决定幸福

作为班主任，面对来自不同家庭的学生，面对来自方方面面的压力，坚守好自己岗位，需要一种责任，教育好学生更需要一份爱心。这样的信念给予我源源不断的力量，让我能够在帮助、教育学生的过程中，挫败了仍不放弃，受伤了仍不退缩，坚持用心做更好的自己。

"坚守"说着简单做起来却很难。我是个爱玩的人。刚工作的时候，初生牛犊不怕虎，我带着学生去捉蜻蜓，带着学生背着锅碗瓢盆去野炊，带着学生外出参观，组织亲子旅游。于是引发了一些争议，如"学生活动太多，影响学习""这么辛苦，出了事还得负责，自找麻烦""考试成绩下降了，就是天天不务正业造成的"等。如果说，能潇洒地不在意那是假话。我也曾不断反思自己的做法，有时甚至质疑自己的做法。很多年后，我的学生回学校来看我，与我聊得最多的居然就是一次次活动中的趣事。原来，小学生活留给学生最美回忆的，不是考了一百分，而是这些鲜活的活动。后来，我就一直坚持开展各类活动，当然，必须不断地细化活动，降低危险出现的概率。

中秋节，我与家长携手，带学生一同登上本地有名的方山山顶，在那里过了一个特别的中秋之夜。孩子和父母按照古代传统，一起行礼，吟诗赏月，家长之间交流育儿心得，孩子开心地玩耍，与大自然亲密接触，感受中国传统文化的魅力。儿童节，我们一起露营，在熊熊的篝火边举行十岁成长之礼，一起勾画未来。母亲节、妇女节，开展感恩系列活动。植树节，我们一起培植盆栽植物，与植物结为成长伙伴，一起成长。端午节，探究历史文化，学习包粽子，快乐而增知。

我就这样努力着，坚持着，我常常告诫自己少抱怨，不放弃，不松懈，让学生们从情感上得到信任，感受到幸福。同样，我也收获了孩子们的信任和关心，收获了家长的认可与支持。

家长眼中的班主任：

陈老师不仅是孩子的朋友，是孩子的家长，也是家长们的朋友，是家教指导老师。陈老师组织的每一次亲子活动，都丰富了孩子与家长的生活；陈老师发来的每条信息，都浸透着对孩子的关爱；陈老师推荐阅读的每一本图书，都提高了家庭教育的质量。

这么多年，我从班主任转向行政，再转回班主任，这个过程中对班主任工作的情怀始终未变。在这个过程中，我虽然获得过许多荣誉，但随着时间的推移，我越来越深刻地体会到，这些看上去似乎很美的光环，实在不是我所追求的至高目标，真正令我倍感珍贵的，是自己在这些过程中的经历、体验、提升，以及因此获得的对教育信念和方向越来越深刻的认识与理解。

林语堂说过，梦想无论怎样模糊，总潜伏在我们心底，使我们的心境永远得不到宁静，直到这些梦想成为事实。就如话中所说，班主任工作是我最朴素的梦想，是我心境中永远活跃的梦想。

[**专家点评**]

因为热爱，所以幸福

齐学红 南京师范大学班主任研究中心

班主任的教育情怀源于对班主任工作的理解与体验。而这样的理解与体验有时需要暂时的放弃与远离，正如审美需要距离一样。在远距离的审视下，重新发现班主任工作的意义和价值，进而坚定自己的教育信念，在班主任专业发展道路上创造出属于自己的精彩。这就是陈海宁老师的班主任专业成长经历。

正是这段特殊经历使她对班主任工作有了新的理解："当初，不是班主任之路难走，是我走的方法不对、心态不对。不去抱怨工作的烦琐、学生的问题，而去用心喜欢这个工作，本着对教育的使命感，怀揣对学生的仁爱之心，我就收获了幸福。"

许多班主任在常年从事班主任工作过程中，因过分透支自己的体力和精力，身心得不到及时的调整，进而产生了职业倦怠感，或者最终选择放弃班主任工作，或者为工作所累，无法享受班主任的职业幸福。正是在这一意义上，陈海宁老师是幸运的。跟很多班主任一样，她也曾因班主任工作面临的诸多困扰而选择逃离这份工作，进而走上学校的行政工作岗位。但离去之后并没有给她带来彻底的解脱，而是让她产生了莫名的失落感和被剥夺感。渴望拥有一个属于自己的班级，竟然成为她朝思暮想的事情。重新回到班主任工作岗位的她，对于这份工作有了新的理解与体会：发自内心地爱孩子，珍惜与孩子之间的缘分。因为舍不得孩子，她注定与班主任工作结下不解之缘。正是这样一种重新走进班主任工作的成长经历，使得陈海宁老师能够带着一颗感恩之心，用加倍的热爱和饱满的感情投入日常而又平凡的班主任工作中，为她的班主任职业生涯注入了一抹温情与温暖，进而演绎出一个个她与孩子之间动人的故事。

在与学生的相处相伴中，陈海宁老师始终遵循并践行着这样的儿童立场：学会用儿童的眼睛去观察，用儿童的耳朵去倾听，用儿童的兴趣去探寻，用儿童的情感去热爱。只有这样，才能更加了解学生，才能让学生对老师油然而生亲切之情，教育方可迈出成功的一步。

从接手一个新班的第一天记住每个孩子的名字，包括了解每个名字的意义开始，她就在用心用情地演绎着与每个孩子之间的故事。办公室装有消毒水、创可贴、订书机、夹子、孩子们喜欢吃的糖果的百宝箱里，深藏着她对学生的关心与爱护。因为在她眼里，孩子的事都是小事，但小事不解决就成了大事，于是，她总是能从一个个细节入手，打动并感染每一个孩子。例如，记住每个孩子的生日，并在班级为孩子过集体生日，除此之外，还不忘记给家长发一条问候的短信；一个孩子的生日（4月14日）被同学嘲笑，陈老师巧妙安排，让学生查找历史上的这一天诞生的名人，告诉大家数字并不重要。对于犯了错误的孩子，首先是从自己身上找原因，而不是一味地责怪孩子。陈老师在班级里营造了互帮互助、相互关爱的集体氛围，把每个孩子、每个家庭连接在一起；关心每个孩子的兴趣爱好，将他们打造成班级的"榜样学生"；通过榜样效应，促进良好班风的形成。在与学生一起确定班级的班花、班旗、班徽的基础上，与学科教学相结合，拓展并形成了班级的德育阵地——"向日葵读者剧场"。在每一个有特色的班级活动和创意的背后，都潜藏着她对学生浓浓的爱意。在与学生的相知相伴中，师生建立了亲密的关系，学生会因为她而感到安全、幸福；她因为爱学生，愿意站在他们身边，陪伴他们，帮助他们，等待他们成长。将对学生的理解、尊重与信任化为具体的教育实践，在这样的教育信念下，陈老师一路思索着，实践着，收获着。

在陈老师身上，我们看到，教育情怀就是"爱"和"情"两个字，"爱""情"两个字就是成全，成全每个孩子的梦想。正如她所说："作为德育工作一线老师，作为一名班主任，我懂得了：教育不是说教，而是感染；不是灌输，而是熏陶；不是按部就班地重复，而是用心地在细节中不断创新。归根结底，教育就是回到学生本身，如同谈一场轰轰烈烈的恋爱：选择，就要无悔；相遇，从此相伴；相伴，方可相知；相知，懂得相守。快乐就是一种选择，而态度决定了幸福。"

杨学：一路走来，与爱相伴

•••南京外国语学校仙林分校小学部

[教育小传]

从教二十多年，担任班主任也有二十多年，我深信斯霞老师的"童心母爱"教育。初为人师，我将班级的每一个孩子都视如己出，用心帮助和关心每一个孩子。在南京外国语学校仙林分校（简称"南外仙林分校"）任教期间，钱铁锋校长先进的教育理念和相关教育专家的指点，让我开始反观自己的教育行为和理想，认识到所有的教育行为都应指向生命的成长，在对此的探索实践中我逐步成长为一名研究型的班主任。

为了进一步了解孩子，我潜心研究心理学，并将心理学知识运用到班级管理中，不管带什么类型的班级，我都会尊重孩子的差异，针对他们的特点进行班级管理创新。我深信每个孩子都是一座金矿，都有成长发展的权利，从而不遗余力地发掘每个孩子身上的闪光点，对暂时落后的孩子给予更多的包容、等待与关怀，从而唤醒孩子内在生命的成长力量。我也深知每个孩子身上的问题一定能在家长身上找到根源，因此，带领家长一起学习，转化他们的教育理念，实现家长与孩子共成长，这成了我班级管理的重要内容。为此，我组建了一支由二十个热心家长组成的家长委员会，多方位、多角度，深入地参与班级管理。

除此之外，我努力尝试学科融合，带领学生开展小课题研究，撰写小研究报告，进行综合课程改革的新探索。带领孩子们在实践研究中获得生命的成长，我自己也在不断学习中获得提升。一路走来，从班级到家长，从班主任到学科教学，爱的教育伴我成长。

"杨老师，作为班主任，你每天与孩子在一起，哪来那么大的热情和那么充沛的精力啊？"同事们每每看到我这个已经年过四十的老班主任充满热情和活力的工作状态，都会发出这样的疑问。

是啊，面对当下很多班主任，甚至是年轻的班主任普遍出现的职业倦怠，我似乎显得有些另类。其实，很多老师不愿意担任班主任是可以理解的。随着社会的发展，家庭生活水平的提高，家长们对孩子的教育期待与关注度也随之提升，对班主任素养的要求也在提升，这让班主任不仅要面对烦琐的工作，还要应对家长们提出的各种要求，甚至存在着一定的职业风险，这就给班主任工作带来了许多无形的压力，也让很多老师望而却步。作为一名从教二十多年的班主任，我仍痴迷于自己的班主任事业，并能享受到这份职业带给我的幸福感，得要感恩我班主任成长道路中遇到的引路人。

父母的言传身教

俗话说，父母是孩子人生的首任导师。虽然我出生在南京，但上小学之前都是跟随母亲在一个县城医院里度过的。因为家就在医院的大院内，从小看惯了人的生老病死，让我对生命产生了莫名的敬畏。母亲是一个心地善良、医术高明的医生。因为所处医院是县城里最大的医院，所以附近村镇上生病的人都会到这里来看病，母亲不论对什么样的病人都是和颜悦色，甚至自掏腰包给看病困难的陌生人垫付医药费，很多病人都是大老远专程来找我母亲看病。母亲用最朴实的善举告诉我，做人一定要做善良的人，她一直影响着我幼小的心灵。

等我上小学时，母亲工作调动到南京，并与在南京大学任教的父亲团聚。上小学期间，我最爱去的地方就是父亲的物理实验室，不论是加速器、调压变压器，还是大大小小的感应圈都是我的探究对象，每每看到研究生前来请教父亲物理方面的问题，我都会竖起耳朵在一旁认真地倾听，而父亲滔滔不绝地讲解，总能让研究生满意而归。每当此时，我就会对"老师"这个职业充满了敬意与憧憬，期待自己也能像父亲一样成为一个充满智慧且让人尊敬的老师。父母是我生命中的第一任导师，他们为我奠定了生命的底色，让我从小就有了做个好老师、当个好人的愿望。

学生时代的良师示范

在我的学生时代，有两位老师深深地影响了我，成为我生命中的重要他人。一位是我的小学班主任马爱珍老师，另一位是我就读南京市晓庄师范（南京晓庄学院）时的体育老师钱达锦老师。

小学时我就读于南京市鼓楼小学，这是一所位于鼓楼广场边上的不大的学校，但是这里有最朴实、敬业的老师们。我的班主任马爱珍是一个讲起话来如春风般温柔且非常热爱学生的老师。她常常给人一种错觉——不知她是孩子们的妈妈、老师，还是朋友。她时不时带我们去离学校不远的她的家里玩，给我们准备许多好吃的，那时的我总以为班主任都应该是像马老师那样爱生如子的。随着我接触的班主任越来越多，我发现并不是我想象的那样。马老师在我心中烙下了班主任这个职业的最初模样，长大当一名优秀班主任的梦想也在我的心中生根、发芽。

九年后，我如愿以偿地考上了晓庄师范。在此就读的五年时间，我遇到了生命中另一位重要的领航人——钱达锦老师。钱老师是一个做事认真且极其热爱自己工作的体育老师。记得在一次刚入校不久的铅球测试中，钱老师发现我这个看起来弱不禁风的女学生，竟有这样的敏捷性和力量，能将四公斤的铅球轻松投到 7.4 米远。钱老师征求我的意见，将我吸纳到学校田径队。我在晓庄师范学习了五年，体育训练也坚持了五年。钱老师既是我们的教练，又是我们的家长，还是我们校训练队的班主任，他无微不至地关心着每一位队员的训练与生活。

虽然田径队的训练是艰苦和枯燥的，但在钱老师的关心下，我的师范生活变得充实而又富有活力。在此期间，高强度的体育训练练就了我良好的身体素质，培育了我吃苦耐劳的意志品质，让我拥有了"明知山有虎，偏向虎山行"的不服输精神，成就了我作为一名积极进取、不断改革创新的研究型班主任的良好素养。在这五年里，作为我们的大家长，钱老师对每一位队员的严格要求与细心呵护，让我明白一个真正爱自己事业的班主任一定会全身心地投入，将学生看成自己生命的一部分，时时处处都会为他的学生着想。

记得刚进晓庄师范时，我是个十分腼腆、内向的女孩子，在大庭广众之下讲话都会卡壳、脸红。为了提升我的自信心，钱老师鼓励我除了参加铅球训练之外，还参加背越式跳高、三级跳远等训练项目。在后来参加的江苏省南京市中专校的体育比赛中，我出乎意料地获得了三项全能一等奖、跳高一等奖的好成绩。这样的结果连我自己都不敢相信——我竟然会有体育方面的天赋，而这些天赋在此之前都潜藏在我的体内，之后便一发而不可收。在一次次取得优异成绩中，我渐渐自信地抬起头来。作为班级生活委员，我开始积极组织班级同学开展各种活动，渐渐地变得活泼开朗起来，三年级时被评为"南京市优秀共青团员"。而这一切的转变和成绩的收获，都凝聚着钱老师的心血，因为他相信我是一块金子，在他的发掘下我这块金子真的就闪闪发光了。

正是有过自身潜能不断被开发的切身体会，当我成为班主任后，我也坚信每个孩子都是一座金矿，只要班主任能够因势利导，给予激励与培养，也一定能让每个孩子都散发出属于他们自己的光芒。这一信念让我在担任班主任期间不放弃任何一个孩子，尽可能发现他们的闪光点，让他们充满阳光，自信地抬起头来。

训练场上，钱老师是一位不苟言笑、十分严格的教练，不论刮风下雨，还是女孩子每个月不方便的那几天，钱老师都不会让我停止训练或者降低训练强度。如果某个动作不到位，他一定让我反复练习，直到达到标准为止。而训练场下的钱老师俨然是个慈父。在晓庄师范学习期间，因为大多数学生都是住校生，有的学生短则一个星期，长则一个月才回家一次。钱老师担心我们的营养跟不上，常常给我们开小灶，不时送来八宝粥、老母鸡汤等给我们补身体。记得有一回，因为保护垫没放好，在进行背越式跳高训练时，我的头落在了地上。等不及我父亲赶来，钱老师丢下手中的事情立即送我去医院。在医院，看到已经上了年纪的钱老师跑上跑下，我的两行热泪情不自禁地流了下来。在休养期间，他和爱人（当时担任晓庄师范副校长）常常带着亲手熬制的补品来看我。望着他慈祥的脸庞，我知道作为老师，他爱自己的学生如同爱着自己的孩子，对学生的关怀是那样细致入微，而我这个未来老师也应该像钱老师一样用心善待自己的学生。

班主任专业成长中的关键事件

毕业后，我带着母亲"不可误人子弟"的叮咛踏上了教师的工作岗位。作为语文老师，同时兼任班主任，一做就是二十年，这期间从没有厌烦过。正如北京十一学校联盟总校校长李希贵所说，现在很多老师之所以会出现职业倦怠，很大程度上是因为没能找到教育的本质，没有真正体会到作为教师的幸福。凡是能够对工作充满激情的班主任，他的生命中一定是遇到了什么特定的人或事。

细细想来，确实如此。从担任班主任工作至今，我的身边始终有令人敬仰、学识渊博的专家、教授，在他们的引领下，我从一个一开始只知道认真工作和学习模仿的班主任，到能够从容地做一名合格的班主任，再到学会反思，能够不断打破原有的思维方式，遵循教育规律，进行教育教学改革的研究型班主任。其中，我生命成长中的几个关键事件特别值得回味。

一项研究：探寻班主任工作真谛

刚工作的第二年，我就遇到了我生命中重要的恩师——黎鹤龄老师，他是当时玄武区教科所的所长。在他的引领、激励下，我潜心研究心理教育，不断在教育教学中进行改革，探索教育的本质，领悟班主任工作的真谛。渐渐地，我爱上了班主任这份工作，班主任工作成了我生命中不可分割的一部分。

记得刚担任班主任时，我遇到很多棘手的问题，特别渴望了解孩子问题行为背后的原因，而这一切就要从了解孩子的心理入手。我开始疯狂地研读心理学书籍，还报考了南京师范大学心理教育与咨询本科专业，并顺利结业。作为核心成员参加黎所长主持的玄武区心理教育研究。在他的指导下，我运用心理学原理分析当下的教育教学现象，解决班主任工作中遇到的实际问题。最终，原本让人十分头疼的问题都迎刃而解。这期间我将积累的一些经验和感悟写成文章，并获得全国论文评比一、二、三等奖。

一次讲座：激起班主任工作热情

有一次，黎所长邀请我给全区进行心理研究的班主任做讲座。初出茅庐的我接受这个重要任务无疑是一个很大的挑战。虽然我在读师范的时候也会带领同学们开展一些活动，但毕竟范围小，现在要给这么多有着丰富实践经验的老师做讲座，岂不是班门弄斧？不管怎样紧张和担心，我还是要沉下心做准备，接下来的两个星期除了教学，就是准备讲稿。

转眼两个星期过去了，正式上台做讲座的时间终于到了。虽然在镜子前已经练了很多遍，但望着台下一张张陌生的脸庞，我紧张得心快跳出了嗓子眼。就在我因为过度紧张、大脑一片空白的时候，黎所长在台下朝我微笑点头，不知是怎样的神奇力量让我的紧张一扫而光，我定了定神，开始与老师们交流我是怎样运用心理学知识进行班级管理工作的。我只知道讲完后台下响起了热烈的掌声。讲座后，黎所长满脸兴奋地对我说："杨学，你的讲座十分精彩，真是前途无量啊！"其实我知道因为紧张有好几处内容漏讲，还有不少卡壳的地方，而黎所长却忽略了我的不足，专门挑出我最闪亮的一点夸赞，让我这个原本怯生生的新班主任看到，只要用心，班主任工作一样可以做得精彩，而这与班主任的年龄、教龄无关。

黎所长给了我这个工作还不到两年的年轻班主任以莫大的激励，从此，我充满激情地投入到班主任工作中来，在班主任工作上不断探索与尝试，关注孩子的一举一动，透过现象寻求行为产生的根源。我关心每一个孩子的成长：有的孩子学习吃力跟不上，我就义务为他补习；有的孩子早上没来得及吃早饭，我就会在课间将他悄悄拉进办公室，塞上一个小蛋糕；有的孩子天冷了没有及时加衣服，我就会将办公室早就准备好的备用衣服给他穿上；还有的孩子因为家庭教育出现了偏差，导致家长与孩子产生了激烈的冲突，我便把孩子接到我家住上几天，再分头做工作，直到问题顺利解决。就这样，在与孩子们朝夕相处的亲密接触中，我深深地爱着每个孩子，也更热爱班主任这个职业，很难想象在我的生命中没有孩子们的身影会是怎样的情形。因为真心付出，我也获得了不少荣誉：连续几年被评为"玄武区先进工作者""江苏省心理教育研究先进个人"，工作的第六年成为玄武区最年轻的"斯霞式人民教师"。

在黎所长的激励下，我从一个无名小卒成长为受人尊敬的班主任，自己内心的那份满足与幸福是任何荣誉和奖品都无法代替的。这也让我深知每一个生命都有渴望成功的愿望，懂得教师对个体的关注与激励将会对这个生命的成长起到非常重要的作用。因此，我更加细心地呵护每一个积极上进的孩子，激发他们的潜能。戴雨轩同学的转变便是一个十分典型的例子。

她给我的一封信中这样写道：

我平日里最不爱说话，成绩平平，也没有什么过人之处，本不指望能受任何老师器重。谁知，在您的指导下，我获得了江苏省少年科学院的论文评比一等奖。学校邀请我给全校六百多位老师做汇报，当听到这个消息时，我惊呆了。我最怕在大庭广众面前讲话，就连在班级里的课前演讲我都会紧张得结结巴巴，更不用说在这么多老师面前了。而且我从来都不会认为这种"美差"会轮到我，我怎么可能有这样的能力呢？自然心里害怕得想哭，但又不敢拒绝。

那天放学后，您跟我交流了很久，还在我的日记中激励我。就这样，我的信心慢慢建立起来，终于下定决心试一试。汇报前的每天都似乎过得格外快，忙忙碌碌的准备后，终于到了汇报这一天。

还记得，当时我紧张地坐在台下，惴惴不安地等着，手心冒着冷汗。上台时，我偷偷瞥了瞥台下密密的人群，瞥见您和善的笑容以及远远竖起的大拇指，突然我的心中一暖，紧张的心情居然全部消失了。

那天的报告十分成功，伴随着掌声走下讲台，我的脚下轻飘飘的，眼角莫名地湿润了。汇报结束后您揽着我合影，激动的心情溢满您的脸庞，我知道，您比我更兴奋，那是满满的欣慰，对吗？那个让我终生难忘的下午，真真切切地改变了我，让我变得自信，敢于突破自己，为我平淡的记忆留下浓墨重彩的一笔，最绚烂的一笔，感谢您——杨老师。

我的另一个学生曹展之在回忆我的一篇文章中则这样写道：

我们二年级时从全年级各班抽签选出几个学生组成了一个新班级，后来才得知年级里好几个一直让老师们头痛的学生碰巧都到了这个合并班。班主任杨老师对他们从来都是一视同仁。在杨老师心里没有好学生与差学生之分，只有"我的学生"。对待行为习惯差的学生，杨老师还经常找他们单独谈心交流，当时我真的不能理解，为什么杨老师要在这些整天惹麻烦的学生身上花那么多时间。随着时间的流逝，后来那些学生真的变了。杨老师总是能够发现所有人的美好，在她的发掘下，他们身上的很多优点显露了出来！

有一次班级活动到栖霞山玩，我们大家都三五成群地奔跑着，追逐着。而杨老师全程却一直牵着一个怯生生的男孩的手，不知情的家长都以为那是她儿子。其实那是一个因为家庭变故而十分内向腼腆的同学，他的胆子特别小，平时在集体中从不说话，就这样一个孩子在杨老师几年的细心呵护下，毕业时候他已经能和我们一起谈笑风生了。

一次选择：找回教育第二次生命

工作几年后，出于一些特殊原因，我回家休养了两年多，但耐不住"寂寞"的我仍丢不下自己热爱的班主任工作，不过一想到当年是自己主动提出离开，现在也不便提出重新回去。正当我在人生十字路口徘徊，不知该去何方的时候，黎所长告诉我，一个人要学会追随自己内心的真实感受，排除万难去做自己想做的事情。在黎所长的启发下，我认真准备应聘材料，顺利地被现在的这所学校——南外仙林分校录取了，在这里一干就是十多年。

这是一所汇集了全国各地优秀教师，具有先进教育理念和世界胸怀的学校。学校的教育教学改革一直走在全国前列，而学校倡导的"顺其自然"的教育理念更是让我豁然开朗。黎所长退休后一直就职于这所学校并负责教育科研工作，我又顺理成章地成了他的学生。我不仅运用心理学知识解决班主任工作中遇到的具体问题，更带着思考在班级管理中进行教育教学改革创新。在这里，我就像干燥的海绵一样贪婪地吮吸着教育智慧的甘霖，向教育教学的行家里手学习；在这里，我获得第二次教育生命，更加珍爱着班主任这份事业。

一份真心：赢得家长认可

在这所学校，我作为班主任更懂得在班级管理中"察言观色"。记得到校的第四年，我接手了一个特殊的二年级班级。因为一年级时家长提出意见，每个班级人数太多，要求每班减少班额。学校无奈，答应从每个班随机抽出几人组成拼班，但是又有很多家长担心，孩子经过一年才适应了小学生活，现在又要换新环境，怕分出去的是自己的孩子，坚决不同意分班。就这样双方争持不下，最后学校答应给这个拼班换最好的老师，包含一个数学特级教师，这才平息了这场分班风波。谁知，等到开学，又出于特殊原因数学特级教师去教别的班了，我们班换成了一个来我校工作才一年的数学老师，而我这个班主任来本校工作也只有三年。因为班早就分好，新学期已经开学，家长再有意见也只能接受这一现实。但他们时常在背地里议论："看这个小老师（当然特指我）带得怎么样，如果不行我们还得找学校要求换人！""我们的孩子不是试验品，我们的孩子耽误不起！耽误了，谁来负责？"

伴随着家长的质疑、焦虑和审视的目光，我担任了这个拼班的班主任。我利用自己学习心理学的优势，带领孩子们开展丰富多彩的活动，鼓励他们成为一个心中有他人的人。同时密切观察每个孩子的举动，关注他们的点滴进步，并及时与家长沟通。很快，一个月过去了，全班实现了平稳过渡，每个孩子都在原有基础上有所进步。原本家长们怀疑、担心的神色一扫而空，逢人就喜滋滋地说："我孩子分班真是分对了，碰到了这样一位好老师！我孩子的福气真是不小啊！"当时坚决反对分出来的孩子家长现在却变得十分懊悔，说"早知道杨老师这么好，我就同意分班了"。在接下来的五年中，我们师生、家长和谐相处，彼此建立了深厚的感情。毕业三年后，陆景昭同学在回忆我的文章中这样写道：

小学毕业后的第一个教师节，回到母校。在熟悉而又陌生的空气中再次对上她清澈明亮的眸子，心中满是激动。杨老师依旧以温柔的拥抱作为欢迎的方式，这种普遍的交际方式被她赋予了特殊的内涵：失落时的安慰与勉励，成功时的欣慰与祝福，再次见面时的引以为傲和殷殷期望。既为她的学生，她又如知己，关怀备至，善于劝慰。杨老师尊重每个学生的独特个性，求同存异，宽容却不放纵，使我们紧密团结于集体中。杨老师作为我们班级的总设计师，她引领我们凭借自身的努力付出换取搭建楼阁的砖瓦，她如同重锤线一般标准地屹立着模范的身姿，我们便饱含憧憬和向往地效仿，争取在她牵引的方向上触及更高的天空。她是我的恩师又是挚友，既是引领者又是守望者。

一项调查：推动班级管理改革创新

还没来得及回味上一届毕业班给我带来的幸福体验，学校又给我分配了早就在全校闻名的四年级某班，班级"特殊"孩子多，谈不上有什么凝聚力。教过他们的老师都深感带这群孩子让人身心疲惫，孩子们自己也讨厌自己的班级，甚至瞧不起自己。我知道每个孩子都是一座金矿，只是有待我这个班主任好好发掘。而他们表现出的顽劣只是暂时的表象，因为他们还没能恰当地找准自己的方向，或许他们对很多事情还不知道该怎样做，这一切都需要我这个班主任用心发掘才能改变。

于是，我团结班级教育小组的老师，充分调动家长的力量共同关心帮助这些孩子。经过一学期的努力，我们班级的学习推进率在年级中最高，连续两学期被评为学校班级最高荣誉"五星级文明中队"。在每学期结束都会进行的学生问卷调查中，我们班级的数据呈现良好的、向上的发展趋势，对老师及学科的喜爱程度一栏的数据远超出年级平均水平，特别是对我这个新班主任以及所教学科喜爱程度的数据尤其突出。从这些数据中不难看出，我们班级的孩子正从原先调皮捣蛋、消极自卑的自我否定状态变得积极进取，变得热爱班级，也更加阳光自信。看到孩子们变化如此之大，任课老师和家长们都十分振奋，而我这个班主任更为这群孩子的进步由衷地感到欣慰。

正当班级的凝聚力越来越强的时候，很快迎来了五年级上半学期对学生的问卷调查。本来对这样的调查我并不放在心上，因为我知道自己为这群孩子费尽了心血，班级也从开始的散乱差到现在的平稳进步，孩子们从不喜欢自己的班级到越来越喜欢班级，再加上平时与孩子的亲密交往，他们时常流露出的对我的那份敬爱，不用说，我们班这次问卷调查数据一定也不会差。

调查数据很快出来了，我拿到数据后细读发现，我们班有很多数据指标仍在年级领先，但有这样一组数据却像一块巨石压在我的胸口，让我怎么也透不过气来。原来，虽然我们班孩子喜欢语文、数学、英语老师的数值仍高于年级平均值，但是对语文、数学、英语课程的喜爱程度却远低于年级的平均水平，更低于去年我们班测量的数据值。同样的孩子，同样的教学老师，对学科的喜爱程度却出现了这样的天壤之别，这是怎么回事？究竟发生了什么？问题出在哪里？我在心里反复地问自己。我这个班主任重重地挨了当头一棒，坐在那里愣了很久也缓不过神来。

另外，孩子们才这样小的年纪就出现这么严重的厌学情绪，后面的学习将怎样进行？母亲最初对我的叮嘱"不能误人子弟"在我的耳畔响起。想到这里，我更加焦灼，变得六神无主。正在此时，黎所长了解到了此事，让我静下心来仔细分析数据，寻找数据背后的真正原因，并寻求解决问题的办法。

在黎所长的启发指导下，我开始带领任课老师分析数据前后变化的原因。课下，我与孩子们促膝交谈，到图书馆翻阅图书，上网查找资料，请教专家。通过数据分析，我们发现，原来本班在小学一至三年级时因为班级"特殊"孩子多，常规习惯差，没能养成良好的学习、做事的习惯，学科学习基础薄弱，班集体在学校的口碑差，导致孩子们普遍缺乏自信。到了四年级，我成为他们班主任后从习惯入手对他们进行教导，还带他们开展丰富多彩的活动，并鼓励他们记录下活动的点滴感受，向各种报纸杂志投稿。短短两个月，孩子们十多篇文章被刊登在市级以上的报纸上。学期结束时全班的语文、数学、英语成绩推进率在年级遥遥领先，我们班级成了老师们争相夸赞的对象，孩子们渐渐找回了自信，喜欢上自己的集体，整个班级的精神面貌和学习氛围发生了巨大的改变。

可是，随着升入高年段，学习内容增多，难度加大，很多孩子原有知识结构和思维结构的缺失越发凸显，成为他们前进中难以逾越的鸿沟。但是已经升入高年段，两年后就要面临着升学的压力，原先只关注孩子们快乐就好的爸爸妈妈此时开始焦虑起来，恨不得前三年学业上的缺失能在一年之内就全补回来。不论孩子愿不愿意，都给他们报了各种语文、数学、英语的补习班，虽然孩子们内心积极要求上进，但是知识的脱节，让他们在学业上感受到了从未有过的压力，孩子情绪上开始抵触语文、数学、英语学科的学习，造成了学科学习的情感缺失。面对孩子对立的情绪，家长更加焦虑，这样的焦虑无形中再次传递给孩子，进一步导致孩子厌学，形成了恶性循环。而老师们也因为看到孩子们在四年级学业的推进率很高，期待孩子们潜力的进一步爆发，无形中拔高了要求，忽略了小学中年段到高年段的过渡，也加深了孩子们的厌学情绪。为了让孩子们重新拾回对学习的兴趣，作为班主任，也是教育小组的组长，我带领着组员在黎所长的指导下，针对班级孩子的现状在班级管理和教育教学方面进行改革。

首先，我们班级教育小组成员统一思想，分析全班孩子的学习现状，制订班级和孩子个人的发展规划，将师生牵手活动落到实处，加强沟通，让每个孩子都能得到教师这个大朋友的及时帮助。其次，教学老师采用多样灵活的教学方式，针对孩子学习的实际情况及时调整教育教学策略，努力做到分层教学，因材施教，激励每个层次的孩子都能在原有基础上有所进步。

家长是学校教育的有益补充力量，是孩子成长的重要他人。因此，在班级管理中我充分吸纳家长的力量，为孩子们的成长与发展服务。我组建了一个由二十人组成的家长委员会参与班级管理，请他们与老师协作打造教育新平台。日常工作中他们分工明确，各司其职，争做家长和孩子们的表率。家长委员会通过专题调查分析、家长专群、沙龙论坛、结对子互帮、个性化交流等方式对全班家长进行教育观念引导，提升家长们的教育素养。

家长委员会除了帮助家长更新教育观念，提升教育力，还与学科老师合作，督促孩子养成良好的学习习惯，鼓励孩子们每天进步一点点，从而切实提升孩子们的学习力。同时还注重及时了解和解决孩子们学习过程中遇到的困难，给予有效的学习方法的指导。他们会将孩子们的进步及时上传到班级的 QQ 群与家长、同学分享。渐渐地，一个充满正能量、积极要求上进、凝聚力强的班集体形成了。这样的集体感染着每一个成员，让每一个人都能在这里找到自己生命成长的增长点。

为了进一步提升孩子们学习的兴趣，在黎所长的鼓励与指导下，我带领孩子们开展小课题研究，尝试语文学科与其他学科的融合，与家长资源的融合。我曾经邀请阿里巴巴副总裁、发明家、设计专家、名人爸爸妈妈到学校与孩子们分享他们成长的历程或成功背后的秘密。这些激起了孩子们从小好好学习，长大为祖国做贡献的愿望。渐渐地，全班孩子学习更主动，学习的积极性在不断地提高，原本有厌学情绪的孩子也喜欢上了学习。

在孩子们的眼中，他们的杨老师是这样的：

在我眼里，杨老师是一个改革家，是一座灯塔，是一泓甘泉，是位园丁，是令我终生难忘的人。

杨老师带领我们开展小课题研究，用新颖的方法启发我们，以做好人、做好事、做好学问的目标引导我们，真不愧为智慧之师，让我受益终身！

而家长们是这样说的：

杨老师不仅是我孩子的老师，更是我们家长的老师与朋友，孩子在杨老师手上三年，我们也跟着她学习了三年，正是杨老师让本不会当父母的我与孩子都发生了天翻地覆的变化。

杨老师这样兢兢业业，一切为孩子们着想，我哪有理由不做好这个家长。

蒲公英教育智库总裁李斌教授曾经提出：学校教育是人为建构的，依据社会发展和学生主体的变化而变化，教育的目标是帮助学生不断更新知识、建构思维、习得技能，寻找更好地解决问题的方法。因此，学习需要不断地体验、经历、突破与创新。而我这个班主任正是从问题出发，针对孩子的特点顺应其发展规律，在不变中应万变，实现孩子、老师和家长生命的共同成长，从而获得三方共赢。

一个团队：与更多人结伴同行

虽然我在教育教学改革上取得了一些突破，但面对班级每一个鲜活的生命，我又常常遇到各种棘手的问题，此时的我成了一个急需提升的、虔诚的学习者。于是，我抓住一切可以学习的机会，主动参加区里和学校的教科研培训，参加"随园夜话"的沙龙活动。记得第一次参加"随园夜话"班主任沙龙，就被集美貌与智慧于一身的齐学红教授的个人魅力所吸引，随着参加的次数增多，沙龙讨论话题的逐步深入，教授们对教育现象的睿智剖析，优秀班主任管理案例的分享，无不深深打动着我，让我找到了"班主任之家"的感觉。在这里，我每次都是带着棘手问题和困惑而来，结束时又总能茅塞顿开，打理好心情重新上路。"随园夜话"就这样让我对它始终有一种说不出的依恋。就像齐教授的名字一样，也许早就注定我与她，以及与那里的人们有割舍不了的缘分。她在我的班主任生涯中扮演着举足轻重的角色。

一路走来，我感谢父母，感谢恩师。在我生命的每个转折点都有我生命中的贵人引领我前行，指引我渡过难关。一路走来，在专家和教授们的指引下，我逐步成长为成熟的、幸福的班主任，我也在陪伴孩子们成长的道路上，实现自我生命的成长，领悟到作为一个生命存在的真正价值。

　　一天，在与黎鹤龄所长的交流中，他真情流露。他说有生之年一定要将"少年研究员"培训计划推行下去，对下一代做一些真正有意义的事情。是啊，在黎所长的启发下，我不禁回想起自己担任班主任二十多年的成长经历，作为一名教师，我将如何用自己的实际行动书写我的教育生命，我的答案是：路漫漫其修远兮，吾将上下而求索，在陪伴孩子成长的过程中让自己的生命也变得更加绚烂。

[专家点评]

在问题中学习，在反思中成长

齐学红 南京师范大学班主任研究中心

面对日益复杂的教育问题，面对期望值不断提高的家长，面对来自社会舆论的压力，很多老师对班主任工作产生了恐惧心理，出现了严重的职业倦怠，对待班主任工作逃之唯恐不及，尤其是在民办学校，教师的职业压力更大。在这样的环境和氛围中，杨学老师的选择显得有些另类。她在选择了教师职业的同时，也选择了班主任工作，并在班主任专业化发展道路上不断探索着、追求着。在努力成为一名研究型班主任的道路上，拥有了自己对班主任教育情怀的独特理解。

年少时从母亲身上习得了做教师不能误人子弟的朴素道理，从父亲身上感受到循循善诱、爱生如子的教师职业品质，进而被教师职业的魅力所吸引；从小学班主任身上感受到如母亲、朋友般善待每一个生命的亲切与慈爱，从师范学校老师那里受到的对于体力、意志力以及自信心的锻炼，这一切都融入了一名未来教师的生命体验中，进而将她对教师职业的理解定格在专业水准之上，并激励她将成为一名研究型班主任作为努力的方向。从她的身上，我们可以发现一名研究型班主任的成长轨迹。

与其他人不同的是，杨学老师的班主任职业生涯有着更多科学理性的成分，这样的个人品质除了来自作为医生的母亲、作为大学教师的父亲的熏陶之外，还得益于她个人生命成长中的重要他人和关键事件。为此，她用了"一项研究、一次讲座、一次选择、一份真心、一项调查、一个团队"来加以归纳概括。

首先，初任班主任面对学生许多棘手问题时，她不是牢骚抱怨，而是主动向书本学习，借助于心理学、教育学等学科的专业知识加以解决。相信每一个学生问题背后都是有原因的，找到问题的根源方能事半功倍。

其次，把问题变成课题，在研究中成长。本着对孩子的一片赤诚之心，她勇于面对学生发展中一个个现实问题，以一种不断学习、不断求索的精神，把现实中的问题变成一个个研究课题。她不仅自己进行研究，撰写研究论文，还指导学生写研究小论文，带领家长开展研究；不仅关心自己班级学生的健康成长，还指导家长的健康成长。同时，她主动带领班级教育小组的成员共同成长，探索班主任工作与学科教学有机融合的方式方法，实现教师、学生、家长的共同成长。

在带领班级教育团队的共同成长中，杨学老师也收获了作为一名优秀班主任的职业幸福体验："在与孩子们朝夕相处的亲密接触中，我深深地爱着每个孩子，也更热爱班主任这个职业，很难想象在我的生命中没有孩子们的身影会是怎样的情形。""我从一个无名小卒成长为受人尊敬的班主任，自己内心的那份满足与幸福是任何荣誉和奖品都无法代替的。"在杨学老师身上，善良、真诚、勤奋、专业是她的个人特质，构成班主任职业幸福的核心是自我成长。只有教师成长了才能带动学生一起成长。教师成长与学生成长本来就是密不可分的整体，他们彼此相依，你中有我，我中有你。对于一个爱教育、爱孩子的老师而言，为了孩子发展的需要，教师自己需要不断学习、成长。在这个过程中，她主动寻求专家和专业方面的支持，更会主动抓住每一个学习的机会、成长的机会。例如，坚持参加南京师范大学班主任研究中心举办的每月一次的"随园夜话"班主任沙龙，不断拓宽自己的研究视野，积聚个人成长的正能量，将个人成长融入一个教育团队的共同成长中。

再次，班主任的专业成长离不开学校文化的熏陶。班主任的专业成长深深扎根在学校文化的土壤上，学校文化对于教师的专业发展发挥着重要作用。作为一名研究型班主任，杨学老师的成长离不开学校文化的滋养。南京外国语学校仙林分校开展的班级教育小组集体负责制，营造了一个全员育人的制度环境以及合作的教师文化，为每一位班主任注入了生命成长的动力和源泉。对于一名研究型班主任而言，顺应学校改革发展的需要，不断面对新的教育问题，通过不断学习，带领班级教育团队共同成长，是杨学老师做出的主动选择。

沈磊：我何其幸运，能与学生共成长

●●● 南京市致远初级中学

[教育小传]

我参加工作七年，担任班主任工作六年。我何其幸运，在这算不上长的教育教学实践中，不仅体会到了初为人师的快乐，更与三届学生和家长建立了深厚的感情。这份感情给了我极大的动力，尽管平日的工作很辛苦，却能在最真实的喜怒哀乐中与学生共同成长。从岗位，到职业，再到专业，我在班主任专业成长道路上沉醉不归。教育，诗意地栖息在生命里，而我则恰好幸运地以最真实的方式参与了其中。

七年来，我收获了各种荣誉，这些荣誉作为一种外部支持，确实让我得到了鼓励，但激励我持续前行、执着坚守的却是学生和家长对我无私的爱。这份爱包含信任、期待、感恩，它也激发了我内在的成长动力。当我们将三颗心紧紧拴在一起时，教育就能创造无限可能。

我时刻提醒自己：不忘初心，方得始终。若我们能坚持把一颗颗善良的种子播种进学生的心里，让他们体会到爱，他们就能学会爱，传递爱。

学生时代：我对师生感情产生了深深的眷恋

2009 年 1 月，在教师招聘的最后一轮面试中，我清楚地记得校长问我："作为一名男生，尤其是学英语专业的男生，就业的选择面是很广的。在男教师比例缩水的情况下，你为什么会选择成为一名教师呢？"当时，我毫不迟疑地做了回答："因为我珍惜并且期待一份师生感情！"我是一个感性的人，当年之所以选报师范院校且一心想要成为教师，就是因为珍惜我和自己老师之间的感情。

初中时期，对我影响最大的是我初三的数学老师。1999 年 8 月，我进入家门口的普通初中就读，没有择校，没有择班。在我父母的观念里，在哪里读书并不重要，但能否跟着老师全身心地投入学习，这点很重要。我在初中有两任数学老师，出于前任老师身体的原因，初三的时候我们班来了第二位老师。他是一位退休老教师，学校从本区一所名校将其返聘，为我们的中考助航。老师极为严厉，课堂管理方式简单粗暴。

在一次课上，老师误以为我没有听课，于是将一个粉笔头砸向了我。老师朝我大吼："你为什么不听讲！"我很不服气："我听了！"老师更生气了："你听了？你听了我就从楼上跳下去！""那你跳吧！"我也一激而怒，顶撞了他。结果他没跳，反而夺过我手上的书撕掉了。我恨恨地在心里发誓，这辈子我都不会再理他！

所有的老师，都该是学生生命里的重要他人。他的做法对学生的"伤害"，无疑是毁灭级的。然而，这并不是我一直还惦念着他的原因。亲其师，信其道。那么恨其师，自然背其道。中考前两个月，我的各科成绩都很理想，唯独数学只徘徊在及格边缘。

一天放学，我在教室里打扫卫生，他走过来跟我说："我想帮帮你的数学。如果你愿意，明天起我可以每天早上七点就在学校给你辅导，你愿意来吗？"

那一刻我愣住了，我从未想过他会主动跟我讲话，而且还是为了帮我。我不知道怎么回答他，只是"哦"了一声。回家之后，我依然很难做出决定。现在想来，完全是为了面子，既不想去了领他的人情，又觉得不去会伤他的心。第二天早上，我还是去了。我想一个性格如此要强的老师能主动提出为一个公开顶撞他的学生加课辅导，这场"对抗"已经是我赢了。去了之后，我还看到了几名同样曾被他"伤害"过的学生。这是一名老师在用行动道歉吗？

就这样，连续两个月，每天早上七点，老师就为我们辅导。私下的他和气多了，像一位家中的长者，没有过多的言语，就题论题，归纳知识，却让我的心理产生了微妙的变化。

南京的六月正值梅雨季，中考的日子大多是大雨滂沱。记得数学考试的那天，雨下得非常大，所有的老师都站在考点的传达室里送考，只有他，打着伞，站在雨里迎着我们。大雨打湿了他的衣服。当我从他身边走过时，他却响亮地喊住了我。他伸手握住我的手说："仔细点，自信点，加油！"那一刻，我很感动，只因为这一句温暖的话语，我的眼眶瞬间湿润。我不知道该说什么，因为从未跟他多说过什么，还是"哦"了一声，就进去了，但我心里充满着力量。考试结束，我走出考场，我的眼睛盯着大门口，在人群中搜寻着我的老师，我想告诉他我考得还不错。然而，他已经回家了。

中考结束，我回学校看望老师，也没有看见他。听说因为他性格的问题，学校没有再跟他续签合同。那时手机还不普及，我也没想到要一下他家里的电话号码，从此便失去了联系。

就这样，十几年过去了，我再也没有见过他，甚至我已经想不起他的姓，所以在这篇文章里，我也没办法称呼他。这是我一辈子的遗憾，但是在我的心里，真的感谢他。一个外冷内热的老师，一个可能把分数看得很重的老师，他对学生极其严苛的要求可能"伤害"了不少人，可他也是一位爱学生的老师。他是我生命里的一位重要他人，曾经瞬间的温暖，却让我铭记一辈子。

高中时期，我遇到了又一位影响我一生的老师，他是我高二、高三时的班主任——谭老师，我们一般亲切地称他"老谭"。高一的时候，老谭是我隔壁班的班主任，虽然不教我，但也有过一些接触。高二分到他的班上，算是并不陌生。开学一个月后，班级进行班委选举。按照事先讨论通过的评选方案，首先有意向的同学自主申报，然后选举时根据意向上台陈述，接着全班投票，最后征求全体任课教师意见。我这人课间虽也哄闹，可是一般交给我的任务，我都会不折不扣地完成。也许正是因为这一点，老谭对我很信任，也很欣赏，想要培养我。

选举开始，一个一个职务公开进行，最后一个职务是班长。班里有不少同学竞选，其中有一个是我高一就同班的好友。看到这样的情况，我没什么想法，并不准备参与竞选。同学们依次上台拉票，当报名的最后一个同学陈述完后，老谭"违规"地在全班追问："还有没有想要参选的同学？有的话抓紧时间上台！"看似无意地说话，他的眼睛却盯着我，似乎是故意说给我听的。我没有回应，避开了他的目光，看向了别处。谁料，老谭竟从讲台上走下来，走到我的身边，又问："有没有了？竞选班长岗位！"然后悄悄地拉了拉我的胳膊。虽然他的动作很隐蔽，但我还是尴尬地把身子往里挪了挪。老谭不死心，又问了一遍。结果有同学推荐我，他干脆顺水推舟，说："好！既然有同学推荐，那你就上来参选一下！"

高中生最爱凑热闹，大家鼓掌起哄，我只得起身上台。后来，我竟高票当选班长，算是如他所愿。现在想来，老谭的做法有失公平，对我有明显的偏向，这也许正是十几年前班主任在实际工作中最容易出现的问题吧！对学生的评价有较大的主观性。

接下来的两年，老谭真的教会我很多，让我在各种任务中培养了综合能力。他把我当兄弟一样照顾，尽管我们有明显的年龄差，但关系相当铁，至今联系频繁。老谭是让我觉得特别想要珍惜的朋友，他单纯地对我好，不求回报。也正是因为他，我觉得师生之间的感情弥足珍贵，得之便是一辈子之幸。

学生时代的这两位老师都在我生命里烙下了深刻的痕迹。一位老师教会我，如果曾不经意地伤害过学生，就用最真诚的关爱去弥补；另一位老师教会我，所谓师生关系，其实可以升华为挚友，就是两颗心毫无保留、无须防备地紧靠在一起。我珍惜他们对我的好，它时常给我力量，我对这份师生情有着深深的眷恋。我也希望能对自己的学生好，希望能与他们建立起同样值得一辈子珍惜的师生情，这份感情也会成为我和学生生命里的又一股力量。

代理班主任：理解"关爱"与"严格"并不冲突

2009 年 9 月 1 日，我正式成为一名英语学科教师，任教两个初一班级。带着对美好师生感情的期待，我与八十多名初一新生见面了。他们与我想象中的初中生有那么一点不同：学生个体间性格差异很大，两个班级的风格也截然不同。处在适应期的我，虽然每天下班后都很累，但白天却是相当开心的。

刚入职的我，对师生关系的理解是：一起玩，一起学，一起快乐地成长。所以学生在课堂上的小调皮、课间叽叽喳喳的吵闹声，在我的眼里都是校园里特有的朝气，能营造出一种快乐的氛围。然而，我又时常听到班主任们在办公室抱怨，某学生又在课上捣乱了，某学生做操很不认真，某学生打扫卫生时又偷懒了，某学生竟然中午在食堂插队……。我听着觉得很好笑，我甚至刚听班主任抱怨过某个学生，就跑去班里拍着他的小脑袋，笑着夸他错误犯得很可爱。在我看来，似乎所有的校园剧都有这些情节与元素，好像这就是青春校园里最该发生的故事。不用想，我这个刚入职的老师跟学生的关系走得很近，但引领学生成长的作用也几乎为零。因为我的角色是任课老师，学生的这些问题不需要我直接处理，我简单地认为："爱学生，又何必那么严格呢？"

2010 年 5 月，工作九个月之后，我任教的一个班级的班主任出于身体原因而离开岗位。我临时受命暂顶她的岗，做一个月的代理班主任，直到学期结束。

当学生们听说我来当代理班主任的时候，全班响起雷鸣般的掌声，那一刻我心里那叫一个美呀！可没想到，就这短短的一个月，我被折磨得够呛。

我试着模仿其他班主任的做法，带领学生打扫卫生，但保洁的情况很糟糕；做操时，我站在学生队伍的最前面，看到那些动作不到位、前后摇晃、乘机说话、打闹的学生，心里一顿恼火；午自习期间，总有几个人不听提醒，发出怪声；年级组长找我谈话，因为我的班里学生吃饭插队现象最严重……。我为此批评学生，可他们却一点也不当回事，还说我怎么变得这么较真了，然后各种小问题层出不穷。我开始苦恼起来！

只是因为变换了角色，从任课教师变成了班主任，我的感受竟如此不同！那些我眼中曾经的小淘气、小违纪，竟突然变成了一个又一个大问题。我拍桌子，瞪眼睛，向学生吼叫，我每天都以恨铁不成钢的心态矫正着学生行为习惯上的偏差，学生还不"领情"。那段时间，我满脑子只有班级问题，没问题的时候，我就去找问题，接着对学生一顿训斥，从个体到集体。一个月的时间，我发的火比之前几个月都多。我不快乐，学生也不快乐！我们的距离越拉越远，巨大的心理落差引起了我强烈的失落感和挫折感。

从那时起，我开始在 QQ 空间里写代理班主任日志，现在回看，大部分内容都是负面情绪的宣泄：

代理班主任工作真的是一件不容易的事，经验的不同，必然造成班级管理方式的不同；角色的变化，也必然造成师生关系的转变。没想到一贯粗枝大叶的我，竟然也会不自觉地低头去寻找地上哪怕一丁点的纸屑；办公室里听到有班级吵闹，第一反应就是把心拎起来，耳朵竖起来，辨别是不是自己班；孩子们课间在走廊上玩闹出较大的声响，我就开始担心别的老师会不会说我不会管理……。以往早上或课间进班，总有很多学生围着我说笑，跟我分享他们的小故事，闹了矛盾就来找我评理，可是现在几乎没有学生主动与我聊天。心里的失落可以跟谁去说？只是一种角色的转变，却让我感到疲惫不堪，我该怎么办？

我的 QQ 好友里有不少学生，他们也会进我的空间看我写下的心情，慢慢地有学生留言："老师，我会帮你！""老师，我们一起改变。"

空间里的文字毕竟隔着屏幕，也不能传达给所有的学生。于是，我开始利用放学前的班务小结时间跟学生们分享我每天的心情，快乐的、难过的、担忧的、骄傲的，我把最真实的感受告诉他们。也许恰恰是这样的真情流露，让学生们开始有了变化，他们行动起来，跟我一起经营这个班。课间，我主动常进班，跟我聊天的学生也多了，跟我一起谈论班级问题和解决方案的学生也多了。我整个人的状态也变得没那么焦虑了。

这一个月，我经历了教师角色的转变，从单纯的任课教师转为班主任，我对师生关系的理解也开始发生变化。反思自己入职一年以来的情况，我反问自己：师生关系真的就是"一起玩，一起学"吗？不正是因为之前我跟学生一起玩过了度，才造成对他们教育影响的弱化吗？不正是因为我以为"严格要求"与"关爱学生"相矛盾，才造成了对他们行为的放任自流吗？原来所谓的"玩"并不是字面意思。如果只是一起玩，那我就只是学生们年长一些的玩伴，我如何去引领我的学生？如果没有让学生信服的言行和人格魅力，我如何受得起那声"老师"的称呼？如果我跟学生玩三年，那我在他们身心剧变的关键期究竟教给了他们什么？这样难道不是耽误了学生三年吗？当他们成年后回首初中生活，会不会因为我的"无知"而埋怨我呢？

正是这一个月的班主任工作尝试，让我重新审视我对师生关系的理解，让我思考作为一名教师，尤其是一名班主任，我的职业使命是什么，我的角色定位是什么，我的重要性在哪里？这时，我对"一起玩"的理解变成了老师与学生共同参与彼此成长的过程，在这个过程中，师生亲密，相互关爱却不纵容。原来，关爱学生与严格要求并不矛盾。严慈相济，严爱相融，才是真正地关爱学生。我期待三年之后，当学生回首初中的成长历程时，我曾扮演过一个重要的角色。当时我还没有接触过"重要他人"的概念，但我想这正是我最初懵懂的意识。

新手班主任：在规范带班中彰显个性

2010年8月，我正式接手原任教班级，成为一名新手班主任。从确定自己要当班主任开始，我便不愿再犯那一个月的错误，不科学、不专业、不理性地对学生好。我知道，我要规范地工作，规范地带班，在规范中彰显个性，摸索并形成自己的带班风格，并进一步理解"关爱学生"的含义：我要对他们的当下好，更要为他们的将来好！

跟所有的新手班主任一样，在一个暑假的准备时间里，我翻阅了近十本有关班主任工作的书。这些书都侧重实践操作层面，为的是能尽快上手，先站稳岗位，不让我的零起点耽误学生的发展。书看得多了，就发现优秀班主任的想法和理念是一致的，但具体操作层面一定要结合学生特点和班主任自身特点。我开始理解，班主任工作是一种可以学习却不能复制的特殊工作，我必须了解自己，了解学生，和他们一起建构属于我们的班级体系，持续地用心经营，班级才有可能打造成班集体，才能永葆班级的生命力。

一个好的班集体需要文化的滋养，可再好的班集体也会因为毕业而散去，我一直在思考有没有一种形式，可以将一个已经具备良好风气的班集体一直经营下去？若因毕业而终止，然后再重新开始运作一个新班，真的很可惜。就像一所好的学校，一家好的企业，没有历史的积淀就没有文化的传承。一个好的班级，若不能将三年打磨出的班级文化传承下去，班级的魂就无所依。

我特别爱看美剧，大学四年看了一部又一部，但最爱的还是《老友记》(*Friends*)。《老友记》一拍就是十年，一共拍了十季，六个主人公慢慢地成为一生挚友，相互陪伴，走过人生最绚烂的年华，演员们也在戏外跟着影片一同成长，成为美剧史上无法逾越的经典。

我想，我能不能也打造一个班级，永远不更名，第一届学生就"出演"第一季，第二届就是第二季，以此类推，在青春的校园里主演着我们自己的大片。一届学生毕业，班级的物质文化就跟着传到下一届，而精神文化的传承则更能给新学生、新班级带来前行的动力。三十年就是十个班，就是一个大班级的十季。三十年的悉心经营，学生、家长、老师们的全情参与，就会打造出有文化、有传统、有品质的班级，它并不会急于表现，而是会通过时间来检验教育的效果，它会成为我和学生心中无法逾越的经典。

越想越带劲，暑假还没结束，我就把自己的想法在 QQ 群里跟学生们做了交流。由于是创始季，学生们也异常兴奋，着手讨论班名、班旗、班歌和后续的班级文化建设方案，网络为我们班级的建立提供了最初的交流平台。

经过多次线上和线下的讨论与修改，我们班正式定名为"幸福果园"班级。"幸福"是我们追求的方向，我们将在充盈着幸福元素的班级和校园里，播种幸福，感受幸福，传递幸福；"果园"是我们生活的模式，它意味着幸福结果的获得是需要付出的，培育的过程可能会遇到很多困难，甚至有不可避免的"天灾"，但我们会齐心协力、拼尽全力地开花、结果。同时，我们绝不过度施肥，不人为修枝剪叶，允许在不同的时期开花，珍惜结出的不同种类的果实。

2010 年 9 月 1 日早上七点半，我们在班级内部举行了简单却意义重大的挂牌仪式，我对班名进行了详细解读，学生们将班歌唱响，班旗在班长手中挥舞飘扬……，"幸福果园"班级正式建立，第一季开播！

一所学校的创办，价值选择无疑是最核心的要素。而一个班级的打造，其价值选择和育人目标却往往被忽视。随着"幸福果园"班级的建设和发展，我和学生走得越来越近，我逐步意识到学生的真实存在，他们是以每一个"个体"的方式成长着，关注个体的差异是工作的根本要求。在实践中，我不断总结归纳，将自己的带班理念和目标逐渐清晰化，建构了自己的班级模型。

"幸福果园"班级是一个生长型的班集体，就像生物的生长一样，班集体的建设具有不同的成长阶段和不同深度的任务。三年中，学生的生长是连贯的，而班集体建设的一点一滴都是以满足和适应学生的成长为目的的。

"幸福果园"就像一个大的农场，我的角色不是园丁，不是农夫，更像是一名科学家或生长观察员，作用是观察学生，研究学生，适时介入，给予学生指导和推进，与学生共成长。学生们的角色也不是农作物，他们不会被统一修剪，被过度施肥或打农药，他们更像是耕作者，在我提供的科学技术和方法下，放手耕种，发挥他们的特点去种适合自己的农作物，去研究种植方法，关注生长周期，获得各自不同的体验并生成经验。在一系列的付出、实践、体验和经历风雨后，我和学生们一同收获果园的果实，体验丰收的喜悦。

根据学生生长的特点和周期性，"幸福果园"班集体的建设和发展主要可分为三个阶段：

第一阶段：播种期（暑期家访——初一上），初步建构积极健康的班级成长系统，引导新集体进入生命状态。

第二阶段：润泽期（初一下——初三上），持续建设生命成长共同体，打造具有润泽生命活力的班级文化，促进生命成长。

第三阶段：收获期（初三下——毕业），提升成长经验，形成一定的生长模式，激发学生生命成长的动力。

在规范地建班、治班过程中，我不断学习和摸索学生的成长规律，只有从学生成长的角度出发，我所做的工作才能真正地促进学生的发展。教育不是轰轰烈烈的事业，甚至留不下半点痕迹，但是成长的脚印却清晰可见，美好的成长记忆是一个人生命里最重要的组成部分。所以，我在工作中尽力做好两点：第一，尽可能多地参与，与学生共成长；第二，为学生和自己留下成长的片段，建构美好的回忆。看学生成长是快乐，陪学生成长是幸福。在与学生共成长的过程中，我不断尝试摸索，想要真实、客观地对学生的生活、学习、成长做一个动态的发展评价，记录其成长的痕迹。

2011年9月，在向多位优秀班主任学习"取经"及自己思考创新之后，我与学生们一起建立了"幸福果园成长袋"（简称"幸福袋"），我们致力于自己动手，记录自己的成长档案。成长袋既能引导学生积极开展自我教育，又成为班级教育共同体成员参与学生成长、记录成长、评价成长的一种重要方式。也许对于旁人而言这些东西微不足道，但我的学生很珍惜，家长们很珍惜，我也视如珍宝。"幸福果园成长袋"包含学生成长过程中的五类物品。

1. 幸福成长单

幸福成长单也是班集体和学生个体的成长记录册，学生从进校的第一周起，每周末都会填写一份成长单。成长单分为三个板块：我们的骄傲、我们的日子、我们的反思。

"我们的骄傲"板块主要记录班集体这一周来取得的进步，比如获得了当周的流动红旗，在艺术节或文体活动中取得好成绩等。同时也记录学生个体或科任教师所获荣誉，比如某同学获得科技竞赛的奖项，某老师的论文在区、市级评比中获奖。这些情况都是学生成长中的重要记忆，值得被记录下来。

"我们的日子"板块由每天的值日班长负责整理，对当天发生的好人好事好行为进行记录和表扬，比如卫生打扫认真、上课发言积极、作业书写工整、拾金不昧、积极参与黑板报制作等。在记录的过程中，强调多元关注与评价。

"我们的反思"板块分为三个方面：班主任评价、学生评价和家长评价。作为班主任，我会对本周的班级情况进行小结，把想说的话、希望学生们改进的地方通过文字表达出来，发挥期待效应；学生则从在校、在家、在社区等方面对自己一周的情况进行小结和评价，内容细化到家务活、社区生活、文体锻炼等情况，避免了学生单一地从学习情况对自身进行评价。家长评价方面则强调客观性和指导性，鼓励家长全面参与孩子的成长过程，多设路标，少设路障，发挥家庭教育的积极作用。

评价板块设计得比较灵活，一般每半个月会加设学生互评板块，发挥同伴效应；每月底设计一次师评板块，邀请任课教师也参与班级学生的综合素质评价。

幸福成长单的最后是学生、家长、班主任签名处。三方的签名赋予了幸福成长单特别的意义。每周一张成长单，一个学期就是一小册，三年就是六册，它们是学生生命画出美丽曲线的记录，也是学生本人、家长、教师共同参与成长的记录。

2. 幸福书信

三年中每一个重要的日子，我都会给学生们写一封信，家长们也会为孩子写家书，这些信件寄托了我们对孩子成长最美好的祝福。

比如每学期开学的第一天，我都会给学生们发一封启航信，在信中写下对新学期的美好愿景；感恩节时，家长们会给孩子们写信，感谢孩子们走入了他们的生命；父亲节、母亲节，孩子们也会给爸爸妈妈写信，把那些想说又说不出口的爱，通过文字含蓄地表达出来。学生给我的每一封回信，我也都会收藏好，待到毕业时一起装入幸福袋。大合唱比赛结束后，学生们通过书信写下心里话，感受彼此和集体的力量：

每到大合唱全班就显得特别团结，每次在场上唱歌，就能感受到四周源源不断传来的坚定的力量。大家拧成一股绳，突然就觉得什么都不怕了，什么都不想再犹豫了。就这样放声地唱吧，把自己想到的、感受到的都唱出来，不管三七二十一，只管热血沸腾地投入进去，谁叫咱年轻、任性，谁叫咱是一个班呢！

——秦琪

仍然记得每年在熄掉灯的教室里练唱，有时候中午都来不及吃饭，在心底有抱怨过。可当第一名的奖状贴在教室后墙时，一切都值得了。每次练歌时，总有几个同学心不在焉，打闹，不认真唱，但站上台时，他们就变得非常认真，还依稀记得他们严肃的神情，也许这就是令人感动之处吧——一个班级的团结！

——解文钰

看似简单的书信，却是"互联网＋"时代里最缺乏的表达爱和传递爱的方式。见字如面，信纸上似乎保存着书写时的温度。那小小的信封里，有温暖的问候，有割舍不掉的牵挂；各式信笺上跳动着熟悉的字体，无声交谈间，彼此靠近。

我印象最深刻的是有一年感恩节，我鼓励家长们给孩子写信，表达感谢，因为是孩子的出生，带给了每个家庭更多的欢乐，让家长有了为人父母的感受与骄傲。家长们都纷纷拿起笔，焦焦同学的父母更是在信封上写下"宝贝，爸爸妈妈爱你"几个字，而且在信封的封口处，还有焦焦妈妈深深的唇印。

这样的爱，柔软了学生们的心，教会了他们感受爱、表达爱、给予爱。

学生们在信里，完全没有隐藏，怎么想的就怎么说。在新初一家访时我给孩子送上一封我的见面信，并要求他们回信。千茹同学在回信中写道："沈老师，听说您要来家访，我们全家都很激动，也很紧张。我们进行了大扫除，扫完之后简直不像我自己的家了。然而，您走后没几天……。我想问一句：'您家里，乱吗？'"每当我提起这件事的时候，学生们总会哈哈大笑，我也在如此和谐的师生关系中，开诚布公地与学生们分享生活中的我，让我自己在学生面前更真实、更全面。

三年，几十封书信，记录下了我们成长的每一个结点，这是一份珍贵的回忆。

3. DIY 作品收集袋

此袋的做法是收集学生成长过程中的实物材料，这需要提前跟任课老师们做好沟通。劳动与技术课的手工、美术课的绘画、音乐课上的一段录音、一份工整的作业、一张精美的小报……，学生用心制作的作品，都值得被保留，应收入袋中。

在作品收集的过程中，我希望发挥学生本人的主观能动性，只要是学生自己觉得有意义、有价值的个人作品，都可以收录进袋子里，我从不干涉。同时学生要填写收藏卡，卡片上注明"收集时间、来源记录、意义或价值"。通过记录，学生能够实现个人成长过程中的主动参与，能促进成长的反思，引发自我教育。

作品收集的另一方就是教师，我常常向任课老师邀约。在新班师资配备确定后，我就会将 DIY 作品收集袋的做法向班级的各科老师进行宣传，并表示在今后的三年中，如果遇到学生的好作品可积极推荐给我，我装入学生的作品袋，毕业时给他们一个惊喜。所以常常有老师在 QQ 上呼我："沈老师，有好作品，你要不要？"这时，我都会冲过去，如获珍宝！

　　毕业时，当同学们打开"幸福果园成长袋"中的 DIY 作品收集袋时，那些制作的过程，其中的失败、反复、成功……，各种体验都会立刻涌上心头，令人久久不能平静，因为这正是他们成长的过程。学生也为我准备了作品袋，里面记录着我三年又三年的成长变化，我常常拿出来与学生们一起分享我的成长经历，他们很爱听，也很爱与我分享。

　　4.《听，幸福的味道》毕业纪念册

　　初三毕业前，我会将学生三年来成长的照片、文字、寄语、心情整理成图文册，内附光盘一张，刻有他们三年学习、活动的视频。

　　第一篇章是照片集。手机拍照的方便，让我能随时记录下学生成长中或欢乐或流泪的场景。从第一天入校，同学们穿着五颜六色、各式各样的衣服，到军训期间整齐划一、精神十足的迷彩军装，再到三年中每一天具有现代学生气息的校服、礼服，照片记录下每一次精彩。

　　第二篇章是心情集。每个学生写一篇自己的成长感悟，附上个人生活照一张。毕业前夕，当别班的学生在忙着一份一份地写同学录时，我的孩子们只是静下心来回顾自己，写出自己，然后彼此分享。不管毕业多久，不管何时相聚，当我们翻开那些页，读起那些文字，成长中的心情常常把我们自己感动。

　　第三篇章是寄语集。老师、家长，我们这些学生成长中重要的参与者，在学生即将结束一个成长阶段，开启另一段旅程之际，也有太多的话想说，有太多的祝福想送出。这不仅是对学生成长的肯定，也是对我们参与成长的一份纪念，是对我们自己的一种交代。

　　我跟学生在讨论纪念册名字的时候，孩子们说一定要有个"听"字，因为当他们翻开书的时候，不仅能看到图片和文字，那些欢声笑语，甚至是嬉笑怒骂都听得很真切。所以尽管动宾搭配不当，我们还是把册名定为了《听，幸福的味道》。

　　5.成长的痕迹（网络博客、微信公众平台）

　　网络平台能够更好、更久地留存曾经的每一次感动。我在平时的生活中注意及时更新班级博客、微信公众平台，充分利用网络资源，记录德育故事，进行师生、生生互动。这些网络平台，学生在校期间乐于接受，毕业后就成了他们随时可回的精神家园。

我常看到微博里有学长学姐们向学弟学妹们传经送道，交流曾经和现在的我，似乎他们因为师出同门而成为很要好的朋友。

幸福袋像是一份记录了成长的大礼包，从学生入学第一天起，我们就共同着手打造自己的袋子，等毕业那天领回。幸福袋通过故事德育、叙事德育、过程德育，让教育的方式更为"走心"。幸福袋收集的内容以实物为基础，以情感为主线，以"记录＋反思＋成长"为方式，收集的过程始终关注学生的心灵发展，重视细节，讲究教育智慧，坚定地围绕学生身心发展的需求，关注学生的情感变化，引导学生关注生命发展的过程。幸福袋的整个收集和制作过程，需要学生本人、家长、班主任和任课老师的共同参与。三年不间断地参与学生整个成长的过程，是对学生成长最有效的指导。

教育应该关注每一个孩子的成长，在差异中促进各自的发展，在润物无声中为每一个学生留下一生的成长财富。在规范工作的同时，幸福袋帮我寻找到了具有个人特色的班主任工作模式。

新秀班主任：班主任是专业性岗位

师生间的共同努力，踏踏实实地开展个性化班集体建设，也让我的"幸福果园"发展得顺风顺水。初一时那个中规中矩的班级已经不复存在，激发了学生自主成长动力的"幸福果园"第一季精彩不断。初三毕业时，我们班级被评选为"南京市中学生先进集体"。同年 8 月，我接手初一新班，在传承了第一季光荣传统的情况下，第二季的"小果子"们更加自信、自立、自主地开展各项工作。建队一年后，我们班级被评为"江苏省优秀少先队中队"，成为当年南京市唯一一个当选的初中少先队中队。

在鲜花和掌声中，我似乎也陷入了工作的瓶颈，工作有序却再无新意，好像仅凭这几年的经验就足以应对班主任岗位的各项工作。有时候，疲惫的我也就任由自己在工作中睁一只眼闭一只眼了。多了一分按程序办事，少了一些走心、入心的思考和实践。我开始担心自己，我不知道是否因为前几年过分投入而提前出现了职业倦怠，我害怕自己就这么得过且过了。迷茫中的我担心自己，也害怕耽误学生，我想我必须停下来仔细想一想。

生活从来就不会亏待一个认真努力的人。就在我彷徨不前之时，学校德育主任告诉我们，南京市教育局宣德处联合南京师范大学班主任研究中心即将开办南京市首届骨干班主任研训班，有兴趣参加的老师可以报名。我下载了电子文件，查看了培训内容，立刻向主任提出了申请。很多骨干班主任都积极报名了，但区内名额有限，而我因为之前取得的德育工作业绩，再次受到了眷顾。

2014年3月，我走进了南京师范大学随园校区南山专家楼的三楼会议厅，开启了为期半年、每月三天的班主任研训。在开班仪式上，我第一次见到了班主任研究中心的三位导师：齐学红教授、朱曦教授、陈红燕博士；第一次接触到了班主任专业化的概念，认识到了从岗位到职位、从事业到专业的班主任工作实践；第一次学习到班主任的地位与作用、职责与任命条件，明确了班主任专业化提出的现实意义；第一次听说"重要他人""精神关怀者""人生导师"，却如此有共鸣。那一天我原本坐在第三排，已经是很靠前的座位，课间我又移至了第二排的空位，我愿意靠得更近些。

南京市教育科学研究所的李亚娟博士组织我们开展沙龙研讨，南京市教学研究室的刘永和老师为我们做专题讲座，上海师范大学的刘次林教授与我们分享幸福德育，《班主任》杂志社的赵福江社长领我们走近德育科研……，一位位专家、学者帮我打开了班主任专业化的大门，让我大开眼界，我这才觉得自己以前做的其实只是皮毛，是没有理论支持下的感性而为，又或者是似懂非懂下的大胆尝试。那些做法的成功不是因为我真的做得好，只是因为年轻的我对班主任工作有激情，有热情，又恰巧遇到了综合素养不错的学生。我在工作中的问题意识还不够明确，处理问题的方法也不够灵活，我需要系统地学习、思考，再实践。

培训的另一大财富就是认识了一群志同道合的班主任朋友。我一直觉得能交到理念相当、志趣相投的班主任好友是非常不易的事情，因为实际工作中大部分的老师并不喜欢当班主任，平日里听到最多的也是大家对工作的抱怨，然而在这个班里，老师们却真的有种相见恨晚的感觉。不分年龄，不分教龄，不分性别，不分学段，大家都是抱着研究班主任工作，探讨如何提升学生素养的目的而聚在一起的，课上、课下话题不断，发言不断，大家很快便成了非常要好的朋友，一直保持着联系。

我还有幸参加了"随园夜话"班主任沙龙，从主题班会的观摩与研讨，到班主任支持系统的学习与交流，在这个班主任发展共同体中，我学习、成长了很多。

师父领进门，修行在个人。班主任研训班只是一个开始，它为我的班主任专业发展之路开辟了一片广阔的天地，接下来的路要靠自己走。我开始将研究学生、家长和自己设定为接下来的工作方向。只有研究，才能把握好学生成长的规律；也只有按成长规律做事，才能真正地推动学生发展。学得越多，做得越多，越发现自身理论的缺乏和理念更新的不足，所以大量阅读与反思成了我工作中的又一个重点。与职初阶段不同，我不再过多阅读实际操作层面的书籍，不再想单纯地"学来就用"，我开始广泛阅读专业理论和教育经典。《教育哲学》《教学勇气：漫步教师心灵》《儿童心理学》《儿童的道德判断》……，尽管很多专著生涩难懂，但结合实践，便能让人产生很多思考。

皮亚杰说过："当成人的约束造成一种责任感时，即使成人本人要使这种责任感减弱也无济于事。"

想到这里，我又不禁反问：在平时的很多工作中，学生们对问题的评价和决定是否也多受到我们话语权的影响呢？比如运动会的入场式、大合唱的比赛曲目、春秋游时的活动方案、小组合作时的任务分工……，有多少真正的交流与合作在学生集体中得到开展？有多少情况是在受着教师话语权的影响？

虽然我的学生已经十二三岁，但长期以来的教师权威会使他们"见成行事"。因为学生们大都受到了我作为班主任教师话语权的影响,受到了我主导思想的约束,所以学生们就容易对我提出的观点产生认同感,但这种认同并不是学生自己的观点,甚至不一定是从学生角度提出的。

多一分教师的自我觉察,就会多一分情绪的控制,多一层对事件原因的理解,从而更有底气地放手让学生在没有教师权威的环境下充分讨论,建构认知图式。

…………

观察、思考、研究、阅读、写作,这一系列工作的开展,让我的德育教科研成果颇丰。教育写作促进我不断地学习和反思,在班主任专业成长道路上打开了新局面。近几年,我积极关注各级各类德育和班主任培训的信息,常利用假期天南海北地自费去学习。朋友们不解地问我:"你现在去培训的目的是什么?你还想学到什么招数吗?"这个问题,我也曾经问过自己。其实,我的目的早已不是去学别人的做法,我只是去寻找一个环境,我想听大师们跟我分享他们和学生的故事,我想听大师们的表达,感受他们的情绪,这种表达和情绪能自然地流露出他们对学生的爱,这就是他们的教育情怀。而这份情怀也能够激励我,让我有不竭的动力,去实践班主任这一专业性岗位。

我也陆续接到一些邀请,去不少地方进行班主任工作分享。每一次的分享,都是我对自己工作的一次梳理。在挑选学生照片的时候,那些画面就像放电影一样,把我重新拉回到那些年。正如学生所说,听得见嬉笑怒骂,看得见一张张笑脸。我常常会停在电脑前发呆,想一会儿,乐一会儿,难过一会儿。在交流的现场,与其说我是说给老师们听的,不如说我是在跟过去的自己和学生进行一次隔空对话。我把声音、动作、表情全都放进了故事里。这些细节都会将我的情绪传递给听众,让老师们走进我的世界。我希望把我在班主任工作中的快乐和反思传递给大家,也希望大家跟我一样拥有追求幸福教育的决心。

在专业发展的道路上,班主任自我意识的觉醒,对提高和完善专业素养起着决定性作用。它需要班主任有强大且正确的教育信念,又愿意投身于班集体的建设，通过教育科研的路径，达成专业成长。

专家的引领、同伴的互动、自身的学习和反思，让我发现了班主任工作更伟大的意义和价值。它是一个重要的专业性岗位，在专业道德、专业知识和专业能力上都有着更高要求，它是值得被不断挖掘、思考、研究的领域。也正是那一时期，我才知道原来有那么多人都在关注着班主任，服务着班主任，研究着班主任。我进一步明确了自己的目标，我要向班主任专业化方向发展，只有这样才能更科学地指导学生，这样的师生关系才会有高度，才会培养出一辈子永不消逝的感情。

成熟班主任：教育应能给人以温暖和希望

好的教育，应该是锦上添花，能给生活幸福的人带来温暖，让身边的正能量发挥出积极的辐射效应。2014年5月起，我利用自己的教育博客，开始了"温暖叙事"之旅。我坚持做到每一个工作日观察和记录一名学生的正能量，推出了"今日温暖""今日推荐"等栏目，栏目里配上相关的学生图片，共享到家长群，欢迎家长与我们的班级一起成长。

【今日温暖】2015年9月21日

教室里的窗帘很漂亮，但坐在窗边的同学却时常受到窗帘随风飘动的困扰。有时候，大家干脆把窗帘塞到窗外，用窗户夹起来，这样窗帘很容易损坏，也影响了教室内外的美观。今早一来，我惊喜地发现每片窗帘上都多了一根漂亮的捆绳，这既解决了窗帘飘动的问题，又装饰了教室的环境。一问才知道，原来是木森同学回家后跟擅长针线活的妈妈提出了想法，母子俩利用周末时间选购布料，一起DIY，制作了窗帘的捆绳。谢谢木森，谢谢木森妈妈，谢谢你们愿把这个新组建的集体当成自己的家。

【今日推荐】2015年4月21日

期中考试复习周，在繁忙而辛苦的学习后，同学们都显得很疲惫。放学后我无意中看到阮元、鹏斗、锦贤、嘉铭四个小伙子在体育活动区有说有笑，荡秋千，做器械，比臂力。伴着阳光，他们笑得刚刚好！这应该是校园生活的常态：阳光下，操场上，友谊万岁，说笑中长大。

推荐这样的生活和复习节奏，张弛有度，劳逸结合。

好的教育，也该是雪中送炭，能给暂处困境的人带来希望，带来一种绝处逢生的信心和自生的力量，带来无数种可能。

2016 年 7 月，我去云南省文山州送教。所到的山区中学，条件艰苦，老师们的职业幸福感很低。那里的孩子，很少有机会走出山区，读书、辍学、打工、留守。他们的世界没有网络，没有科技，甚至连一条平稳的小路都没有；他们住的房屋，有不少是漏风漏雨的；他们中的大部分是留守儿童，父母不在身边。

但他们中有很多人很阳光，很开朗。在看望他们的时候，他们或流泪或微笑地告诉我"不算太苦"，他们真诚地跟我说着"谢谢老师，欢迎老师再来"。贫苦的生活和积极的人生态度形成强烈的对比，这给了我极大的震撼。生活的窘迫没有让他们自我放弃，而是依然坚强，对生活、对生命抱有希望。

今天，我有幸给孩子们上了一节班会课。原本就处在暑假，能把孩子们召集回来一起上课，实属不易。所以，在班会课设计的时候，我想一定要把"实效性"发挥到最大，要让他们在体验中产生共鸣，不能让孩子们有种白跑一趟的感觉。

在谈及"未来的我"这一话题时，孩子们的想法简单却美好。

"我长大后，想卖花，因为我喜欢鲜花，而且家门口就可以种。"

"我以后想当一名护木工人，因为我们这边的树木保护得不太好，经常遭到破坏。我希望在我的努力下，山里可以看到很多树。"

"我希望将来可以跟爸爸妈妈住在一起，他们常年在外打工，我跟奶奶总是很想他们。"

"我期待十年后，我可以回到这里，在我们学校当一名优秀的老师！"

"我想通过自己的努力走出大山，所以我现在必须脚踏实地地行动。"

…………

他们的语言很朴实，想法特别单纯。没有好高骛远，没有不切实际，没有遥不可及。那一刻，我体会到每一个孩子不同的需求。他们虽然贫苦，但他们乐观、善良，他们对未来有憧憬。

最好的教育，原来也要因人而异。如果说我在南京的孩子们需要的是"唤醒"——唤醒成长的主体意识，那这里的孩子需要的是"希望"，是梦想一定可以实现的希望。

教育，应该给困境中的人带来希望。这份希望，会让学生的未来有无数种可能。教育的希望，来自学生的体验，学校要通过开展各项活动给每个孩子提供学习的机会；教育的希望来自教师对待生活、对待工作的热情，唤起学生对美好未来的向往。

班会课结束后，我跟孩子们合影留念，道别时一个小姑娘悄悄跟我说："老师，我在您脸上看到了温暖的笑容。这颗糖送给您！"那一刻，我想我给她带去了温暖，带去了希望。当天晚上，文山州的一位老师给我发短信，他告诉我他一直认为山里的学校没有资金，没有条件，他也没有太多的想法，所以没有去开展很多活动，但我给了他启发，原来一间小小的教室有太多的可为之处，他愿意跟自己的学生一起经营这一方小土地。我相信，我也给他带去了希望。教育，应该给每一个人带来温暖和希望，不分年龄、地域、性别、贫富。

幸福班主任：教育中的爱是双向的

总有老师问我，你如此这般投入地爱，不觉得辛苦和累吗？当然辛苦，当然累！但感情是相互的，教育中的爱是双向的。七年来我对学生所有的爱，总是变换着各种方式，又回到我身上，成为爱的回馈。学生和家长对我的爱常让我感动，而他们对我的信任、赞许也成为我前行的最大动力，不断丰富着我的内心世界。

不仅我的班级文化在届届传承，连学生给我过生日的习惯也传了下来。每年我生日的时候，总会由上一届的学生寄来蛋糕，蜡烛上的数字永远是"18"，蛋糕上的字也永远是"一辈子在一起"，现任班级的学生则负责开心地吃。一届届的学生在给我过着永远十八岁的生日。

只因为被大家说跟我长得很像，冬冬同学就在暑假里约我视频，并悄悄截下照片，做成水杯图案，在毕业时送给我作为礼物。杯子上印着"情同手足，胜似兄弟"。他跟我说："一杯（辈）子的兄弟！"听说我最新接手的班级是7班，玥彤就给我买了好几件带"7"标识的衣服，她让我就这么穿着去家访，很多老师都以为这是我最新定制的班服。小波是我第一届的学生，我俩曾一起建立了师生共同成长档案袋，取名"三年相伴，一生相随"。现在已是大学生的他，仍然每学期回来一次，跟我继续丰富这个档案袋，里面装着的是沉甸甸的记忆和当下满满的收获。

毕业典礼后，我给孩子们送上了我们的成长纪念册。令我意想不到的是，我的家长代表团，也送给了我一本水晶相册，名为《我们永远在一起》。相册里是班级学生的成长照片，每个孩子三张，旁边附有每个家庭和孩子送给我的毕业赠言。家长委员会成员告诉我，为了确保能收集到每个孩子的照片和赠言，他们从二月份就开始着手准备了。翻看着厚厚的相册，我说不出一句话。

2016年5月，我被教育局调到了新的学校，开展建校筹备工作。不得不离开我带了一年的孩子们。孩子们用各自的文字，送别了我。

假如没有他

刚进初中，我就认识了第二位对我影响很大的老师——他。

我喜欢的老师一向是活泼开朗的。相信不光是我，全班同学都很喜欢他。我们喜欢他，不仅因为他让我们知道什么叫责任，什么叫班级凝聚力，更重要的是他以一种真诚的态度与我们交往。

当我遇到困难的时候，他会拍着我的肩膀说"没事"。有的时候，他会突然来了兴致，跟我们聊以前的事、他自己的事、以前班级的事，我们围坐在一起，看着他开心的样子，我们心里也乐开了花。

——天骐

送给我最爱的老班

时光如箭，日月如梭。说好的三年不分离，终归要别离。若是时光倒流，我愿再做您的学生。一年不长不短，曾几何时，我们一同拼搏。您带领大伙不断前进。

您说："我们只管努力，其余的交给时间。"于是，我们没让您失望，更没辜负我们自己的青春年华。

您说："共同参与，实现自我！"于是，我们一起完成了太多的不可能，用自己的脚印书写了华美的篇章。

您说："幸福果园第三季，就拜托大家了！"我们一定会努力，但我们更会想念您。

我们说："向来缘浅，奈何情深。"

您却说："既然情深，何惧缘浅。"

我最爱的老班，保重！

感恩遇见您，携手了一段命中注定的相遇。

第三季，交给我们；第四季，等您的好消息。

——豆豆

学生的情绪也感染着家长。琪琪妈妈就在微信上给我留了很长的一段话：

沈老师，没想到这么快就要分开了。这一年，谢谢您！一开始您让我们写幸福成长单的时候，我抱怨过，觉得您真是闲得无聊，每周让我们写，有什么好写的。可是写着写着，我发现自己变了。每次在写给琪琪的时候，我就会想，我要求琪琪这么做，我自己做到了没有？我慢慢开始提高了对自己的要求。不管孩子现在的成绩怎么样，但她比以前更上进了。我们母女的关系也改善了很多，相处得像朋友一样。

您总鼓励我们做父母的要多读书，我跟您分享一则我的读书笔记："真正的教育应该是一场修行，是孩子的纯真、无私、灵动洗濯了成人的浮躁、功利、自大。好的教育，应该是父母通过孩子这面镜子，不断发现自我、修正自我、挖掘自我，并用新我来为孩子做示范和表率。我们是在教育的过程中，遇见了更好的自己。"

沈老师，真的谢谢您！不仅在陪伴着孩子，也在陪伴着我们。

新的起点，祝您工作顺利！注意身体。

我说过，我是一个很感性的人。所以，我常常不太敢看学生和家长写给我的心情文字。面对分离，我们都在选择坚强，而我也相信：不论是圆满的毕业，还是中途的离场，都是命运的安排。分开并不代表永久的离别，我们只是换了一种身份，换了一个角色，却会永远存在于彼此的生命里！我坚信：只要我们珍惜同行的这段路，我们就会拥有丰富的内心世界和温暖的回忆，还能集聚前行的力量。

一种情怀：一辈子做班主任，一辈子学做班主任

于漪老师说："一辈子做教师，一辈子学做教师。"咱们做班主任，又何尝不是如此呢？

我整理了七年的回忆，收拾东西搬去新学校。有朋友问我是不是升官了，而另一个朋友的回答让我很感动："他啊！换了个地方，继续做班主任！他上瘾！"

这是懂我的人给出的最好回答。在接下来的工作里，我仍然会坚持做班主任，这是一种选择。这份选择，缘起于我的学生时代，在我第一个工作的校园里生根、发芽，更需要我在今后的工作中不断学习、实践。

有情怀的班主任，其内心是丰富、柔软的。他们会在意给学生的每一个眼神，会重视说出的每一句承诺，会小心呵护每一颗成长的心灵，会感动于学生和家长爱的反馈。

有情怀的班主任，其内心又是强大、坚定的。他们会鼓励学生大胆选择，即便摔倒了也无须畏惧；会在学生发生突发状况时，陪伴左右，为他们鼓劲打气，不让他们感到无助。他们已和学生彼此融入，成为不可分割的整体。

我还不敢说自己是一个有教育情怀的班主任，因为短短七年的工作

实践，还不足以让自己有这样的高度。我只是做了最简单、最质朴的事情，没有惊天动地，没有经历时间的考验。但现在的我是幸福的，因为幸福原本就是一种内在的体验。我想，如果在接下来的十年、二十年的时间里，我仍然能坚持与学生一起做这些简单、质朴的小事，依旧容易被感动，依然坚信教育的幸福，这就是一种情怀。

"一辈子做班主任，一辈子学做班主任。"这是一个信念，也是一种情怀。这样的选择就意味着我会心甘情愿地多付出一些辛劳，多挑起一些责任，却也将收获更多无私的爱。班主任只有和学生一起成长，教育的生命才会充满意义和价值。

我何其幸运，七年里我的学生在成长，我也在成长；我何其坚定，我会永远追求那份宝贵的师生情。不忘初心，方得始终。不论我走出去多远，我始终记得问自己，最初我是为什么选择做教师，又是为什么喜欢做班主任的——为了师生间那份最纯粹的感情！

[**专家点评**]

师生相伴，共同成长

齐学红　南京师范大学班主任研究中心

因为珍惜师生之间那份最纯粹的感情而选择了教师职业，也因为曾经的老师对自己严慈相济的特殊情感经历，开始了一段与学生之间的情感之旅。"我珍惜他们对我的好，它时常给我力量，我对这份师生情有着深深的眷恋。我也希望能对自己的学生好，希望能与他们建立起同样值得一辈子珍惜的师生情，这份感情也会成为我和学生生命里的又一股力量。"这是一位年轻的男教师选择成为一名班主任的理由。正如沈磊老师所言，他是一个很感性的人，他的班主任生涯是与对美好师生情感的追求分不开的。他对教育情怀的理解是建立在对教育本质的理解以及内心丰富的情感体验基础之上的，在这一点上，他又不失理性与执着。在沈磊老师身上，能够感受到年轻人特有的活力、冲劲与感染力。他在短短七年的班主任成长道路上可谓较早的觉悟者。

从初为人师时将师生情感理解为"与学生们玩在一起"，到一个月的代理班主任时经历的从学科教师到班主任的角色转变，进而对师生情感有了正确的理解与把握，开始体会到关爱与严格要求并不冲突。作为一名新手班主任，他本着对学生的一生负责的态度，开始主动探寻如何科学规范地管理班级。从带第一个班级开始思考：如何将初中三年的班级生活和形成的班级文化延伸到孩子的未来生活中，进而设计了"幸福果园"系列班级文化建设规划，带领学生、家长、同事一起参与班级文化建设，而班主任的角色则是科学的记录员，学生则是果园的经营者，从而开启了师生与班级共同成长之旅。

有人认为，班级是不包括教师或班主任的，而在沈磊老师的班级里，班主任、任课教师都是这个集体的一员，班主任在记录班级和学生成长足迹的同时，自己的成长也被学生、家长记录其中。三年的幸福袋里收藏的是满满的师生情、亲子情，它用感情的纽带把学生、家长和老师紧紧地连在一起。一位对学生真心付出、真情付出的班主任，在自己的教师生涯中也一定能收获教育中的真性情。

　　作为一名新生代的班主任，沈磊老师并不满足于已取得的成绩，他认识到，班主任只有通过不断地学习和自我充实，才能克服职业倦怠。他总是善于利用一切学习资源和学习机会，从自我学习，到参与"随园夜话"班主任沙龙，结识一群志同道合的班主任朋友，再到主动参与班主任研训班，与专家学者对话，自觉反思和提升自己的班主任实践经验，进而走向一个良性循环的专业成长道路。

　　正如沈磊老师所说："'一辈子做班主任，一辈子学做班主任'。这是一个信念，也是一种情怀。这样的选择就意味着我会心甘情愿地多付出一些辛劳，多挑起一些责任，却也将收获更多无私的爱。班主任只有和学生一起成长，教育的生命才会充满意义和价值。"

　　作为一位年轻班主任，能自觉地将"一辈子做班主任，一辈子学做班主任"作为一种理想与信念，进而不断修炼自己的内心，在当下许多年轻教师面临很多现实生活中的困扰和多样化的发展需要，不愿做班主任的大环境下显得弥足珍贵。同时，沈磊老师也适逢中国班主任专业化发展的最好时机，对于年轻班主任而言，有更多的平台和机会助力班主任的专业化发展，例如南京市推出的德育学科带头人、德育优秀青年教师的评选，长三角班主任基本功大赛的组织与实施等。沈磊老师无疑是其中的佼佼者。希望能有更多的年轻教师能够像沈磊老师一样，在班主任专业发展道路上越走越远！

于洁：我为什么要做班主任

••• 江苏省昆山市葛江中学

[教育小传]

十二岁走上讲台为同学们上课，初尝杏坛甜滋味，从此少年执着，不离不弃。

名中有"洁"字，愿做周敦颐笔下不染之莲，不蔓不枝，香远益清。所以远离官场名利，淡然从教二十六载，一次次在师生情谊中感受幸福的甜蜜。

七八年，换一所学校，换一批生源，只为接触各色学生，积累更多经验，增长更多智慧。时常半路接班，不畏不惧，珍惜师生缘分，做天边一片云，淡泊宁静，用人格魅力感化轻狂少年。

做个像孩子一样的老师。善良天真是我，真诚示弱是我，仗义坚强是我，调皮狡黠也是我。不做教育苦行僧，在素质教育和应试教育之间、教育和生活之间寻找一种平衡，在诗意和草根之间、天和地之间寻找一个契合点：扎根土地，过一种世俗的生活；也能触摸远方，过一种诗意的生活。

没有想很多，就是天生地爱孩子。

没有想很多，就是一路摸索与实践。

没有想很多，就是觉得在一起是缘分，要珍惜。

没有想很多，就是知道孩子都会长大成人，我只是陪伴他们走短短的一程。

似乎越来越多的人不愿意做班主任了。做班主任，除了又忙又累又烦之外，现在又增加了个"高风险"。风一起，能逃离的都逃离了。像我这样有充分的理由可以不做班主任偏还乐此不疲地在做着的，估计不多。于是人们问我：为什么？仔细想想，原因真多。

家风的传承

我出身于书香门第，历史的原因，大家族完全毁灭。唯有"做个读书人，保持独立的精神人格"的家训传了下来。

我在很小的时候就读父亲从图书馆借来的杂志，《译林》《啄木鸟》《收获》《钟山》《十月》，很多字句囫囵吞枣，却在日渐长大中慢慢知晓其意。阅读的过程贯穿了我整个童年和少年时代。书读得多了，心是安定的。当书中人经历的一切苦痛与幸福降临到自己头上的时候，我是不慌张的。世间万事，书中早已说透。一切荣辱得失，只在字里行间随着岁月灰飞烟灭。我学会了不抱怨。随着年龄增长及阅历增加，我更加明白世间得失的平衡，人也变得从容淡定。

我不知道现在还有多少老师从小到大一直很喜欢看书的，可是我可以肯定地说：如果那些读了很多书的老师做了班主任，应该不会糟糕到哪里去。看过了书中的潮起云涌，感悟过书中的云卷云舒，心态自然和极少读书的人是不一样的。

父亲做过高中数学老师，他原本是力学专业，却把数学教得风生水起，以至于我工作后很长一段时间被介绍为"于劭的女儿"，仿佛我没有自己的名字一般。连着上两节高三数学课后，他写粉笔字的右手累到无力举起，却对我说："教书对我来说是一种享受，你以后要是做了老师也能体会到的。"

他那时也做班主任，因为数学教得好，很受学生们爱戴。得悉他被调到市里教书，几个男生夜里来到我家跪在地上哭泣不已，父亲也摘了眼镜来回擦拭，油灯下的这一幕正好被年幼的我看到，此生永难忘记。

父亲在二十世纪八十年代创办了复读学校，我的很多比我年长的同事都曾是我父亲的学生。"于劢是我的老师"，他们说起时满脸自豪的样子总是让我胆战心惊，继而检讨自己是否不够努力辱没了父亲的美名。

记得有一次我去父亲的复读学校玩，看见学生们一个个埋头看书，而他竟拿个扫帚在打扫班级的卫生角，学生们视而不见的样子让我义愤填膺。等父亲离开教室后，我拿了粉笔在黑板上用力写道："下次再让我看到是我父亲在打扫班级卫生，你们就不是人！"写完满脸是泪，对着愕然的学生们狠狠一跺脚我就跑了。父亲后来一直取笑我，他说："你不懂的，他们就要参加高考了，让他们静静地看会儿书，我这个班主任为他们做一点点事情，让教室里的环境舒心一点，我心里反而是高兴的。"

当我现在写下这段文字的时候，我已经完全理解父亲当年的心情。看父亲做老师、做班主任，我看到的是笃定、平和与美好。从小到大受到的潜移默化的影响，让我能比较深刻地感悟到这个工作的价值。

集我师之大成

我是幸运的，从幼儿园到高中，做我班主任的都是极为优秀的老师。他们身上有共性，无论发生什么事情，走进教室的时候他们的心情都是平和的，脸上或平静或微笑；他们又极具个性，完全没有雷同的教育方式。因为我的父亲也是老师，所以我观察这些老师的时候，会不由自主地进行对比。在这一点上，也许我和别的学生是有所不同的，除了学习书本知识，我更多地会观察老师们的一言一行。

记得读幼儿园的时候，老师矮矮的个头，精神却很好，当她拉着我的小手的时候，总能感觉到她有力的臂膀。我随手在课堂上乱涂乱画的东西，她却当宝贝一样收着。当我毕业看见她收着的那一堆纸片时，心中的惊喜无异于看到自己刚出生时穿的一双小鞋。老师热爱生活，是个坚强乐观的人。她的丈夫是个盲人，我们常常看见他们互相搀扶着散步。夕阳下，小路两旁开满金黄的油菜花，老师轻轻地告诉丈夫自己的所见所闻。他们总是微笑着，平静地生活着。

那时，老师的家离学校很近，早来的孩子看见教室的门锁着，就会到老师住的小楼下喊："胡老师……"老师听见了，就从二楼的窗口探出头来，对孩子说："给，钥匙，接着。"这一幕永远留在我的脑海里，原来老师和学生，就像母亲和孩子。

读一年级的时候，班主任徐英老师说一口标准的普通话。那时总觉得她本领很大，语文课教完了，下一堂课走进来的还是她，边弹风琴，边教唱歌，甚至还教美术，有时一个上午都是她在教课，却不让人觉得厌烦，她仿佛无所不能。

三年级的时候，终于有个男教师做了我的班主任。我们很顽皮，他却体弱多病。我们装模作样去医院看做了手术的他，却没想到他病好后送给我们每人一支钢笔。他说我们能去看他让他很感动，觉得我们还是很懂事的，他的付出是有价值的。我一直记得那一刻班级里很安静，也记得后来班级里似乎一直很安静，我们仿佛一天之内长大了。

四、五年级的班主任是陈凤琳老师。我常想，也许我身上的那种宁静淡定的气质是受到她潜移默化的影响。每天中午，我们总是静静地坐在教室里，看她写毛笔字。很多学生都慢慢开始把字写工整，班级里再也没有人写潦草的字了。她又是那样热心，常常把自己的衣服改一改，给贫困家庭的孩子穿。她信任学生。有一次放暑假，她把心爱的金鱼托给我养，结果全死了。我还了个空空的鱼缸给她，她只是笑笑，还摸摸我的头，宽慰我。

进入初中，我遇到了对我影响最大的班主任钱桂琴老师。她仿佛是一个心理学家，透过我内向的表面，看到了我好强执着的一面。她说："喏，这是教学参考书，这是我的备课笔记，你自己再去钻研钻研，给我们上一堂课吧。"那堂课上，她像个学生一样坐在我的位置上，听得认真极了，有时还举手发言。至今，我还清晰地记得当时的每一个细节。我没有辜负她的期望，上了一堂成功的课。当下课铃声响起的时候，我的最后一个字也正好说完。她在我耳边悄悄说："以后做个老师吧。"

高中的班主任吴老师年纪很轻，我们全班都吃到了他结婚的喜糖。那时的我迷上了写作和看英语原版书，常常在各种课上干这两件事情。也许是他没有发现，也许是他发现了也装作不知道。总之，我在无人干扰的状态下养成的这两大爱好，对于我后来的工作也很有帮助。

少年时代，我生活在一个教师大院里。大量的老师做着班主任，他们或严肃或慈爱，或爽朗或矜持，或勤劳能干或多才多艺。我的象棋等才艺都是他们和我玩耍的时候教我的。他们让我明白班主任是一个有血有肉的、充满生活气息的人，而不是一副古板迂腐、道貌岸然的扑克牌面孔。他们是我人生道路上的一盏盏明亮的灯，一缕缕温暖的风，在我眼里，他们是这样完美。

他们让我深深明白，我的一言一行将会对我的学生的人生产生影响，也许很小，也许很大，也许会改变一个人的一生。

良好的开端是成功的一半

工作第一年，我来到自己初中的母校昆山市一中，而我的初中班主任钱桂琴老师已经是办公室主任。她对我说："你必须要做班主任，不然你根本不知道做老师的乐趣。"无知无畏的我就这样开始了班主任生涯，而那时，班级里年龄最大的留级生只比我小两三岁而已。

和我一个办公室的老师都是同一年级的班主任，年龄基本是四五十岁。他们处理学生问题的风格迥异，有的三言两语干脆利落，完了拍拍学生肩膀表示鼓励；有的苦口婆心，连番说教直到学生"举手投降"；有的冷幽默让人忍俊不禁。在这样的环境里，虽然没有任何人担任我的班主任导师，却让我每天观察到什么是有效的教育方法，什么是无用功。我像一块海绵，吸收着各种各样我认为有用的养分。

第一届学生在艰难曲折中终于顺利毕业，班级成绩也排在年级前列，我还得到了学校设置的给优秀教师的奖励金。当时浑然不觉，只是每天度日如年般熬过三年，到第二届学生的时候，我渐渐发现原来学生的问题还是上一届的那些，而当你第二次接触那些问题的时候，你的心里比第一次坦然多了，也笃定多了。

在带班比较好的情况下，学校要提拔我做个小领导。我父亲的老朋友陈汝德老师是学校中层领导，他对我说："我觉得对你最好的培养就是让你做班主任，再教两个班级的语文进行教学比照，而不是让你把精力分散到其他杂事上去。"他说话时的诚恳与慈祥，我至今难忘。这对我后来对功名利禄的态度，起到了极大的影响。

"我对你父亲说，于洁已经超越你了。"他这样微笑着对我说，我以为他是开玩笑，后来父亲把他的话转告给我的时候，父亲的欣慰与怅然让我暗自窃喜很久。良好的开端是成功的一半，如果一个年轻教师有幸能和一批热爱教育又有不同教育风格的老班主任同行，少接触负能量，多一些正能量，那么他的成长是很迅速的。

带第一届学生时有过一个小插曲：我有机会离开昆山到异地生活，心里犹豫拿不定主意，有一个周末的傍晚，我从异地回家，楼底下聚集了我的全班学生，一个个眼泪汪汪地说老师别走。那一刻，仿佛幼年时代油灯下发生在父亲身上的一幕再次出现，我瞬间泪流满面。这是我人生中很大的一次抉择，也让我深刻体会到了师生之间的深情。而这些，只有做班主任的老师才能有所体会。

我是在开始不久就尝到过做班主任的甜蜜的人。就算后来吃过苦，有过痛，我也是定心的。一个登过山顶的人，是不会在半山腰打道回府的；一个看过外面世界的人，是不会允许自己成为一只井底之蛙的。

因为懂得，所以慈悲

我时常感慨，上天对我的培养真是用心良苦。

我经历过大部分学生不可能经历的苦痛。小时候，我得了软骨病，医生说我先天不足后天难养。我个子矮小，很自卑。走在路上，一群鹅把我团团围住，它们长长的头颈在我的头顶上方一伸一缩，我无法突围，那一刻的绝望让我连哭泣都不敢有声音。我的身高是直到高三才有所突破的，深深的自卑也一直伴随着我考上大学。所以，我特别能理解那些自卑的学生。自卑的理由各种各样，或是个子不高，或是长青春痘，或是一个胎记，或是成绩不好，或肥胖或瘦弱……，甚至有可能是觉得自己的眼睛长得小。

我在两岁的时候失母，与父亲和祖母生活。看到别的孩子依偎在母亲怀里撒娇，我总是默默无语。我把祖母当成了自己的母亲，依恋她，甚至直到读大学前还和她睡一张床。读高中的时候，有一次学校组织看电影，名字是《妈妈再爱我一次》，我没有去看，选择了一个人默默地待在教室里。每次听《世上只有妈妈好》时，我的心中总是五味杂陈，这样的状况一直持续到我自己做了母亲，我才有勇气搂着我的儿子唱《世上只有妈妈好》。

那些失去母亲或者父亲的学生，他们的心情我全都明白，所以做他们的班主任时，我知道如何悄悄爱护他们。我在班级里组织包馄饨的亲子活动，规定一个学生只能带一个家长来，一起包一起吃，之后再包好一些馄饨带回家给没来的父母或老人吃。我这样设计，就是不动声色地照顾了班级里单亲家庭的孩子。甚至连语文课本里一篇写一个单亲家庭孩子悲惨遭遇的课文，也被我完全忽略掉，坚决不教。

十一岁的时候我有了继母，她和父亲时常吵架、打架，后来我又有了与我同父异母的弟弟，我和祖母成了继母的眼中钉。父亲懦弱，除了委屈我和祖母，别无他法，我被继母骂得狗血喷头是常有的事情。

这样的经历让我知道有些家庭无奈的状况，有些学生深受其害，所以成绩差、行为习惯差。我知道无法指望一些怨妇或者暴父、懒父、赌父去管教孩子，并且我不会以此为借口而对学生不闻不问。我关心孩子们的吃喝，告诉他们人生是一个人的事情，无人可以阻挡自己发展的脚步。我以一个亲人的样子出现在单亲家庭学生的身边，让他们在我这里能够得到些许宁静与安慰。

我在读书的时候曾经文理全优，也曾经偏爱理科，后来又偏爱文科，也多次发生因为喜欢一个老师就喜欢这门功课，因为讨厌一个老师就讨厌这门功课的情况，所以我深深明白，在孩子未成年的时候，一切的变化都有可能，有些原因当事人自己也不一定明白。有时候孩子的内心世界就像一首诗，跳跃性极大。有些原因，旁人觉得不可思议，可是自己却觉得理所当然。

所以，我理解那些把头发弄得像鸡窝一样的男孩，理解那些小小年纪就开始谈情说爱的女孩，理解那些片刻不停四处惹祸的学生。这些都不是他们的错，而是他们的痛无处表达。所以，当我做班主任的时候，对待这样的学生，我保持了耐心与平静，我知道这无关人品，而是一种无处宣泄的表达。我静静地等待时机的出现。

而这样的理解与慈悲，是那些在温暖和睦的家庭里长大的班主任难以懂得的。他们很容易就消磨了耐心，认定这是一个个品质恶劣的学生。

十九岁的时候，我失去了最爱我的祖母，在很长的一段时间里，我像个游魂飘来荡去，无所依托。我理解那些失去亲人的学生，他们一定会有一段时间，四处寻找停歇的精神港湾，也许是网络，也许是恋人，也许是某个陌生人。也许，他们会对世界充满了恐慌与不确定。每当这个时候，我都会第一时间站出来，给他们一个不大坚实的肩膀去依靠一下。

我的继母五十多岁时因病离开人世。她去世的那天，和我说了很多话，愧悔自己这些年来对我的所作所为。她说："我对你的祖母不好，现在她来索我的命了。"人之将死，其言也善，她咽气以后是我为她擦身更衣，那一天，我原谅了她对我的所有种种恶行。

经历了这么多，我已经比同龄人具备了更宽广的胸襟，这样一个伤害了我二十多年的人我尚且能够原谅，何况那些未成年人？"天将降大任于斯人也，必先苦其心志，劳其筋骨，饿其体肤，空乏其身，行拂乱其所为，所以动心忍性，曾益其所不能。"我所经历的种种，都让我对世界和人性有了更深的体会，也让我能够站在学生的立场去感受他们内心的酸楚。

共情，是一个班主任最大的智慧。而上天让我在走上工作岗位前已经具备这种智慧。这也是我做班主任比较轻松也不容易动怒的很重要的原因。

记得一个年轻班主任对我说："真是不可思议，做数学难题是多么有趣的事情啊，我有时候一个题目怎么也做不出来，半夜突然有灵感，爬起来就写，那种兴奋，恨不得高呼万岁。可是我的学生们为什么连做简单的题目都有气无力？"我默默无语，我知道，一个从小到大的尖子生，是无法理解那些所谓的"差生"的。

有一种心态叫豁然开朗

我当然也有愁眉苦脸的时候。尤其是做班主任带第一届学生的时候，拼尽全力，问题依然层出不穷。有一次，稀里糊涂被派去听一个讲座。讲课的是一位苏州市名优班主任，我羡慕而崇拜地看着这个头发灰白的老师。突然发现她讲的都是自己班级的问题学生，这个逃学到北京，那个争风吃醋把恋爱搞得全校轰动；这个对着老师怒吼，那个成绩都是个位数……

我目瞪口呆地看着她微笑的脸，她平静地叙述着她和学生之间的智斗，时而自己忍不住笑出声来。我突然发现，原来优秀班主任带的班级不一定是平安无事的，有时还会有惊涛骇浪，而他们是用心、用情地耐心等待一朵朵花开。情如此深——他们还是孩子，我们是大人；心如此平静——他们总会长大，我们总会老去。那一刻，我豁然开朗。无论痛苦还是幸福，最后都会成为回忆。与学生相处的过程，应该是发现美好、创造美好的过程。

有一种教育方法叫坚持

我很幸运，几乎每七八年就能换一所学校工作，换一批生源研究，这让我更深刻地体会到了坚持的强大力量。

十七年坚持做家校联系单

1999 年我在一个民办寄宿制学校工作，创建了家校联系手册——半月刊《桥》。那时候我教着三个班级的语文，做着一个班级的班主任，兼着学校的教科室主任。桌子上散放着《桥》的初稿的每一个版块，我利用课间时间每天充实一部分内容，每隔十天送去印刷厂，到第十一天的时候校对清样，第十二天成品拿到手。在《班主任寄语》一栏，我一本一本写下对每个学生的半月评价，这样的日子持续了整整七年；后来换到公办民营的寄宿制学校，没有了《桥》，学生一周回家一次，为了密切家校联系，给家长提供了解孩子的平台，我只能让每个学生准备一个练习本，我在上面写下一周的评价，学生周五带回家，周一返回给我；再后来有了电脑，我打字也快了，就将其改版成家校联系单，又是整整七年。家校联系单坚持用到了今天。

一件坚持了十七年的事情，自然已经成为我教育生活的一个重要部分。更何况，从手写到打字，从一个本子到一张纸，是个由繁到简的过程。十七年的积累，经验自然是多的，也就没什么觉得可怕的了。最难的当然是刚开始的时候，那一年熬过来了，也就没什么大不了的了。

十年的教育博客记录更新

2006 年，教育博客如同遍地春笋。十年过去了，还有多少博客坚持着更新？有的转移了阵地，从博客到 QQ 空间再到微信，从长文到短文再到照片；有的疏于打理，彻底荒芜。

确实有点难，要在日常教育教学的繁忙生活中抽空记录，慢慢整理，拍照的工具从普通照相机到数码照相机到手机，从随身带着数据线到无线传送，从一分钟打字二十多个到现在的一百多个，从一路摸索着各种技巧到熟练掌握打理博客的各项技能。整整十年，一届届学生毕业了，却留下了深深的脚印。而我的博客日志的分类也渐渐从单一的记录学生日常生活到开设各种专栏，从自言自语式的记录到与学生、家长、同行的交流。这十年，一千八百多篇博文日志，一万多张照片，将近五百万的点击量不是一蹴而就的。撰写博客已经成为我生命的一个部分，它记录的何止是教育？更是我美好的青春年华与中年时光，是我一路攀登人生高峰的层层台阶。

制作印刷七本学生成长纪念册

因为有过七年编辑家校联系手册《桥》的经验，后来又年年为苏州网上家长学校昆山分校制作年刊，与印刷厂时时打交道，我积累了封面设计、排版设计、插图设计的经验，以至于乡镇小印刷厂的老板都会来求我帮忙设计封面。所以，制作学生的成长纪念册，我自然驾轻就熟。《红了樱桃》《绿了芭蕉》《一年似锦》《光影札记》《轻舞盛夏》《栀子花开》《缘分天空》，用一两年的时间积累素材分类保存，用一个星期的时间编辑排版，再用一个星期的时间与印刷厂网上沟通修改，七本学生成长纪念册，《荷风》《莲韵》两本工作室刊物，轻轻松松诞生。

坚持给学生写书信四十多万字

我带的学生毕业前夕，我会给他们每个人写一封六七百字的书信。全班五十多个学生，手写四万多字。一届届学生陆陆续续收到我的书信，近十年我写了四十多万字。我看到学生收到信时的激动万分，看到他们之后的默默变化，由此看到文字强大的力量。我的教育方法不是只有口头说教或是给家长打电话，我还有书信这一招"看家本领"。

坚持在学校里完成所有的分内工作

我要让任课老师能够在中午得到充分的休息，保证充沛的体力，所以，我包揽了每天中午的自习课看班任务。在这段无人打扰的时间里，我可以坐在教室门口发呆，也可以备课和批改作文，还可以找学生谈心。我静静地思考着自己的工作，整理着下一步的头绪。我规定自己在学校里完成所有的分内工作，包括博客的撰写。忙碌时关闭 QQ 和网络，手机调成静音；空闲的时候和同事聊天，绕操场散步。每天回家后，吃好晚饭先睡上一个半小时，再起来做做家务活，写些散文、随笔，看看电视剧，吃吃喝喝玩玩，到十一点之前就睡觉，充沛的体力也就保持下来了。

时间是海绵里的水，挤挤总会有的。我不愿意做苦行僧，也不愿意做蜡烛，我愿做有电源的灯，唯有生命有质量，教育的路才可能走得遥远漫长。这些别人也许很难做到的事情，我一路坚持下来了，自然而然，不是刻意，也不做作，旁人以为我苦，其实我很幸福。因为，它们成为我生命的一部分，就像鼻子和眼睛，让我呼吸到了更多新鲜的空气，看到了更多美好的风景。

梁启超说，凡职业都是有趣味的，只要你肯继续做下去，趣味自然会发生。为什么呢？第一，因为凡一职业，总有许多层累、曲折，倘能身入其中，看它变化、进展的状态，最为亲切有味。第二，因为每一职业之成就，离不了奋斗。一步一步地奋斗前去，从刻苦中将快乐的分量加增。第三，职业性质，常常要和同业的人比较，好像赛球一般，因竞胜而得快感。第四，专心做一职业时，把许多游思、妄想杜绝了，省却无限闲烦闷。

我对于他的这段话，深有同感。孔子曰："知之者不如好之者，好之者不如乐之者。"人能从自己的职业中领略出趣味，生活才有价值。而要领略出趣味，非要长期坚持做下去不可。浅尝辄止，感受到的也许只是一开始的艰辛与苦痛，哪里能够体会到后来的无限风光呢？

与志同道合者同行

　　每周三晚上的班主任主题沙龙整整坚持了三年。一开始是何等艰难！以为人多就好，谁知道七嘴八舌简直乱了套；以为话题越多越好，结果一个还没说透彻另一个已经开始了，简直是乱七八糟；以为讨论完了就好，哪里知道整理起来一地鸡毛。如今回想刚开始的半年，一把辛酸泪。教训多了就是经验，经验多了就有技巧。如今的沙龙层层深入，条理分明，受到各大杂志和微信公众号的欢迎。沙龙成员们也已经养成了每周二等待话题，每周三热烈讨论并且抢着撰写整理稿的习惯。沙龙的成员以江苏省班主任为主，沙龙重点研究江苏地区的班主任工作，也有江西、湖北、广西等地班主任参与。人员构成主要是一线班主任、分管学校德育的德育主任和副校长，也有师范大学教授与教育主管部门分管德育的领导。

　　沙龙讨论的都是班主任工作，所有的疑难杂症到了这里都不是事了，群策群力，心态辅导，方法建议，你再不是一个举步维艰的独行侠，你的身后是一个力量强大的团队。在团队里，你可以哭可以笑，还可以稍微发发牢骚，完了以后你就会信心百倍。一群人可以走得很远，一群人可以抱团取暖，一群人可以借助同伴翅膀扇动的气流飞得更轻松，看得更宽广。

兴趣广泛，做个杂家

　　我什么都喜欢，兴趣广泛。看的杂书实在太多，看似无用，却总能在关键时刻派上用场。一曲《春到湘江》让我成了一个很难搞定的学生的知音；一个学生上课连连打嗝，我拍了他的穴位，嗝声立停……

　　我把课堂变成了娱乐节目，《一飞冲天》《一站到底》《江南美食》《非你莫属》《跟着于老师走天下》《今天我要表扬谁》《今天我是演员》《班级好声音》《最美四班人》……

带着学生去踏青，联系商家搞亲子活动包馄饨，寒假作业是买菜炒菜……

生活的杂家是对生活的无比热爱，这种生活态度在潜移默化中"传染"给了学生。

这样做班主任，工作是不枯燥的，课堂是生动的。我站在所谓的应试教育与素质教育中间，找到了一个平衡点。工作不只是苟且，还有诗和远方。

学生对我的爱是汪洋大海

我想班主任和学生的关系应该是一个水循环。班主任是源头活水，涓涓细流，渐渐在学生心里汇聚成江河湖海。

二十多年的班主任生涯，我不得不说，学生对我的爱是汪洋大海。良好的水循环使我心头永远充满一泓清泉。

"你，还好吗？心中的百转千回，万语千言到落笔处竟只化为一句寻常问候，怪我笔拙，一时间都不知道写些什么好。其实，我只是想和你说：我想念你了。想念那个长发及腰的你，想念那个笑靥如花的你，想念那个如水温柔的你，想念那个说要去洛阳看牡丹的你，想念那个坚定地告诉我们要自信的你……"短暂的离别在他们笔下变得如此伤悲。

当已经毕业的学生在博客上得知我接手了赫赫有名的差班时，这些学哥学姐写来了长达四页的书信给我的学生，殷殷叮嘱："陌生的初二（4）班，遇到她是福气，是运气。替我们对她好，多让她笑，不可以让她的眼泪掉到地上。她的身体比较弱，上课如果坐在了凳子上就是一个信号。她累了容易上火，嘴角起泡泡，替我们为她准备好绿豆汤。她喜欢有气质的人，你们要学做有气质的人……。其实她就是个孩子，需要我们一起来照顾她，关心她，爱她。"

刚毕业几天的他们用书信这样表达想念之情："这些天，我一直都在回味你教我的初三这一年，最美的这一年。我也一直想起你代课的那一个月，最美的那一月。这一年一月的好时光。还有你的笑，你掌心的温度，你的裙子。最美的那一天，给了这一年一月一个艳红色的结尾。"

高中的他们在周记里为我起名"天使教师"："她说话总是轻轻柔柔的，在我的记忆里，她从未生过气，更没有面红耳赤，无论碰到多么棘手的事，写一封信总会解决。写信是她的爱好，她会写信给每一名学生，诉说她的期望。我第一次收到她的信时，激动万分。第一次有老师在信中表扬我。她是我接触的主科老师中唯一一个不布置课后笔头作业的。她的教学方式很独特，上课时总让我们跟着她说，渐渐地，知识已经刻入了脑中。她总是让我们尽量多花时间在别的科目上，从而成就了我们班级的好成绩。现在，唯一能看到她的方式就是关注她的博客。虽然我们在一起只有短短的九个月，但我们却如此相爱。"

看他们在各种各样的卡片里、作文里这样表达对我这个班主任的深刻理解：

她是真的把教育当成自己的终身事业，不仅教书，而且育人，把学生当成自己的小孩，悉心呵护。她也像天边那片云，淡泊宁静，用人格魅力感化了轻狂的少年，不经意间，桃李天下。

您常常给我们写信，鼓励某个人，让他知道您看到了他的进步。同时您的生活作息、习惯也深深地影响着我们，您热爱大自然，热爱摄影，常常会去外面走走，亲近大自然，用相机记下美丽的风光。有时在中午自习的时候，您会与我们一起分享您记录下的美好，您用您的一言一行来改变我们，让我们在学习之余也能拥有轻松快乐的心情。

你是个用心的人。每周的家校联系单，你都细细地一项项罗列出每个孩子一周的情况。有时还将教学感受也附带其中，那字里行间渗透着的都是你的关爱，一字一句，都是对我们的鼓励与期待。似乎每个孩子在你心中都是一颗奇迹的种子，你等的只是时机，只要时机到来，我们便会自然迸发出惊人的力量，昂首挺胸，大步踏向前。

读了高中的他们还像个幼儿园孩子一般对我深深依恋：

早上来到班级，以为会见到你；午睡醒来，以为会见到你；晚上放学，习惯性地想和你说再见。看窗外的树，随四季的变化，那是光阴的翅膀，带走了我们许许多多的美好，乘着风，四散飘零。我想你了，请你听首歌——《真的爱你》。岁月静好，一天又一天，一年又一年，愿你能在忙碌的间隙偶尔想起我。

还收到一个已经读高二的学生的来信：

有太多的话想说，却不知从何说起。你是懂的，我们是心意相通的母女，就让我这个女儿为你、为4班做一点事，尽一点小小的心意。

她竟然根据我博客里描述出来的每个学生的情况，给我现在的即将毕业的学生们每人写了一张励志卡片。

你给我的初中阶段的温暖细节，很好地保护和滋润了我的心灵，使我能在即使苦恼的生活里依然不麻木，可以有勇气与魄力，有拼搏与担当，有怀恋与憧憬。

已经高三的这个女孩子像个专家学者一般提炼出我对她的深刻影响不在一时，而是一生。

我想，我做班主任是幸福的。记得俞敏洪说过："那些对生活的意义有着明确答案和坚定信念的人，是幸福的。但对于大部分人来说，想要找到一个毋庸置疑和自始至终的答案，十分困难。很多时候，答案只是临时性的。我们得到答案的同时，就又失去了答案。"而我，是已经找到永久答案的人，所以，"随时撒种，随时开花，将这一径长途点缀得花香弥漫，踏着荆棘，不觉痛苦，有泪可挥，不觉悲凉"。

这就是对我为什么已经做了二十多年班主任却还要继续做班主任的最好回答。

[专家点评]

把教育做成生活的样子

齐学红　南京师范大学班主任研究中心

在我眼里，于洁老师作为教师和班主任，似乎是命运的安排，总有种"舍我其谁"的宿命在其中。一位有着独特的生活阅历、特殊的生命体验的人，其生命历程本身就蕴含着非常丰富的教育资源。这样的人做了教师，做了班主任，不成为名师也难。因为有着如此丰富的人生阅历，更因为她的广泛阅读和才气，她做教师和班主任总是显得那样淡定从容。这就是于洁老师给我最深的印象。

在班主任队伍中，于洁老师是一个传奇般的人物，她有着如此丰富的生活阅历，这些都化为她特有的精神气质和个人风格。出身于书香门第，虽早年家族败落，但"做个读书人，保持独立的精神人格"的家训得以传承，从小埋下了爱读书的种子；感受到父亲做教师、做班主任的笃定、平和与美好，在对教育事业的意义和价值有了更深体悟的同时，立下了不辱没父亲美名的志向。因为出身教师世家，对教育有着特有的敏感与领悟；因为曾经任教教师的优秀，习得了这些教师身上的优秀品质："他们让我深深明白，我的一言一行将会对我的学生的人生产生影响，也许很小，也许很大，也许会改变一个人的一生。"在她眼里，教育从来不是枯燥乏味的说教，而是由一群鲜活的生命演绎出的生动故事。因为工作之初就尝到了做班主任的幸福和甜蜜，即使后来遭遇了很多生活的苦与痛，也不会放弃。

幼年得了软骨病，不仅早年丧母，还遭受继母的欺负和辱骂，十九岁时与之相依为命的祖母去世，这些常人不曾经历的人生磨难，在于老师眼里都被视为上天培养自己的良苦用心。特殊的经历带来的大慈悲和宽容之心，使她对那些家庭变故的孩子多了一份理解与同情："共情，是一个班主任的最大智慧。而上天让我在走上工作岗位前已经具备这种智慧。这也是我做班主任比较轻松也不容易动怒的很重要的原因。"对于班主任工作的独特领悟力，使她明白，"优秀班主任带的班级不一定是平安无事的，有时还会有惊涛骇浪，而他们是用心、用情地耐心等待一朵朵花开。……与学生相处的过程，应该是发现美好、创造美好的过程"。因为有了独特的生命体验，有了身边一个个优秀班主任的示范引领，加上广泛的阅读带来的丰盈的精神世界，于洁老师的班主任工作如诗如画、游刃有余。因为用情、用爱，深深打动了每一个青春少年的心，才有了"学生对我的爱是汪洋大海"的幸福体验。

于洁老师的诗意人生主要得益于广泛的阅读，在她看来："如果那些读了很多书的老师做了班主任，应该不会糟糕到哪里去。看过了书中的潮起云涌，感悟过书中的云卷云舒，心态自然和极少读书的人是不一样的。"因此，她跟学生之间的交流就有了丰富的内涵。十七年的家校联系单，十年的教育博客更新，七本学生成长手册，写给学生的四十多万字的书信，坚持了三年的班主任主题沙龙。这些数字背后除了付出，还有满满的幸福。她将这些幸福传递给每一个孩子、每一个家庭，以及身边的人。一个内心世界丰盈的人，她的教育生命也一定是绚丽多姿的。如果说，孩子们的幸福是因为遇到了于洁老师，而于洁老师的幸福则是因为做了教师，做了班主任。与其说于洁老师选择了教师职业，不如说教师职业选择了于洁老师。正如俞敏洪所说："那些对生活的意义有着明确答案和坚定信念的人，是幸福的。"于洁老师就是这样一位幸福的班主任。

对于很多班主任而言，工作是工作，生活是生活，二者是截然分开的。对于于洁老师而言，班主任工作、教育工作就是生活应有的样子，生活有多丰富，教育的内涵就有多丰盈。于洁老师对于自己的教育人生有着这样的定位："做个像孩子一样的老师。善良天真是我，真诚示弱是我，仗义坚强是我，调皮狡黠也是我。不做教育苦行僧，在素质教育和应试教育之间、教育和生活之间寻找一种平衡，在诗意和草根之间、天和地之间寻找一个契合点：扎根土地，过一种世俗的生活；也能触摸远方，过一种诗意的生活。"

陈宇：我的教育情怀

●●● 南京市第三中学

[教育小传]

1968 年，我出生于南京。1986 年高中毕业。1990 年大学毕业。从 1990 年至今，一直在一所普通中学做化学教师并担任班主任。

2004 年获评"南京市优秀班主任"，2009 年成为《班主任》杂志封面人物。2010 年开始在《班主任》杂志上开设专栏"我和我的新一班"（2013 年更名为"班级管理漫谈"）至今。2010 年获"南京市学校德育创新奖"，2011 年成为《班主任之友》杂志封面人物，开设专栏"名家论坛"一年。2012 年获第四届"斯霞奖"。2014 年获评《班主任之友》创刊三十周年"三十年三十人·班主任之友卓越作者"之一。2016 年在《班主任之友》杂志微信公众号上开设专栏"陈宇周计划"，采用语音推送和文字解读相结合的方式，以周为单位详细解读班主任的工作。此外，近十年，撰写教育叙事一千四百多篇，三百余万字，均发布在"老板老班"的博客上，无偿奉献给教育界同行。

2011 年出版第一本个人专著《你能做最好的班主任》，2014 年出版《班主任工作十讲》，2016 年出版《学生可以这样教育》。

平淡无奇的个人经历，几本专著，寥寥无几的荣誉，无法描述我二十八年教师生涯的心路历程，更无法概括我对教育的感情和感悟。我只是一名教师，虽然普通，但并不平庸。我只想做一名真正的教师。

　　这世上，有很多很难谈论的话题，"情怀"就是其中之一。我所理解的情怀，是字面的意思——情感、胸怀。接纳学生，再做引导，需要胸怀；教育要注入情感，才能温暖学生。很多人反感把教师比作蜡烛，燃烧自己，照亮别人。我倒是觉得很贴切。我是教化学的，知道蜡烛燃烧，无外乎是把自身的能量释放出来，将光和热传播出去，这本身是一件很有意义又很幸福的事。在对"情怀"的释义中，还有"情趣"二字。所以，情怀，并不沉重，并不悲壮，只是需要用心去感悟，去获得。

　　从教二十多年，我发现做教师最大的收获其实不是我能把学生教育得多么好，而是教育对自己生命的观照。不做教师，只能看到几个人的成长，而且是一次性的。做教师，不仅可以见证很多人的成长，自己也会不断地成长。教育情怀，并非生而有之，而是在自身的成长中渐渐生成的。杜威说过："教育即生长。"虽然这句话的原意和我此文想表达的意思不太一样，但教育和生长的确是伴生的——对学生、对教师，同样如此。

我看教育

　　对教育，每个人都有一些感觉，那是源于反思自己或观察别人成长后获得的。如果这个人最终成为一名教师，这些感觉会在无形中指引他形成最初的教育价值观。有些观念会在之后的工作中得到修正、更新，甚至颠覆，最终会形成稳定的教育人格——那些关于教育的信念和行为准则。我自己的经历似乎可以证明这个逻辑。

　　梳理自己的成长经历，我发现我的学生时代，在学习成绩方面分别做过优等生、中等生、差生；在行为表现方面，分别扮演过"教师最喜爱、最信任的学生"和"最令教师头疼的叛逆学生"等多重角色。和小伙伴在一起，我是他们的"头儿"，有一定的号召力和领导力。但我个性十足，和人相处并非一团和气，喜爱我的和讨厌我的人几乎同样多。

所以，虽然我的经历较为简单，就是从学生到教师，但因为对各类学生的心理多有体验，所以也就比较容易理解不同学生的心态和行为表达。

对于教师来说，自身的经历就是最好的教科书。学生时代的经历，对教师的教育工作一定会有启示。但仅仅"经历"还是不够的，对经历的思考更为重要。

在众多亲身经历的事件中，有四件事给我印象颇深，对我后来的工作启示也很大，一度成为我做教育的基本信条。我提取了这四件事的关键词，分别是：制服、宽恕、理解、个性。

教师永远不要试图"制服"学生

班主任在总结工作体会时，经常会用到与学生"斗智斗勇"一词，并以用各种手段"制服"学生为傲。而我自身的经历却告诉我，永远不要试图制服学生，因为那样做既没有赢家，也背离了教育。

学生时代的我，对教师有一个印象——教师是学生的"天敌"。当然，我也观察过，教师并不是所有学生的"天敌"，也不是在所有的事情上都和学生对着干。通常，教师也有他们特别喜欢的学生，教师也会支持学生做一些事情，前提是要和教师自己的价值观一致。如果教师认为这件事不好，他们大多不会听取学生的意见。

我是二十世纪八十年代初的高中生（进入高中，人的心智比较成熟了，那时候的经历比较有参考价值），当时正是国家改革开放不久，大量新生事物出现或涌入，"牛仔裤"就是其中之一。牛仔裤是当时的时尚标签，也自然成为学生的最爱。那时没有统一的校服，学校也未指定学生应穿什么衣服到校，于是就有胆大的男生穿牛仔裤来上学。这一行为遭到了古板的班主任的强烈反对，因为她认为牛仔裤是不雅的东西。于是，师生之间的一场"斗智斗勇"开始了。几个回合下来，互有胜负。在此过程中我发现了一个情况：如果学生和教师是一对一，学生的胜算就不大，容易被班主任拿下。所以，我组织了一个临时的联盟，号召有条件的男生在同一天全部穿牛仔裤到学校。人多势众、法不责众等心态都有了。可以想见，当班主任看到一群调皮的男生齐刷刷地穿着她最讨厌的牛仔裤出现在教室里时，是一种怎样的场景！班主任最后是如何解决这个问题的我已经记不清了，但是学生和教师出现了长期的、或明或暗的对抗是肯定的。学生的日子不好过，想必班主任的日子也好过不到哪里。这样的对抗，大家都很累。其实不是什么原则性问题，就是双方都在赌一口气。关键是，以我今天的理解来看，教师与学生赌气的行为已经完全不是教育了。既然不是教育，也就不是教师应该做的事。我现在会时刻提醒自己和同人，教师在行动之前一定要考虑，这样的做法是不是教育。如果不是，就抛弃它。

这个案例——学生集体对抗教师的规定——放到现在，依然可以做研讨。当下教师做案例分析，研讨的很多所谓"解决方案"，其实不大可能在现实中发挥作用，因为总是从教师的角度进行分析，很少站在学生的角度看问题。"任何不考虑学生的解决方案都是无效的。"——这是我一直坚持的观点。这个观点不是来自任何一本专著或文章，完全来自自己的经历。

"宽恕"具有异乎寻常的教育力量

学生时代的我对教师的第二个印象是：只要学生学习成绩不错，在其他方面就会被宽容一些。教师总是倾向于爱护成绩好的学生，这可能多少出自教师的职业本能——毕竟学生的成绩关乎教师的业绩。我读高中时，因为成绩不错，加上在文艺体育方面又对班级有过一些贡献，所以尽管有种种叛逆行为，但总是能得到老师的原谅。比如，虽然在"牛仔裤事件"上我扮演了"聚众造反"的角色，不过似乎没有影响班主任对我"关爱有加"。高三那年，我和同学打架，用现在的术语可以叫"情节较为严重"，而且我要负主要责任。最后班主任带着我到同学家里道歉，还不忘向对方家长求情。因为高考在即，我是"种子选手"之一，希望不要过分追究以至于影响我的考试。我最后受到的处罚不算重，可以说就此"逃过一劫"。

这件事给我带来的最大感受——宽恕，有着异乎寻常的教育力量。这是我比对了以后遭遇的很多对我心灵造成巨大冲击的睚眦必报的事件后得出的结论。虽然没有受到严厉的处罚，但我却并未心安理得，反而始终心存愧疚——对同学、对老师。这让我在此后更注意调整自己的行为（其实就是改正错误了）。我第一次明白，学生犯了错误，不一定要惩罚才能达到教育效果。宽恕有可能引发"良心发现"，让人感恩或愧疚并铭记于心。

这个案例对我自己的教育工作有着深远的影响。我思考的是在教育学生时如何使用"宽恕"——对什么学生，对什么事情，在什么情形下，以及如何区分宽恕与放任，如何避免宽恕可能造成的不公平，宽恕之后应该做些什么等问题。这些思考让我增加了教育智慧，而且对教育本质的认识更深刻了。

虽然我是这次事件的受益者，但我还是有些疑惑：如果换作成绩很差的学生，班主任还会不会这样保护他呢？虽然不知道答案，但这提醒我自己，在教育学生时一定要保持公正。

"差生"最需要的是理解，然后是帮助

作为教师眼中的一名"差生"，类似的情形再现时又会是什么结果？我的成长经历让我再一次接受了教育。

大学时代，我是一名"差生"。差生又叫"难教的学生"，这个"难教"可以从多方面解读，但是从字面上不难看出，"差生"是最令教师头疼的一类学生。我做教师后，对"差生"的教育颇有心得，就是因为我和他们有过相似的心路历程。没有"差生"经历的教师，在教育学生时是会有缺憾的。因为他不了解学生变成"差生"的原因和过程，也很难理解"差生"的心态，进而无法解释"差生"的行为。这样就很难拿出有效的解决方案。

转变"差生"一直是教育难题。或许这个命题本身也有问题。什么是"差生"？"转变"又是向着什么方向？可以肯定地说，"差生"不等于"学习成绩差的学生"，而应该是品行、教养方面有问题的学生。但是，在很多场合，这个概念是混淆的。

"差生"需要的首先是理解，然后是帮助。在了解、理解的基础上

施以帮助，最终促使他们自我修正与自我成长。这条路径，不仅适用于"差生"，也适用于所有学生。凡是对"差生"教育的失败，皆因违背了这个原则。

教师要首先了解"差生"具体差在什么地方，又是如何"变差"的。以我自己为例，我成为"差生"有两个主要原因：一是对所学的内容毫无兴趣，而想学的东西学不到；二是只关注分数的评价让成绩不佳的学生在其余方面的长处变得毫无价值，甚至被认为是"不务正业"。不当的评价方式会让学生长期处于负面的情绪中，由此引发出其他方面的问题。概括地说，"差生"最初往往只是"成绩差"，但成绩差导致评价差，评价差导致心态差，心态差导致行为差，创伤面逐渐扩大，形成恶性循环。

当然，"差生"的成因非常多，除上述的"成绩归因"，还有个体特质、家庭、同伴、情绪、重大变故等。教师在帮教"差生"前，一定要先诊断。不了解病因，根本谈不上有效治疗。教师要能读出"差生"行为背后的潜台词——他们在诉说什么？"差生"只有在面对真正能理解他们的人时，才会吐露心声，"差生"非常敏感，会采取各种自我保护的行为，甚至会以伤害别人或自己达到自我保护的目的，也会以一些极端的方式宣示自己的存在价值——这些，都需要有人懂。如果不懂，则根本不可能靠近"差生"。

于是，我从自己身上读懂了别人，由此产生悲悯。这是我经常可以走进学生心灵的原因。优秀的教师之所以优秀，不仅在于他的教学水平，更在于他对学生心灵深处的痛苦有着深刻的理解，会痛苦着别人的痛苦，和孩子的心灵产生共振。

"差生"不受待见，甚至沦为学校嫌弃乃至淘汰的对象。同样的错误，一个优等生比较容易被原谅，而"差生"却往往受到惩罚。这样的区别对待，会让"差生"越来越差，最终变得不可救药。在大学时代，我也犯过错误，但是所受到的待遇与高中时代截然相反，没有理解，更没有宽恕，只有加重处罚。原因很简单，因为我是"差生"。

"差生"问题是我在做教育中思考最多的问题之一。这不仅因为我在工作后面对的学生群体中"差生"的数量很多，还因为我自身的经历。我观察与思考的不仅是"差生"在校期间的教育，还包括跟踪这些学生走入社会后的变化。一个较为普遍的现象是，当一些学校里的"差生"最后变成社会上的成功人士，有了一定的话语权后，他们对教育的抨击往往是最激烈的。"愤青心态"是对自己曾经受过的"不公正待遇"的一种报复心理。所以，他们的观点虽然偏颇甚至不正确，但至少教师应该理解——不是他们太极端，而是我们做得不够好。提高学生的情商，让他们善良平和，这是远比提升成绩更重要的事。如何让"差生"在学校受到正确的引导和公平的对待，不要带着一腔怨气离开校园，不要把这些怨气宣泄到其他人身上或者社会上，这是我一直思考的问题，也是我的重要工作之一。

做一个好老师，有时候并不需要学习多么深奥的教育理论，只需质朴地"对学生好一点"，多一点理解，多一点帮助。

教师的成长需要保留个性

在做学生时，我就发现了一个有意思的现象：在学校深受学生欢迎，能理解学生，甚至有时候愿意为学生说话的老师，多半在学校不受领导待见。我自己后来的经历也再次印证了这点。我们视这样的教师为有个性的人。后来接触的《放牛班的春天》和《死亡诗社》等电影，进一步证明了有个性、敢于对传统教育弊病说"不"并真心关爱学生的教师，生存状况并不理想。我学生时代见过的不少案例都让我对此产生了深深的认同，甚至成为我反感教师职业的一个理由。

教师保持教育个性，或者说一种教育的天性，可能会失去一些利益，但却能赢得学生的心。那么，要保持个性，做一个受学生喜爱的教师，还是一味地顺应领导，成为体制的受益者？或者还有第三条路可走？实际上在从业之初，因为血气方刚，满是棱角，加之刚刚从一个"差生"变成教师身份，我走的是第一条路。但是很不幸，我未能免俗，一如我看到的别人的案例一样，我也因为"个性"问题撞得头破血流。但痛定思痛后，我仍然没有圆滑地走第二条路，而是选择了第三条路，以自己可以接受，但也不至于危及基本生存条件的方式做教育。

在做教育的过程中，个性是非常宝贵的，由个性生成的个人魅力是一名优秀教师的标志。我想，如果一味地屈从顺应，可能也就没有今天的我。

说到教育情怀，这样的心境可能也是一种情怀。它让我以宁静的方式思考，努力创新，不屈从，不迎合，最终形成自己的教育风格。我明白了，个性教师不一定是悲情人物。如果教师连自己的一方教育水土都无法保留，即使他再优秀，也无法带来更大的价值。一个曾经的"差生"，就这样蜕变为大家公认的成功教师。

我做教育

从一个初出茅庐的年轻教师到一个所谓的"班主任工作研究专家"，从对教育有一点粗浅的感觉到有一点思考的心得，我用了二十多年，没有速成。我常说自己不是什么道德楷模，不是传统意义上认定的优秀教师。相反，"个性教师""非典型教师"等标签还让我被很多人误会。所以，如果让我来谈情怀，怕是要让很多人失望。我只能说说我对教育的理解。

教育需要真挚的爱

没有爱就没有教育。这句话被说了千万遍，还有必要在这里讨论吗？当然！因为知道和坚信完全不是一回事，坚信和做到也不是一回事，有时候我们以为的爱和真正的爱也不是一回事。所以，我在此处绝不会泛泛而谈教育需要爱，而是通过一些真实的例子和感悟谈谈我认为的教育之爱。

因为爱的含义十分宽泛甚至有些笼统，所以这个字被大量地、随意地使用，而且"怎么用都不错"。在教师撰写教育叙事时，爱甚至像万金油一样，成为解决学生问题的万能法宝。所以，爱也成为教育中被误读、误用频率最高的一个字。

我认识这样的教师：认真钻研业务，积极撰写论文或做课题，是学科带头人。他很爱自己的工作（职业），对学生要求严格，课堂教学严谨，上课教态亲切自然，课外辅导认真。为了方便课外辅导和答疑，甚至还建了群，随时解答学生的问题。这些举动深得学生和家长的认可，所教学科的成绩也很突出，荣誉一堆，获奖无数。按说，他应该是爱学生的。但是，我很吃惊地发现，在学生学完他这门功课，考完试后的第一时间，他在群里对学生说了一句："我的任务已经完成，同学们再见！"随即解散了群。

我们或许可以从很多角度解释他的举动。但是对朝夕相处了两年的学生如此决绝，没有一点"留恋"，无论如何都不能说他"爱"学生。由此可见，业绩优秀的教师不一定是爱学生的教师。以下节选我曾撰写的一篇名为《真爱假爱》的文章。

老师真的爱学生吗？这个问题看上去简单，认真回答却又是这么难。"爱"这个字，说出口很容易。但是，自己内心完全确信"我是爱你的"，在所有的行动中表现的都是"我很爱你"，并且让学生和家长都能感知领会，真正地做到这些，是多么艰难！不是说你和学生谈了几次话，对他采取了什么帮教措施，或是为他做了一些事，就表明你是爱学生的；也不是说你把学生和班级管教得多好，获得了多少荣誉证书就能证明你是爱学生的。

爱学生的班主任和优秀的班主任不一定能画上等号。优秀班主任是用一定评选标准评出来的。标准可以制定得很客观、具体，唯有"爱"的多少，是无法量化的。优秀是业绩，无法说明是否有爱，甚至有的业绩是需要以牺牲爱为代价的。

爱，是一种感觉，是人与人之间最美好的感情。

这个世界上，有很多真爱学生的老师，也有假爱学生的老师。

真爱学生的老师，看学生的眼神里充满了温暖和柔和，让孩子看了都觉得亲切，这是一种"师爱的眼神"。这种眼神本身是美的，用这种眼神看到的孩子也是美的；假爱学生的老师，眼神是冷冷的，满是不屑。虽然他们可能做着同样的事，说着同样的话，两种眼神却泄露了"天机"，一个是上帝派来的天使，一个是精于断案的法官。

假爱学生的老师也会为学生做很多事：表扬、鼓励，甚至自己掏腰包给学生买礼物与奖品。但他心里却没有赞赏，只是想这样就可以让孩子更听话，考得更好。他们也会开展很多活动，为学生照照片，写日志，轰轰烈烈、热热闹闹，心里却只是想让这些事情做得漂亮一点，为自己增添印象分，在算计着自己的班级今年一定又是先进班集体。

真爱学生的老师，即使学生犯了天大的错误，也会一边狠狠地骂一边想办法解决问题；假爱学生的老师，学生闯了祸之后的第一反应是今年的"先进"泡汤了，然后是想着怎么推卸责任，最后是愤怒、厌恶，那种厌恶是发自内心的，非常恶毒。

真爱学生的老师，和学生分开一段时间，会想念学生，总是迫不及待地盼望着新学期的到来，好看见自己的学生；假爱学生的老师，放了假就是解脱了，再也不会想着自己的学生。假期结束，充满了抱怨——又要和这帮学生打交道了！

…………

很多人说我是优秀的教师，我认为未必。但有人说我是爱学生的，我同意。我确认我是真爱学生的。我对学生恨不起来，尽管他们犯了很多错误，让我伤心欲绝，但我终究还是恨不起来。我可以原谅孩子犯下的错误，我认为孩子在成长中的过失是可以原谅的。没有不犯错误的学生。我们怎么能要求孩子生来就是完美的呢？纠正孩子的错误是一回事，爱又是另一回事。

前几年，我曾沉醉于各种管理班级方法的研究，并且出版了专著《班主任工作十讲》。我曾经认为科学管理班级是我最擅长的，但在深刻的反思之后，我发现最能体现我真实教育理念的，同时也是我认为最宝贵的，还是对学生的那种质朴的爱。在我撰写的一千多篇教育日志中，这样的文字大量出现，俯拾皆是。以下是我在 2010 年撰写的两篇博文。

人常说动什么都可以，就是不能动情。但是我做不到。我是个极其容易动情的人。

我每天下班都很迟，昨天也走得很迟。

离开学校前，又去教室看了看。只有六个女生在自习，是住校生。将近六点半，一天的课程早已结束，校园里已经安静下来了。她们也在安静地看书——没几天就要高考了。

学生发现我来了，就开始开心地和我说话。我想我是不是打扰她们了？于是有一搭无一搭地说了几句闲话，无外乎是鼓励一下而已，不想耽误她们太多时间，准备撤退。小田又来了："老班，放心吧，你的头发会长出来的。"（我刚理的发，被学生嘲笑了。）梦雨说："今天买了瓶饮料，打开瓶盖一看是'再来一瓶'，赶明儿再兑一瓶给你喝。"我说你们看书吧，我走了。临出门，梓雲突然向我招招手："老班，我们爱你！"

这帮孩子！回想两年半前刚刚走进这间教室，我一个人也不认识，一转眼，他们都快毕业了。我不知道他们毕业时，我该用怎样的文字送给他们——我一定会为他们写一本书，作为给他们、给自己生命历程的永远的纪念。而此时，我真的非常留恋。这群年轻的生命，带给了我多少感悟。这个我为之倾注了所有热情和爱的班级，注定成为我生命中的里程碑。

黄昏时分，总是最让人伤感。

今天，星期五，是他们最后一次做操。

我走在两行队伍中间，我就这样看着他们，任由他们笑话我丑陋的发型。大家都在说，这是他们这辈子最后一次做这套广播操了。人生中的最后一次太多了，就像第一次一样多。

黄玥在最后一排，我走到她旁边时，突然冒出了一句："再过两个星期，我就再也不能抽你了！让我再抽一下。"我一巴掌打在她的肩上。

黄玥问我："带完我们，你下学期要到哪个年级？"

我说："不知道，应该是回到高一吧。"

黄玥说："为什么？难道你不会升官，做点别的什么吗？"

她哪里知道，如果我要升迁，早就不能和他们这样相处了，我也就不是今天的我了。

小田再一次鼓励我："老班，你的头发真的长长了……"

好烦！

小田又说："老班，你借我十块钱吧，不，二十块。"

我说好啊。一摸口袋，钱包没带，很抱歉地说："不好意思，钱包放楼上了。"

小田说："唉！我骗你的。你怎么这么傻！谁管你借钱你都借，也不问问原因。"

又上当了！

为什么要问原因？爱需要理由吗？

我就这样走在队伍中间。一刹那间，我感觉到自己好幸福！——有这么多孩子环绕在我身边。我伴着他们成长，他们也伴着我成长！

但是，这种幸福即将结束，下一次等待着我的，又会是怎样的一群孩子？我看着他们有些慵懒地做着操，忽然想起了那段带着他们一起训练，在全校广播操比赛中拿奖的经历，当然，还有很多很多，多得数不清的故事——奋斗的岁月，总是那么令人难忘。

他们浑然不觉，他们背朝着我，看不见我的眼泪已经湿润了眼眶。他们曾经带给我多少伤害、快乐、痛苦和幸福。现在，一切都将结束，我走到队伍最前面，转向他们，认真地看着长大了的孩子们——把眼泪流淌进心里，因为没有人能理解我的心情，他们也不能！

此刻的我，想为他们写点什么，但是泪水却止不住地流出，让我几乎看不清屏幕和键盘。我不能和同事说话，我不能抬头，谁都不知道我在干什么、想什么。每次到了一个班毕业时，都是这样，真烦！我再也不想做班主任，不想带毕业班了！因为每次我的班级毕业，我都像死了一次一样，很糟糕！

这是我永远的宿命，他们的离去，就像是挖去了我心上的一块肉，写不下去了，就让这一切，悄悄地过去……

——2010 年 5 月 21 日

我只有一个儿子，没有女儿。

因为我是教师，所以，我又有很多儿女。

玮芸是我班上一个普通的女孩，和我交往不多，但我很喜欢她——正直、善良、憨厚、阳光。

天气渐渐冷了，而直到上个星期冬季校服才发下来。那天中午，我一边把校服一件件递到孩子们的手上，一边嘱咐："马上试试，不合适的想办法去换。现在不试以后发现问题那就后果自负了……"

过了几天玮芸却来找我，说校服不合适。我责备玮芸，那天叫你试你不试，现在才告诉我不合身，我能有什么办法？

说归说，问题还是要帮她解决的。我答应玮芸陪她去换衣服。在德育处，我把一大堆多余的校服从上翻到下，找出一套，让玮芸换上。

玮芸换上一件，大小正合适，问题总算是解决了。我还不放心，让她把拉链拉起来再试试。我一边帮玮芸整理衣服，一边说："单穿时还是要宽松一点，天冷了可以再加一件毛衣……"

玮芸是个大大咧咧的女孩，试过一件就说可以了。我说不行，另一件也要试一下。那件是里面有内胆的，我怕她穿了嫌小，一定要她试，还要把拉链拉上。我们俩就在德育处办公室里一边说着话，一边试衣服。我前前后后帮她看看，整理整理，完全没有考虑到旁边人的存在。

一边的德育主任说话了："你看你们的样子，像老爸帮女儿买衣服、试衣服呢。真的，一模一样。"

我想也没想回了一句："她就是我女儿。"

…………

打上课铃了，玮芸抱着衣服欢天喜地地去了。我站在门口冲着玮芸喊："慢一点，不急。"

这已经不是第一次被旁人把我和学生说成父子、父女了。想起了上一届的女孩燕子，我带她去医院看病，就被医生当作父女，直到燕子的爸爸来了才解开这个误会，而我也因此走进了燕子的心灵，这个曾经顽劣到极点的孩子从此对我敞开心扉。

我年龄渐大，锋芒渐退，看学生的眼光日渐柔和。经历了太多的风雨，才渐渐体味到教化对人成长的影响。很多东西需要用时间来感悟，很多情感需要用岁月来积累。教育对学生最大的影响并不是课堂上的慷慨激昂的演讲，而是于细微处，在不经意的举手投足之间一种出自本能的真情流露。下意识的一句"她就是我女儿"，说明了一切。

一切都不可能是做作。卓越的班主任带着圣光（Holy Light）来到学生中，以自己独特的人格魅力给予学生最温暖而又最坚定的引领——这是一种可以驱散任何阴霾、战胜一切困苦的力量。

——2010 年 11 月 24 日

我从不知道教育需要爱到把爱变成一种教育本能，这种改变我用了大约十五年。这十五年，我完成了初为人师到行家里手的转变，从为人子到为人父的转变，从青年到中年的变化，可以说是用了人生中最宝贵的十五年才领悟了爱这个字。我的感悟是，最简朴的表达往往最难做到。

以上说到的爱是很狭义的——就是对人之爱。所谓仁者爱人，教师不仅是智者，更应该是仁者。而教师对学生的关注、关心、帮助，只是爱的具体表现形式而已。

爱的神奇之处在于，它不仅具有强大的感染力，给教育对象以温暖和前进动力，更让教师自己的人格趋于完美。可以这样说，爱让教师变得更美，让教育变得更美。所以，我把爱列为优秀教师最重要的品质，没有之一。

教育基于理解

一次和友人聊天，我说："做教育很重要的是'懂'。"懂就是理解。不懂学生，爱就是虚假的。如果我不做教师，恐怕一辈子也不会知道"懂"是多么重要。教师总是把"教育"挂在嘴边，但如果连学生都不懂，怎么对其进行教育呢？从自己的体验读懂别人，需要悲悯；从别人的故事里读出自己，这是成长。我想，所谓教育情怀，就是在互相读懂中产生的吧……

在我与学生或家长的对话和给学生写的大量的信件中，绝少有说教的成分，大多是先理解，再引导。这不是技巧，而是从内心以为就应该这样做。我能懂学生，是因为我也曾经是他们中的一员。

在给一个三门科目总分考不到一百分的近乎绝望的学生家长的信中，我写道：

和大多数家长一样，你只有这一个孩子，她是你的宝贝。不管在别人眼里她是怎么差，她就是你的全部。我当然理解你的感受，我也深深理解和你一样拥有一个在别人眼里不优秀的孩子的家长……"拥有这样一个孩子，真是不幸啊！"你一定也这样想过。在不知不觉中，她已经长得比你还高，你们在一起逛街时，她已经能和你讨论服装和时尚了。你们，是一对漂亮的女人，而不是你带着一个孩子。不管你愿意不愿意，她长大了……

在表扬我班的"差生"在晚自习中遵守纪律的信件中，我写道：

对于成绩很差，从没有在学习上找到过成功感觉的你们来说，在整个晚自习中保持安静是多么不容易的事啊！你们能这么做，是因为你们开始懂得自律，不去影响别人，是因为大家开始有责任感了……。是的，我们不可能马上就和别人一样优秀，但大家的态度至少表明了我们没有放弃自己，至少表明了我们并非一无是处……

正是这样一次次的理解，让学生不再视班主任为"天敌"，而是可以和他们平等交流的朋友。如果说爱可以打开学生的心扉，那么懂则可以走进学生的心灵，并能有效地引导学生。

学生的先天素质不同，性格各异，成长的文化背景也不一样，所以教师要真正懂学生并不容易。要做到真正懂学生，首先就要打破思维定式，放弃固有的分类、评价观念，把每一个学生作为独一无二的个体来尊重而不是给他们贴上形形色色的标签。这不仅需要勇气，更需要胸襟和悲悯。我一直主张取消"问题学生"的概念。所有的人都有问题，问题来自多方面，为什么要把"某一类"（不符合既定标准的）学生定义为"问题学生"呢？班主任需要做的，是帮助学生，而不是先定义、再转化"问题学生"。

其次，教师要换位思考，真正站在学生的角度去观察世界，以学生的思维方式思考问题。如果还是不能完全理解，那就需要做更多的观察和研究，包括对其成长背景的调查或请教专家，直至能完全解释学生的行为表现。这样，也就找到了教育学生的那把钥匙。

很多教师因为在自己的成长过程中只扮演过一种角色（如优等生、听话的孩子），所以很难理解不同学生的想法。这是造成师生关系紧张或冲突的重要原因之一。

在一个优秀教师的心里，不应该有"奇葩学生""问题学生"等概念，学生所有的行为都可以得到解释。我们觉得他不可理喻，是因为没有进入他的世界或者用他的视角观察世界。所以，我把"理解"列为教育情怀的另一个关键词。

人生即教育

2015 年，此时的我已经从教二十六年了，还在担任着班主任。我曾经的学生，和我同在一间办公室，也做班主任。作为学校最"高龄"的班主任之一，我每天依然一大早来到学校。学生早读前开展的微活动已经走上正轨，常规管理也不用我太操心。我早早来到学校，并非为了管理班级或看住学生，而是我觉得这样的生活很有意义——每天清晨，看看孩子们的展示和早点评活动，和他们一起开心地笑；每天黄昏，和即将离开校园的学生道别，顺便吩咐几句，都是些家常话，随意而温暖。这些，几乎成为我生活的一部分，甚至说是生命中的一部分也不为过。我无法想象没有学生的生活，我想上课，想做班主任，想和学生在一起。我喜欢干干净净的教室和充满温馨的味道。

中午和学生做例行谈心时，有同事走过我的身边，略带羡慕地看看我们。后来他对我说："现在像你一样经常和学生谈心交流的老师真的不多了。"为什么坚持谈心的教师不多了？因为忙。大家都很忙，甚至忘记了为什么而忙。

很多人得知我做了二十多年的班主任之后，总是会说一句：这样的坚持，太不容易了！

是吗？我承认在我的事业最低谷时，有过那么一段艰难的时光，带着全校最差的班，承受着各方面的质疑，没有任何成果业绩。用"坚持"来描述当时的我也不为过。但恰恰是在那种坚持中，我写下了百万字的教育日志，并收获了来自那群"差生"满满的情感的回馈。这样的"坚持"，现在看来也是很有意义的。以至于我在第一本书的自序里写了这样两句话："如果我不能坚持，我将看不到最后的风景；如果我不能坚持，我将否定自己曾做过的一切努力。"

而在今天看来，未免矫情。这些曲折不过是前进路上的一些荆棘。同样在那本书的自序里，我还首次使用了"迷恋"一词描写我的教育心境——"从容端详我的事业，迷恋于学生的成长，试图探寻其中的奥秘。"我认为，我是迷恋而非坚持，所以，并不累。

二十多年，弹指一挥间，我依然觉得我很年轻，虽然鬓角多了许多白发，鱼尾纹早已爬上眼角，眼睛开始老视，颈椎也不太好。体力大不如从前。

因为我不仅迷恋学生的成长，我自己也一直在成长。

很多人感叹"班主任真不是人干的"。干班主任是体力活，是吃青春饭的，这是很多人的理解。所以，教师有了一定的资历，就可以对班主任岗位说不。若非行政命令或不得已的苦衷，恐怕是没有多少人愿意做班主任的。我看到太多的教师，经历了初为人师的惶惑，驾轻就熟后的自信，取得荣誉后的踌躇满志，然后开始吃老本，念念不忘自己曾经的辉煌，不知不觉中走到了下坡路。这个过程，大约也不过十五到二十年。

我工作的前十多年是在漫无目标地行走（有人把它叫作"积累"，即便如此也是低效的积累），后十年才专心致志地研究教育，特别是研究班主任工作。我四十岁开始努力——在很多教师开始研究保健养生，专心培养自己孩子的年龄。短短的十年间，我从总结班主任工作经验、记录学生的成长历程开始，到研读典籍、网络自学，将理论注入自己的实践，在实践中寻找理论的支撑，再到融会贯通，试图创立班主任工作体系，甚至想着将班主任工作变成一门科学，叫"班主任学"……

2016年8月的一次全国班主任高端论坛上，我再一次发出希望各界朋友联合创立"班主任学"的呼吁，并阐述了在"班级发展战略"指导下，遵循教育基本规律，以科学民主的方法组织开展教育工作，以文化推动班级持续发展的"班主任工作体系"的思路。这是我二十多年对班主任工作思考和研究的最大成果。

我在学校对学生的教育和对年轻班主任的培养一天也没有停止。曾经一周上二十多节化学课，同时完成两个期刊专栏文章的撰写工作，我是全校最忙碌的教师。我没有觉得苦或者累，也没有觉得特别有成就感，好像这些都是顺理成章的。

为什么会这样？

爱、理解、悲悯、迷恋……，我经常追问自己，这些对教育的感觉或者说教育情怀是从何而来的？很多问题都说不清道不明。我也只能说可以言说的那部分。

第一是特质。无论我有什么外在的表现，包括反叛、孤傲、特立独行，我的性格里一直有着善解人意、悲天悯人的元素，特别适合做教师，而我碰巧就做了教师。我又特别不甘寂寞，总是不安于现状，而班主任工作是世界上最富有创造性的工作之一（这一点和很多人的理解正好相反），它让我的特长得以充分发挥。走进教室，我充满自信；看到孩子，我满心欢喜。每当说起这些，我都充满了无奈，因为专业技术可以培训，而人的特质无法培训。教师，真的不是什么人都能做好的。

第二是时间。一般来说，从事一个行业越久，对这个行业的理解就越深。教育更是如此。因为教育关注的是人的成长，而成长是终生的。只有经历了人生各个阶段，观察过人生百态，扮演过各种不同的角色，才有资格以专业人士的身份谈论教育。而这些，无一不需要时间。世界上很多事情都可以速成，唯独人的成长不能。

第三是思索。保持独立的精神，不断思考，上下求索，才有可能悟出教育之道，培养出育人的"第六感觉"。教育的真谛就在那里，只是看你能不能接近它，发现它。没有思索，仅凭时间的积累，教育素养不可能有质的提高。

第四是成就。不是每个人做班主任都能找到成就感的，更不是每个班主任都能取得丰硕的教研成果的。我的善思、善写、长于表达和富有创新意识以及不怕吃苦不甘平庸的精神，加上一定的机遇，使我在这个领域取得了一定的成就。每一次成功，不仅给我的内心带来喜悦，也提升了我的思想境界，促使我更加精进。由此也迁移到我对学生的教育上面，"积累成功"成为我带班的不二法门，我也一直在用我的努力感染一届届的学生，唤醒他们，为了赢得尊严而奋斗。

越成长，对教育的理解就越深，也越谨小慎微，也越从容不迫。我可以不再用"坚持""投入""奋斗""钻研"这些词来形容我的教育工作，而是用"融入""享受"来描述我的工作心态。比如我曾写过一篇《让教育融入我生命》的文章。融入是什么？不是简单的热爱，教育已成为我生命中的一部分。我就是教育，教育就是我。

原来，教育情怀是成长的果实。

[专家点评]

用人生书写的教育

齐学红　南京师范大学班主任研究中心

一个人的人生是怎样的，他做出来的教育就是怎样的。人生即教育，教育不是外在于人生活的额外之物，而是自己生活的一部分。或者说，教育总是深深地打上了人生的烙印。只是在教育场域里，很多人或出于职业的考虑，或受到教师职业的规训，经常会表现出双重人格甚至多重人格，说着言不由衷的话语，做着言行不一的事情。只有其中极少数可以以自己的真实面目出现在学生面前，他们不掩饰，不虚伪，是怎样就怎样，尽管自身缺点很多，但他们活得真实，不委曲求全，因而深受学生的欢迎；这样的人可能会受到打压，只有其中极少数者在保持自己人格完整性的基础上，还能保有较好的生存状态，这样的人一定是拥有人生大智慧的人，而这种大智慧的获得一定是付出了常人难以想象的代价，例如忍受孤独和寂寞。他们可谓教育界的极品。陈宇老师就是其中之一，正如他自己所说，在现实生活中，肯定他的人与反对他的人同样多，他就是这样一个褒贬不一，有一定争议的，但最终获得较大成功的人。

陈宇老师做教育，是基于他的人生经历，从自己学生时代优秀生、中等生乃至"差生"的多重身份的体悟中，获得了他对教育最质朴的理解。例如，他对教育爱的独特理解，如教师永远不要试图"制服"学生；"宽恕"具有异乎寻常的教育力量；"差生"最需要的是理解，然后是帮助；教师的成长需要保留个性等。正是因为独特的学生经历，使得他的教育总是能够直达学生，尤其是所谓"差生"的心灵深处，而他与学生的关系，胜过一般意义上的师生关系，他总是能够站在学生立场而不是教师立场上思考问题。这具体表现在，当学生犯了错误时，他总是以一颗宽容之心、包容之心对待他们，就像父母对待犯错的孩子一样，他认为对于正处在发展中的学生而言，他们所犯的错大多是可以原谅的。因此，在面对学校评价时，他总是能够挺身而出，为学生仗义执言，能主动承担责任，而不是把学生推到前面。站在学生立场上思考问题，这就决定了，在一定程度上可能站在了学校教育的对立面。因此，不受领导"喜欢"，就是"理所当然"的事情了。于是，在他的头上，总是被冠之以"个性教师""非典型教师"的称谓。在这种情况下，他表现出来的对自己教育理想的坚守，就可以称之为"教育情怀"了。在陈宇老师这里，教育情怀成为一个难以言说的话题，就像他所说的，"爱学生"经常被很多教师挂在口头上，其实那未必是真爱。于是，他列举了真爱学生与假爱学生的老师的诸多行为表现：

"真爱学生的老师，即使学生犯了天大的错误，也会一边狠狠地骂一边想办法解决问题；假爱学生的老师，学生闯了祸之后的第一反应是今年的'先进'泡汤了，然后是想着怎么推卸责任，最后是愤怒、厌恶，那种厌恶是发自内心的，非常恶毒。"

"真爱学生的老师，和学生分开一段时间，会想念学生，总是迫不及待地盼望着新学期的到来，好看见自己的学生；假爱学生的老师，放了假就是解脱了，再也不会想着自己的学生。假期结束，充满了抱怨——又要和这帮学生打交道了！"

这样一些朴素的表达，源于陈宇老师对教育、对学生的理解，而非来自书本或简单模仿他人。正如他对自己教育信条的表达：教育需要真挚的爱；教育基于理解。而他对自己教育情怀的表达是：爱、理解、悲悯、迷恋。其中，他用自己十五年的人生经历获得了对于爱的理解，从不知道教育需要爱到将爱变成一种教育本能；爱可以打开学生的心扉，那么"懂"则可以走进学生的心灵，并能有效地引导学生。从自己的人生经历中读懂学生，进而产生悲悯之心；而"迷恋"则是他的教育心境的表达——"从容端详我的事业，迷恋于学生的成长，试图探寻其中的奥秘"。对于班主任工作而言，迷恋而非坚持，所以不累，而这样的教育心境是很多班主任难以拥有的。这些都构成了陈宇老师教育情怀的独特品质。正如他的个人自述：教育就是一种成全。对于学生，对于自己，莫不如此。

　　他将自己教育情怀的来源概括为"特质、时间、思索、成就"，其中，成就意味着，有教育情怀的人也一定是拥有职业幸福的人。而成就对于陈宇老师而言，还意味着勤奋，他的三百多万字的博客和多本个人著作的完成，离开了勤奋是难以做到的。另外就是深刻的思考，一个有思想的教师，有思想的班主任，在当下基础教育领域并不多见，这也是我特别欣赏陈宇老师的地方。教育情怀只有拥有了人生的底色，才会不虚妄，才会随着自己的成熟变得更富有人性的魅力。

谢晓虹：我愿意

•••● 江苏省常州高级中学 ───

[教育小传]

一直以来，因为深藏内心的天真任性，我的笔下也流淌着阳光、春雨，在柔情似水、激情如火的教师生涯里，守护着自己最初的心愿，坚信着"子规夜半犹啼血，不信东风唤不回"的教育理想。

张爱玲说："因为懂得，所以慈悲！"知道自己执着的也不过是那些青春的岁月、长大的故事，因为爱着这样的生活，所以教师工作在我总是乐趣多于烦琐的。

喜欢感受一颗心灵从沉睡到觉醒的慢慢丰盈，喜欢体会一个少年从懵懂到智慧的点点积累。试问，有多少人能拥有这样的幸运，可以怀着这样的欣喜，注视和分享一个个作为个体的人的成长？

也许真正的热爱就是这样不功利、不自私的，在我的所得和付出这架天平上，从未觉得所得太少，付出太多。记不清自己的心里曾有过多少感动，数不清自己的眼中曾有过多少幸福的泪水，理不清自己的手上握着多少祝福。生活是慷慨的，做一名教师是幸福的。

这一路走来，每一点成绩，每一个进步，都能与家人、朋友和学生分享；每一个困难，也有他们同我分担。我始终相信一个人生活在世上，不是为了自己，而是为了爱他的人和他爱的人生活得更美好！所以，我愿意做一个优秀且快乐的班主任。

也愿意和我的团队、我的同人、我的学生一起坚定前行。

觉察：职业使命与事业追求

其实在上大学之前，我一直沉迷于印度电影《流浪者》中女律师丽达的形象，可惜差了几分，无缘苏州大学法律系，进入政治系学习，之后开启了教师之路。

1991 年 9 月进入常州市第一中学担任一名政治教师，工作的第一年是我生命中非常难忘的日子。初为人师的我感到快乐新奇，觉得做教师一样可以飞扬自由，然而现实很快就让人体味到了苦涩。1991 年 11 月我开始担任高一（2）班班主任，高一（2）班的原班主任是一名有经验、有口碑的男教师，因为生病所以由我临时接替他的岗位，学生对此非常不服气，一名男生直接在周记本上写道："从小到大都是女班主任，好不容易来个男的，这下可好，又换成了女的，还是一个小丫头……"

好像各种不配合不协调的因素都出现了，不到两个月，本来发展非常好的班级常规屡屡被扣分，期中后班级成绩严重下降……。临近期末，我的情绪终于崩溃，一天下午在班级狠狠发了一次火，放学后一个人在办公室里哭了很久。我一下子找不到方向，却对朋友说，我不后悔。自此就像个"两面人"，只要去教室，立马换张严肃的脸。这一年带完班级，只觉如释重负，虽然也有感动，但远抵不过我自觉受到的伤害，我想也许班主任并不是适合每一个人的。但是，生活总是会让人觉得意外的。

1992 年教导处张焕平主任相信我可以做一名合格的班主任，于是让我接手了高一（7）班。也许是缘分使然，也许是吸取了前面的教训，在张焕平主任的悉心指导下，我付出了百分百的心血，全班家访了解情况，找每个学生谈话，寻找每个学生的亮点，对他们的各项活动给予支持，每个学期我们都出去春游、秋游……。这个班的学生也给了我足够的信任和支持，全年级共七个平行班，我们班的学习成绩一直名列第一，全年级成绩前二十名我们班占十二名；同时体育竞赛我们也名列前茅，足球赛还拿到了第一名。这个班级我带了两年，直到高二结束。虽然带班过程中也有困难和困惑，但不可否认，这个班级的学生让我第一次觉得做一名班主任还是很幸福的。

在后来的工作经历中，我不断接受挑战。由于工作需要，也因为领导的信任，1998年到2001年这三年我一直在高三任教，在承担文科毕业班政治课教学任务的同时担任理科毕业班的班主任。基于江苏省的高考模式，这意味着有半年我在理科班是没有课的，学生戏说我是"空军司令"，但我和学生的感情却非常好，家长也很信任我。必须承认这三年让我积累了不少班主任工作的经验，为了坚持全班家访，爱人给了我极大的支持，每次去略远一点的地方家访，都是由他接送。我在班主任工作中越来越有自信，也越来越有章法。正是意气风发的年龄，2001年7月，我调到江苏省常州高级中学工作，时任校长韩涛与我的第一次谈话却给了我"当头一棒"，他说："我知道你是一位好教师，但我更希望你能成为一名优秀的教师！"

优秀的教师？什么是优秀？怎样的教师才能称得上优秀？我迷惘了……

直到2005年，在追思学习金坛市城南小学教师殷雪梅的时候，我才真正察觉了深植于内心的职业自豪感和使命感，并因此写下了题为《我愿意》的如下文字。

清晨，六点半，出门骑车或坐公交车去学校，我知道这时你也正在去往学校的路上。一路上除了学生，就多是我们这样的教师了，一路的风或雨，一路的沙尘或泥泞，我知道自己只能或必须做个处之泰然的人，但因为有你，我想说："我愿意！"

七点，站在教室门口，轻轻地与进出的学生道声"早上好"，我知道这时你也正用最慈祥的目光在每个孩子的脸上读表情，孩子们的心在遇到你的眼睛时沉静下来，他们笑了，一如我面前的这些学生。新的美丽的一天又开始了，我知道自己只能或必须做个微笑面对生活的人，但因为有你，我想说："我愿意！"

早操，看着眼前挺拔的队伍，看着每个孩子脸上的笑容，我慢慢从队头走向队尾，我知道这时你也正整理着这个学生的衣领，重扣那个孩子扣错的纽扣。绿意盎然的操场上那整齐的校服是一道美丽的风景，我知道自己只能或必须做个细心呵护的人，但因为有你，我想说："我愿意！"

上课，讲台前站直身子，在一双双明亮的眼睛里看见自己的亲切温柔，我知道这时你也正微笑着倾听孩子的声音，大声地表扬那个常常管不住自己的孩子今天的认真，同时用你会说话的眼睛示意这个学生收回刚才片刻的失神。菁菁校园的读书声是那么令人沉迷，我知道自己只能或必须做个甘之如饴的人，但因为有你，我想说："我愿意！"

中午，翻开作业本，写上评语，细细圈出错别字，娓娓道出师生情。我知道这时你也正利用休息时间为后进学生补课；或者和那个妈妈生病的孩子谈谈应怎样学着照顾自己和妈妈。中午的阳光一丝一缕透过树叶的缝隙照着这时而安静时而喧闹的林荫道，我知道自己只能或必须做个信念坚定的人，但因为有你，我想说："我愿意！"

自习，在教室慢慢巡视或坐在讲台上，不时轻声地回答着学生的问题。我知道这时你也正温和地摸着那个苦思冥想的孩子的头，或者亲切地纠正这个孩子写作业的姿势。教室里沙沙的写字声此刻听来都是天籁，我知道自己只能或必须做个淡泊宁静的人，但因为有你，我想说："我愿意！"

夕会，听见自己的声音："明白自己想要什么的人是真正可以期待未来的人，为了抵达更好的明天就必须先明确自己想要什么！"我知道这时你也正轻轻对着那些孩子说着今天和明天，说着信心和理想。看着学生清纯的脸上写满憧憬，我知道自己只能或必须做个托起太阳的人，但因为有你，我想说："我愿意！"

晚上，从学生家出来，微风吹过脸庞，心里仍为那孩子母亲担忧的眼神而心疼，然后想起自己的孩子……。我知道这时你也正在家访，是那个家庭困难的，那个顽皮聪明的，还是那个要强能干的？记得家长们眼神中的满满期待和话语里的真诚信赖，我知道自己只能或必须做个奉献社会的人，但因为有你，我想说："我愿意！"

当然更多的晚上，我会回家洗手做羹汤，努力尽到自己为人女、为人媳、为人妻、为人母的责任。我知道这时你也正在厨房忙碌，一边洗菜一边想着要给读大学的儿子写封信或打个电话。而我感受着女儿甜甜笑脸衬托下的和乐气氛，知道自己只能或必须做个全面优秀又不失自我的人，但因为有你，我想说："我愿意！"

但在所有这些愿意里，我有一个最大的不愿意，那就是我不愿意知道你，我宁愿从来不知道你的存在，不知道你的名字——殷雪梅，不知道你3月31日那天发生的一切。那么现在你是不是仍然与我一起在同一片蓝天下，为着同样的微笑和眼神付出，为着同一个理想和信念奋斗！

当我对着一碧如洗的天空闭上眼睛，轻轻地对你说"我愿意！"，殷老师，您听见了吗？我知道您听见了，因为在中华大地上这声音已经汇成了一种时代强音，听，"我们愿意！"。

在我的理解里，教育原本就是一种生活，你用怎样的心境进行播种，就会有怎样的一种收获。不仅酸、苦、辣让人感喟，更有许多的甜让人品味。当然，实现理想的路上常常也有凛冽的寒风和刻骨的冰霜，守望理想的日子艰辛而漫长。今天每一个坚持实事求是态度的人，都必须承认这样一点：教育理想与现实之间存在着冲突。于是在很多时候，我们会觉得教育理想只能是一种欲语还休的沉默，或者是一种过尽千帆的落寞。

常常听到别人用"春蚕到死丝方尽，蜡炬成灰泪始干"来形容我们教师，我总是不甘心，心里感到深切地悲伤。

悲伤来自心底的不忍。不忍心我们就这样年复一年日复一日埋首于习题，只因为我们是教师；不忍心我们的家属必须承担家庭的所有事务，只因为我们是教师；不忍心我们的孩子成长在我们毫无察觉的时候，只因为我们是教师；不忍心我们自身丧失感受生活幸福及创造幸福生活的能力，只因为我们是教师。教育的魅力原不在考试的成绩高低，原不在发作业批作业讲作业再布置新的作业，可是我们就这样过了一年又一年，也许还要这样过很多年，考试考得好，我不认为这样可以代表成长。如果有人还对此甘之如饴，我想一定是教育出了很大的问题，人不能这样成长，这样成长的人没有能力做教师去引导孩子的成长。

悲伤来自最初的梦想。想起当初刚刚怀孕，报纸上人群中奔走相告的是教育要进行改革了，要实行素质教育了，要让孩子们拥有快乐的童年。当时想我的孩子真幸运啊，可是十五年过去了，中国教育如何了呢？教育改革真的那么难，以至于我们走了十五年还找不到真正的路径？一个民族的希望在教育。梁启超早说过："少年智则国智，少年富则国富；少年强则国强，少年独立则国独立；少年自由则国自由；少年进步则国进步；少年胜于欧洲，则国胜于欧洲；少年雄于地球，则国雄于地球。"可现实中，我们有很多少年戴着深度近视眼镜，弯腰驼背，手无缚鸡之力，心无缚鸡之能，有知识无智慧，有傲气无傲骨，有见风使舵本领无独立自由精神，有权利意识无公民自觉，这样的少年就是我们的教育对象，我们为他们做了什么？他们感动于我们的付出了吗？

俞敏洪说要像树一样成长，我们也应该成为具有自我净化、自我提升能力的参天大树，相信自己，相信教育改革的春风一定会吹遍中华大地。

——节选自 2010 届班主任研讨会上的发言

始终相信，智能本身不是教育的目的，对学科的理解，具有公民意识，具有适应竞争社会的能力，形成批判性和创造性思维，培养艺术修养等才是教育的目的。

教育不能急功近利，丢失了真正的意义，所以让我们的心境更澄澈一些。

教育不能无视任何一项结果，这关乎更多的坚守，所以让我们的思考更缜密一些。

总认为，教育如果不能指向使教育者和受教育者都拥有感受生活幸福和创造幸福生活的能力，那么就失去了其存在的价值。所以，我希望自己的学生具备独立人格，有独立思考的能力，能对自己的言行负责，能客观观察和评价社会现象。令我欣慰的是，我在他们身上已经看到了这些品质。

我现在越发地感受到精神独立是件多么美好的事情，发自内心地喜爱学习，享受独自阅读的快感，有理想有目标时就义无反顾地追求争取，即使被现实打击得体无完肤也咬牙坚持……

群体无意识真是很可怕，不管它是抵制家乐福还是呼吁默哀，体现的是积极意义还是消极意义。现代人缺乏独立品格，几乎是一个普遍现象。

汶川地震以来，我一直很抵制去看那些惨烈的图片报道，还有滚动的伤亡数字。我觉得有的媒体报道很不科学，因为这次地震不光是给灾区人民带来了极大的心理伤害，还让灾区之外的人对生存仿佛有了一种愧疚感，甚至是负罪感，这种心理阴影不知道会不会受到心理救援。

（2007届学生蒋梦恬）

二十九年的教师生涯中，身教大于言传，我在点点滴滴的生活中关注发展学生的团队意识，关注学生感受生活幸福和创造幸福生活的能力，关注学生成长中的情感体验，引导学生感恩父母、社会和生活。

这是我的觉察——终于知道了韩涛校长说的优秀是什么！从职业使命转向事业追求就是我理解的优秀。

明悟：自我成长与终身学习

曾经和不少读大学的学生有过书信交流。记得有一次我写下了这样的话："谢谢你，让我对青春的感觉如此美好！"而那个学生回复的话让我至今难以忘怀，他写道："我才要谢谢你，给了我的青春如此美好的感觉！"他不知道就是这句话激励着我在班主任工作的道路上奋勇前行。

2000年9月，常州市第一中学（1991年到2001年我在这里工作）组织全体高三学生写一篇作文，要求写自己的任课教师，下面就是2001届的一名学生写的文章，我不知她是谁，只知道她是文科班的一名女生（那一年我教文科班的课，是理科班的班主任）。全文如下。

孩 子 气

进入高三，没想到人的感觉也会变得迟钝起来，拿着笔，一时间竟有点茫然，不知该写些什么，可是，谢老师的身影突然间蹦了出来，齐耳的短发，飞扬的笑容，笑得那么孩子气。

谢老师教我们政治，是一个很有味道的老师。我很少有心境那么平和而恬静地去听一个老师的课，谢老师是个例外。她永远懂得把一些烦琐的政治名词解释得像"1+1=2"那么简单明了；她永远懂得在我们回答不出问题找不到答案时给我们以鼓励和善意的微笑；她能够对眼下的一些时尚流行发表真实客观的看法而不是一概地嗤之以鼻；她能够在我们自以为是的时候让我们突然间觉得她依然像一座蕴含着无数宝藏的大山挡在我们面前，等我们去攀登和开采；特别是她孩子气的笑容和直爽的言语，能够让所有的学生都围在她的身边。

一直都认为一个好的教师不仅仅是能让学生喜欢，更是能让学生钦佩的。我喜欢谢老师的孩子气和简单真实，但我更敬佩她的敬业精神和创新意识。她总是竭尽全力让我们的政治课变得生动活泼，每课必有的"新闻报道"，一周一次的"时事论坛"，以及现在刚刚实施的"自主式"夜自习。她总不忘在应试教育的荆棘丛中开辟出新的小天地。她注重对学生的能力培养和人格熏陶，她说过，成绩可以不好，但不可以不真实。她总能够让所有的学生都对她投以喜爱而又钦佩的目光。

所以我一直不相信刻板和不苟言笑会是一个好老师的代名词。谢老师以她带着孩子气的倔强冲击着呆板、老套的应试教育。在大部分人只顾着高喊教育体制改革的当下，谢老师已经走在她的路上了。她说过最让我动容的话是："一个人生活在世上，不是为了自己，而是为了爱他的人和他爱的人生活得更美好。"我相信她是一点一滴在溶入这句话中。美国的一位教育家曾经说过："如果我们不能蹲下平视，就不能了解孩子，也不能看清路边的花。"写到这里，我仿佛又看见了谢老师，她蹲着看路边的花，笑得那么孩子气。

就好像只有追求民主的公民，才能步入民主的社会一样，只有有个性有情趣有思想的教师，才能培养出同样有个性有情趣有思想的学生；只有爱读书的教师，才能培养出爱读书的学生；只有关注人的和谐发展的教师，才能迎来注重人的和谐发展的教育；而我愿意在神圣与平凡间行走，为未来和现在工作，脚踏实地地去实现自己的理想。

不信东风唤不回

悦纳自己：不会爱学生，是因为不会爱自己！

生活纷繁复杂，有精彩也有无奈，但是一颗怀抱着理想的心可以让我们从容豁达一些。

一直认为，一个人生活在世上，不是为了自己，而是为了爱他的人和他爱的人生活得更美好！

所以，在成为一个幸福的女子，有温馨的家、快乐的孩子和一些好朋友的同时——我愿意做一个优秀且快乐的班主任！

愿意做一个平凡坚强、简单善良、有个性有格调爱读书的教师。让一样有个性有才情有思想的学生因为我是一名教师而感到庆幸和幸福！

愿意做一个与众不同的教师——用跳跃的青春气息折射出自己恬淡的心境。让民主平等真正成为教育教学活动的前提，让教师的工作真正成为一项幸福的事业而非仅仅是一种职业。

我们不是救世主，每个孩子的成长都有属于他自己的轨迹和途径，要分清什么是我们能做的，什么是我们不能做的，否则就难以平衡。

年轻教师常常有特别可贵的责任心，当一个班级或一名学生的发展不尽如人意的时候，我们常常会自责，会怀疑自己，甚至苛求自己。其实，更多时候我们只是观察者和分享者，可以引领、感化但不能代替学生自己，往往，有时候需要等待，有时候需要分担，有时候又只能倾听，也有时候我们只能放弃。这不需要内疚，每个人都必须为自己负责，只有他自己才是成长的责任人。

读书实践思考向前看，永不放弃自身的成长，这才是我们的力量源泉。

身为班主任，我们总是担心学生的成长，总是随时准备着在学生成长的过程中担任救火员，却忘记了如果我们自己没有成长，就根本无法满足学生的需求。只有不匮乏的人才有资格施与，只有自身强大的人才有信心坚守，只有信念坚定的人才能感染别人，只有真正用心的人才能拥有幸福。

原来所有问题的真正解决之道都不能向外寻求，答案早在我们心中。如果我们自己没有目标，凭什么要求学生树立远大理想？如果我们自己安于现状，靠什么说服学生追求卓越？如果我们自己不肯承担，用什么告诉学生责任真意？如果我们自己总在抱怨，又怎么向学生证明生活美好？

学着微笑，学着对自己说加油，学着使自己的内心强大，不苛求，不强求，更自信！

——节选自2014年全国中小学班主任工作高级研讨会上的发言

南京师范大学齐学红教授在《班主任专业基本功》一书中曾经提到过班主任的众多定位，身为一名高中班主任，我始终将自己定位于"重要他人"的角色。在我的理解里，良好的师生关系和其他各种关系一样，起始于"跟从"和"陪伴"，只有学生感受到你的尊重和信任，真正润物细无声的"引领"才能在陪伴中自然发生。

学生的问题90%以上学生自己会解决，不需要我们在前方紧紧拉着不肯放手。我们要做的、能做的只是适时地提醒，无声地陪伴，坚定地支持，甚至跟随他出发。我时常观察学生的学习习惯和生活方式，跟随着他，当他觉得自己可能迷路的时候鼓励他自我分析，当他怀疑自我的时候和他论辩直到他坚定，当他固执钻牛角尖的时候拉他退后一步。

一个优秀的教师，应该善于认识自己、发现自己。生活中的一些人，为什么没激情，因为他们发现不了自己的可爱之处。一个人只有找到自我成长的途径，才能有持续发展的内在动力，教师也不例外。自己与自己对话，是一个人成长的重要途径。

面对今天的学生，我们不能只倚仗过去的经验。上海市心理协会基础教育专业委员会秘书长陈默老师总结了当今城市孩子的几大心理特征：背负着沉重的情感负担，对话语权要求很高，知识面宽广，个性很善良，现实感非常弱，对个性化生活要求非常高等。对这样特质的学生，我们的教育应该做什么？怎么做？目标如何实现？途径如何有效？

这里有好几个教育悖论需要解决，比如你在日常生活中只让他成功，不让他输，这就是想要让他成功，却不让他有成功的品质；你要控制他一生，还需要他有一种迎战困难的自控力；等等。这些都需要我们低下头来学习，跟专家请教，与同行探讨，向身边的学生学习，立足学生的未来来思考。

这是我的明悟——坚持自我成长与终身学习，我于 2011 年考取了国家二级心理咨询师，用心理学为班主任工作提供更多的支持。

行动：打造快乐优秀的班级团队

在多年的班主任工作中，我渐渐形成了自己的带班风格，且在班级凝聚力的形成和巩固方面，形成了一套行之有效的方法。

1. 生活在这样一个集体，当我们被分为两个竞争组时仍能骄傲地喊出：我们只有一个共同的名字——高一（3）班；当我们在水中拼命前行时仍能喊出那响亮的口号——亮我旗帜，铸我班魂，高一（3）班，勇往直前……。我，我们每一个人都感到无比幸福。

2. 在高一（3）班这个集体中，我觉得我能感受到身边的每一个人散发出来的活力。在这个集体中，每个人都是他们自己，可以保持个性，张扬个性；每个人又都是一体，是团队，是一条心，拥有同一个名字——高一（3）班。

3. ……高一（3）班已经不再是一块小小的班牌，它已经成为我们每个人的名字，我们身上也早已有了高一（3）班的班魂。无论将来遇到什么，我想我都会记得那一声声："高一（3）班，加油！"

——节选自 2010 届高一（3）班学生《拓展感言》

一个优秀的班集体有崇高的理想指引方向，有先进的班级文化创造动力，每个人都以身为这个集体的一员而自豪，在集体中感受成长的喜悦，分享同伴的光荣。如果我们认同学校是一个大舞台，班级是一个小舞台，每个学生都能在其中找到自己的位置和价值感，学习成绩不是唯一的衡量指标，那么打造优秀的班集体就容易得多。以下是我的做法。

1. 亮我旗帜

当今社会对多元价值观、多元思想、多元文化倾向空前宽容，班主任对学生的正面教育常常劳而无功。今天的班主任该如何把握好大方向呢？

我的选择是理直气壮地亮出我们的旗帜：百年树人，我们要培养国家和民族的栋梁！只有首先成为对人民和社会有用的人，才有可能得到自己的幸福人生。

根据近年来我们学校提出的德育目标——爱心、责任、正义，我和学生共同确立的班级建设目标是"为中华之崛起而读书"，并借用了已故北京特级教师孙维刚的三条建班准则：一是成为正直、正派、诚实的人；二是成为有丰富情感的人，要因为我的存在使别人生活得更幸福；三是成为国家和民族的栋梁之材。结合孩子的现实发展需要，再加上第四条——成为快乐幸福的人，会营造温暖，拥有并不断提升感受生活幸福和创造幸福生活的能力。

2. 铸我班魂

（1）增进学生间的了解，引导学生关注班级建设，形成团队意识。

这一步看似简单却最难在短期内做好，而如果短期内完不成的话，就可能会导致有一部分学生游离在班级之外，没有归属感。要知道我们的学生在初中大多是班级的佼佼者，是同学的榜样、老师的骄傲、学校的荣耀，现在成了"无名氏"；曾经左边是好朋友，右边是好伙伴，现在成了"前无故人，后无应者"，所以不能仅靠学生自己的表现来获得班级的认同。

通过班级活动来促进学生间的熟悉是一种比较好的方式，在活动中要特别关注内向不善表达的学生的闪光点，每周评选班级之最（最负责的值日班长、课代表、小组长，课堂表现最积极，最善于发现问题，最抓紧时间，作业最认真，劳动最积极，最守纪的住宿生，最乐于助人，最节约能源，最讲卫生，最有条理，最遵守纪律，最热情，最有创意，最有表现力，最善解人意，最有感染力，心态最好，最有潜力歌手，最有价值球员等，也可由学生自拟），获奖者要上台领奖并发表感言。

有条件的话，组织一次校外的活动，最好有一些需要集体合作完成的内容，比如爬山。这时候，就可以通过分组合作，增进学生之间的了解。

（2）引导班级舆论，建立快乐健康、悦纳自己悦纳他人的心态。

和学生一起，思考和讨论高中生活可能出现的问题，比如人际交往、学习方式、自我定位等，并共同商讨对策。

全员参与班级公约的制定，要求每个人都在班级公约的意见稿上写下自己的意见和名字，在尊重学生意见的基础上统一认识，形成制度。确立班歌和班级口号，使班级有自己的象征。

为了避免重复说教导致学生产生抵抗心理，我写了一些文章，也挑选了一些美文，配上自己的点评，以每周一张"友情提醒"的方式，让学生自己看，自己想，自己悟。因为篇幅的原因，下面附上我的一份"友情提醒"和若干段"点评"。

做快乐而优秀的自己
——有你的加盟，我们是最快乐优秀的团队

尽管我不同意你说的每一个字，但我愿誓死捍卫你说话的权利！

我们赞赏你积极发表经过独立思考产生的不同意见和建议，但请注意场合、语气和表达方式，尤其是师生之间，换位思考，才能更好地教学相长！

一心向着目标前进的人，整个世界都为他让路！

我们赞赏你对安静优良向上学习氛围的要求，但请不要忘了每个人都是环境的缔造者。只有优秀的团队，才可能诞生优秀的个人！

"去哪儿"固然重要，但更重要的是和谁在一起！

我们赞赏你一心一意专心致志的学习精神，但请不要忽略班级期待你的加盟，同学期待你的关心和微笑，我们的集体因为有你才更精彩！

爱是什么？其实爱只是永不厌倦的付出、永不厌烦的感恩和满心温

暖的成长！

　　我们赞赏你对朋友表达的爱：付出和包容、期待与分享，但请记得爱更是微笑和感激的回应，下一次在得到关爱的时候不要再一脸不耐烦，好吗？

　　做一个正直、正派、诚实的人，做一个感情丰富的人，要因为我们的存在，使别人生活得更幸福！

　　我们赞赏你所有美好的追求，但请允许我提醒你，与你同龄的80%的美国学生的理想是"帮助他人，帮助一切需要帮助的人！"。

　　从两杰广场走出去的常中人，应该是中华民族的脊梁！

　　我们赞赏你的批判精神和犀利思想，但请不要冷漠，因为所有的激烈其实只有积极向上才有意义——那是我们每个人的使命！

2007 年 9 月 5 日

[想对你说]

　　在生活的漫长道路上，丧失是我们为生活付出的沉重代价，但它也是我们成长和收获的源泉。正如泰戈尔所说："只管走过去，不必逗留着去采了花朵来保存，因为一路上，花朵会继续开放。"

2007 年 10 月 9 日

　　规则只有当我们无条件地遵守时才具有真正的力量，没有任何监督的自觉遵守需要的是什么？——请重新为我们行为中无数次的"变通"和"灵活"定义，好吗？

2010 年 12 月 7 日

　　最初，这些"友情提醒"是有目的有针对性的预设资源，而班级是不断发展和变化的，在实际操作中，要结合班级实际，注重生成性资源的开发和利用，及时对其进行调整和补充。一张张的"友情提醒"，在逐渐统一学生思想认识的同时，也在引导着班级的前进方向，再配合精心策划和组织的班级活动，团队精神就会慢慢融进学生的血液，成为他们心中难以磨灭的烙印。

　　（3）开阔视野，追求卓越，明确责任，强化规则意识。

　　游戏尚且需要规则，更何况做人！我用下面的案例来说说我的制度建设与规则教育。

手机使用公约，还在继续的故事
——谈规则意识

[案例]

7月，又到了新一届学生入学教育的时间。昨天的学长引领很到位，我也觉得很轻松。今天下午我的安排是学习《江苏省常州高级中学学生守则》，我认为规则教育的第一步是了解规则，所以准备和学生一起研读学习这本薄薄的小册子。

一切顺利，眼看各种讨论和思考都越来越明晰，我正要说出自己对于规则意识的理解并进行总结时，一只手高高举起，是倒数第二排的男生小陈。"你有什么疑问吗？"我微笑问道。小陈说："有！南京有个'老板老班'叫陈宇，老师你知道吗？"我说："知道，一个非常优秀的班主任，教化学的。"小陈兴奋道："老师，你知道他的学生可以在学校用手机吗？他们班专门制定了手机使用公约，然后在中午和下午就有一个时间段可以使用手机。所以，我们的校规上说手机不能带入教学区这一条明显过时了，我们学校应该向陈宇老师学习。"

短暂的静默后，全班哗然。

[应对]

说实话，这个问题我本来就想在总结里谈的，但我准备好的内容现在讲出来不太合适。我想了一下，问小陈："你是想修改校规？"

他立刻回答："是的。"

我继续微笑："非常好，如果觉得校规不合理，当然有权利提出修改意见。正好考考大家昨天的学习成果，当我们对学校的管理和服务不满意的时候，可以通过哪些合理合法的途径表达？"

学生们很快把合理合法途径列全，有"校长面对面、学生发展处、团委、学生社团、自管会、学生会"等，还有一名学生提出可以写倡议书贴到食堂门口，让其他班的同学都看到。

我接着说："我们要说服的对象有这么多，必须拿出充足的理由才行，现在我们就来讨论一下怎么说服学校接受我们的建议吧。"

于是，再次分组讨论无比热烈，根据在校园使用手机的种种弊端，学生们最后汇总了一份完整的《手机使用公约》，列出了在校园内使用手机的理由。

这份公约到了我的手上，我认真看完之后，问了一个问题："假如，学校讨论了我们的意见之后，还是不允许使用手机，怎么办？"

"怎么可能？""就是，我们的方案很完美的。""这么好的方案都不行吗？"底下七嘴八舌，议论纷纷。

等议论声小了一点，我坚持："如果不行呢？如果学校觉得在教学区使用手机弊大于利，觉得允许的代价比较大，觉得现在还不能允许……怎么办？"

终于有一个声音，犹豫彷徨："那就只能服从了。"

我大声有力地重复："那我们就选择服从！当条件不具备的时候，我们选择服从。"（选择是自主的，是自我行为，我想强调服从是我们的选择，而不是被逼无奈。）

学生的情绪变低落了，甚至我听见了这样的声音，"谢老师不是要我们玩吗""老师肯定早知道学校是不可能允许的"……

我拍了拍手，等教室里安静下来，我说了下面的这些话（这些话我事先没有准备，但是现在回想起来，仍然觉得非常满意）：

"每件事在做之前，我都抱着这样的态度——做最坏的打算，向最好的争取！这是我的人生哲学，所以未谋胜先思败，失败不只有接受一个结局。我们可以选择服从，也可以选择坚持。我不相信事事如意这种幸运会总是降临到一个人的头上，但我相信努力了就不后悔，努力了就不遗憾。

"今天大家觉得自己的收获是什么？先说说我的收获吧，今天我的最大收获是看到了中国的未来。

"记得《悟空传》里有句台词：我要这天，再遮不住我的眼；我要这地，再埋不了我的心。在座的各位现在是规则的遵守者和执行人，将来会是这个国家规则的制定者和实施人，如果我们每个人都抱着这样的态度看待规则，理解规则，破除陈规陋习，我们就能更好地践行依法治国了。（这一小段话是我原先准备的关于规则的总结词。）

"而今天我看到了大家的勇气和热情，看到了一颗颗激越努力的心。所以，我说，我看到了中国的未来。

"现在，我想问，这份《手机使用公约》怎么办，大家选择什么，是坚持还是服从？还是两者兼顾？"

"怎么两者兼顾？"果然有人不负我望，勇敢地提问了。

"大家觉得呢？怎么两者兼顾？"球还是踢还给他们好。

服从就是在没有改变校规之前，不能带手机到教学区；坚持就是每隔半学期向学校提出修改规则的倡议，不断了解同学们的想法和学校的顾虑，不断完善我们的公约，及时反馈给学校——这是我们最后达成的意见。

[反思]

这当然不是结局，虽然我们班学生在全校确实是手机携带最少的，但带手机到教学区的不是没有。

两个月后，我们班的副班长小吴同学就因为晚自习使用手机被值班老师发现，导致她本学期的"三好学生"评选被一票否决。虽然得到了一个"杀鸡儆猴"的机会，但我仍然觉得非常痛心。

想起我的心理老师曾说过，习惯是一个人最舒服最自在的存在方式，改变习惯是很痛苦的，所以我们要做好学生可能会在某些习惯养成过程中反复无常的准备。在规则规范教育的道路上我们要想得更远更深。

（4）严格管理，全面评价，激发荣誉感，培养责任心。

有了责任心，才会有主动性和自主性，所以，要不断提高学生的责任意识。但责任心的养成是一项具有挑战性的工作，我的尝试是在严格的班级制度之外，不断强化和提升学生的自我评价、自我定位和自我要求。把学生自我评价、学生间的相互激励和教师寄语结合起来，让学生找到自己的目标和前行的动力。

学生自我评价：

最佳双面胶：身兼课代职，心怀老师梦，兢兢业业，如履薄冰，力争同学利益，誓捍老师底线，双面胶中佼佼者，课代之路漫漫，吾誓将双面胶之原则进行到底。（2013届学生顾燚炀）

人生变革者：从踏进省中的那一刻起，一切都已经结束，一切却又刚刚开始，不安现状，知难而上，韬光养晦，步步为营，谨以此奖献给即使落后也不气馁，即使失败也不退缩，始终让心灵向着阳光不断奋进的自己。（2013届学生李震宇）

学生相互激励：

"走，快点！"刚吃完饭沈玉强就拉着我的手，往宿舍布告栏那边跑。"看看，看看你，今天竟然没拿到优秀宿舍！"说着就边嗷叫边往我身上扑。

"我求饶，再说了今天你不是检查过了吗？"看着张牙舞爪的他，我撒腿就跑。

顿时想起了早晨的画面：因为赶时间，我直接拿了架台上的拖把胡乱地在地上擦了一遍，大致看不出脏物就想离开。才到门口，沈玉强就拦住了我："这拖的什么啊！瞧瞧，连拖把都没有洗干净。你别做，给我。"随后，他拿起拖把跑向洗池边，洗好之后回来，仔细地用力地拖着，甚至连柜底、角落都没有放过。"快点，沈玉强，拖成那样至于吗？相比其他宿舍我们已经很不错了，就快点走吧！""不要和他们比，我们是我们。"他仍旧拖着。

"哦，对的！"他停止了追逐，"是我的错，好像垃圾忘倒了。"
"可是，那天是我值日。"

——节选自2013届高一（9）班《同窗素描》

教师寄语：

经过了这一段波澜不惊的日子，不知你是否后悔。自由飞扬是年少时光共有的梦想，可是成功常常功利地不承认这种方式；但愿你明白，我心中所有的激烈尖锐只为了和你向着同一个方向眺望，而持久的专注，才是成功制胜的关键。（写给2010届学生赵安冬）

声音清脆不乏柔和，具有书卷气，如果用词人来打比方的话，你无疑是"婉约派"的代表。比较温和，像一杯温开水，没有味道，但却那么适合饮用。心思细腻，凡事都很为别人着想，特长是朗诵，听你读书真是一种享受。你踏实、认真、有能力，是一个有才情的女子。（写给2013届学生黄敏）

分享学生的成长总是让我们豪情满怀，激起我们最初的梦想。让我们听听学生的声音：

我现在很好，非常好！我保证我以后要自信，要快乐，要努力，要大声说话，这都是因为和大家在一起，相信身边有他们，我会走得更远，飞得更高。其实我还是有一点遗憾的，就是对那些搀扶我、帮助我的同学，我说的谢谢也许太轻了……，也没办法补救了，决定永远记住他们了（绝对的真心话），就这样！（2007届学生李梦娜）

我的任性，在三天内慢慢变为韧性。忍受空腹的负重跑，忍受高温下的"桑拿浴"，忍受床上爬过的蟑螂，忍受无法下咽的伙食，忍受十四公里的拉练，忍受不合身衣裤的摩擦，忍受汗水流过伤口的痛苦，忍受集合排队，忍受酸痛肿胀的脚，渐渐地，开始习惯反思，开始习惯服从，开始习惯欣赏，开始习惯鼓掌，开始习惯苦中作乐，最终，被那句"把合理的要求当作训练，把不合理的要求当作磨炼"结结实实地打动。（2007届学生蒋梦恬）

我们的班会课，每个人都上台分享激励语。他们讲得那么投入，仿佛理想就在自己的手中。

这是赵姝，一个总是很安静的女生，听她慢慢地说着："再忙，也不要忘了笑啊！"然后，对着大家恬然地笑了。

轮到常慕懿了，那个小小的却总是笑笑的女孩。她站在讲台上，激动又有些腼腆地开口了："我的激励语是'我们不成功，是因为我们从来不曾奢望过成功！'这句话是谢老师说的，我第一次听到的时候，就被触动了。是啊，我们常常放弃努力，借口看不到成功。在自己的理想面前，永不怀疑、永不放弃是多么重要啊。"

友人曾问幸福，不禁微笑。心里想起你的笑语、她的欢颜、他的担当；难忘你们共有的积极努力、团结向上。"学高为师，身正为范"，这是我作为一个普通教师义无反顾的追求。不为任何，只是相信心不荒芜，生活便永不凋零。

这是我的行动——一直记得南京市浦口区行知小学杨瑞清校长说过的，老师好好学习，学生天天向上。原来把自己的事情做好，做最好的自己最重要。

自由：不忘初心和理性坚守

卓　立

答应自己 / 将如此坚强 / 任何东西都无法打破内心的静谧 /……

出自她手，曾是我们的诗，依然能脱口而出。回想起那一年如诗的时光，脑海里几度浮现出她的身影……

"很高兴你即将加入高一（9）班，我是班主任谢晓虹。"那一天，电话里她的声音很年轻。当我欣然来到学校，在充满阳光的教室里向她问好时，感到了诧异——谢老师，一身运动装，脖子上系着一条丝巾，微微染成棕色的卷发在脑后梳成一个优雅的结，她清脆的声音活跃着周围的空气，我只有从她的面容——假设她洋溢在嘴角的微笑消失不见——推断出，她已经约莫四十岁了。

从那时起，我便认定谢老师是一个独具风格的班主任。事实确是如此。刚开学时，谢老师向我们道出了她理想中的——已经多次实践的，而我们却闻所未闻的班级架构：宣传部、学习部、活动部、生活部、纪律部，每人自愿加入某一部门某一岗位。全班报名，立即上岗。开学不到一周，一切工作进入正轨，我们的效率让其他班惊叹不已。

很快知道，她曾获得"江苏省师德先进个人"的称号，她有一个女儿和我们在同一年级，以及她不久前辞去了学校课程处主任的职务。我不禁想，一个人究竟要拥有多少经验、多么深刻的见解，对待名利才能如此洒脱。为了让我们尽快相互熟悉，她让大家把自己的姓名编成谜语，组织了一场别开生面的猜谜大会；为了让我们尽早适应高中数学的学习，她率先建立了数学学习小组，于是期中考试我们班数学成绩独占鳌头；她虽是政治老师，却有意营造理科学习的氛围，买来《古今数学思想》《皇帝新脑》等十几本科普大作，加上她之前拿出的各类作家文集，支撑起我们班书架的一大半；她教经济，竟出人意料地布置了拍广告的作业……。而这些活动中，最让大家印象深刻的，要数她组织的天平山一日游了。无法忘记，又是全身运动装备的谢老师，像个时尚青年一般提出"不走寻常路"上山时，大家心中的诧异。那一天，我们几乎真的成了探险家，男生们一次次"英雄救美"，而多次抢先开路、指挥全局的谢老师，则成了我们心中最英勇的人。

在我们眼里，谢老师似乎总是在波澜不惊之间掌握一切。直到那一次，谢老师出人意料地表现得很激动。原因是某个班跑步迟到，在某个领导的授意下被直接扣掉了整个月的常规分。大家回到教室后，谢老师突然走上讲台，大声问道："大家说说对刚才那种扣分有什么看法。"全班瞬间鸦雀无声，只有谢老师愤怒的声音在耳边轰响："对规则和秩序的破坏！随心所欲，彻头彻尾的人治！……"

或许直到那时我才明白，谢老师心中对爱、对生活的情感，早就超过了我们，也远远超过了其他一些人。她何尝不强烈地信仰着她的梦啊，而我们却总是注意着她独特的创意，乃至未发现一个最理所当然的道理——独立的人格才能产生独立的思想。是啊，比手法更珍贵的是真情，我们班在谢老师的带领下，就一直是一个充满温暖的集体，她发给大家的卡片、家校联系本上的"提醒幸福"、"给每天取一个好名字"的活动……，这点点滴滴，都是她作为一个老师也作为一个母亲，看淡了名利后留下的最珍贵的爱！

…………

日月不淹，春秋代序。

分班了，一年的幸福裹挟着几丝别离的愁绪，化为又一个夏天热浪里金色的绚丽。她的身影已去，她的身影卓立于心。

犹记得军训那一周，她一次次用针线缝补我们的军服时流溢在嘴角的笑，仿佛与我们已是母子、母女。军训倒数第二天，谢老师组织大家为同学过生日，饮过几口清酒，她动情地说："我一直告诉自己，除了这三年，我的心里要有你们三十年的人生，要有这个民族三百年的未来！"

她用理性、坚守和自由把我的梦想点亮，太多太温暖的泪水和欢笑刻在记忆里，从此不再心扉紧锁，即使独自前行也再不彷徨。

……将永远面带一种愉悦的容仪 / 向所遇的每一生灵送上一个可心的笑意 /……

谢老师您听见了吗？这是我答应自己的声音。

（2013 届学生范露阳）

我喜欢做老师，很喜欢自己的工作，很喜欢学生清纯的模样，也很喜欢校园琅琅的书声、红白的跑道、阳光斑驳的林荫道。看着学生清澈的眼眸中映着自己的温柔，再听着他们清脆的笑声，谁的幸福能和我们相比？

哪一种职业，能像教师一样拥有这么多的爱戴和崇拜？每天和如花的生命在一起，心态怎能不年轻？那些朝气那些英气那些豪气那些帅气是不是让我们真切感受了什么叫作青春逼人？我想要好好珍惜和呵护手里的这份幸福，从容入世，清淡出尘。

2010 年 1 月，常州市教育局牵头组织了名教师工作室活动，我很荣幸成为首批班主任工作室领衔人，带着来自常州各校的青年班主任一起开启了我们合作探寻的道路。

六年两届的引领、合作与陪伴，我们一起聆听专家讲座，张思明、杨瑞清、李镇西、陈宇、魏书生、李迪、梁岗等无数优秀的前行者给了我们信心；班华、齐学红、黄正平这一批江苏省班主任协会的引领者给了我们方向。我们一起去南京参与同行班主任们的"随园夜话"，去杭州图书馆领略这张优雅的城市名片；去"辽宁号"追随中国海军不断前行的脚步；去武汉神龙集团近距离观察东风汽车的生产流水线……，走出校门才能更深切地感受社会的进步和时代的发展。

当然更多的时候，我们研究、交流、建设自己的教育生态：班会课、制度文化、初高中衔接、家校合作、合作探究等。我始终认为教师这个群体，是最应该也最值得拥有感受生活幸福和创造幸福生活的能力的群体。如果没有这一路上无数的指引者和陪伴者，没有过去的每一个幸福瞬间，就没有今天的我。

心态的改变，助我在2012年首届长三角地区中小学班主任基本功大赛中拿到了一等奖。以下是我在比赛后写下的文字。

行到水穷处，坐看云起时
——记首届长三角地区中小学班主任基本功大赛

拿到奖杯，淡淡的喜悦却压不过浓浓的思念。是的，我想学校了，想学生了，想女儿了，虽然不过短短三天。因为他们在我身后，所以无所畏惧，所以所向披靡。

这次比赛，浙江、安徽、江苏和上海三省一市经过了层层选拔，选出了六十名优秀中小学班主任参赛，能在这样的大赛中获奖，尤其是一等奖，的确不容易，但我想赢。

回想起刚接到通知，要代表学校、代表常州市、代表江苏省参加首届长三角地区中小学班主任基本功大赛时，我就下了决心——"要赢，要让我的学生们也为我骄傲一回"。

回想起这一周所有的闲暇，都被书籍和杂志占据，"书到用时方恨少"，古人诚不我欺。疯狂充电的时光，却为课堂增添了新的话题，算是意外收获吧，还是相信天道酬勤，经验只能锦上添花，不能作为凭依。

回想起笔试时下笔的从容和面试时的淡定。感谢学校，从不把德育当作工具和应景的手段，在日常的工作和反思中让我得到充分锻炼，使我笔下的主题班会设计能呈现出学校的办学宗旨，让我的语言表达能触摸到学校的灵魂；感谢我的学生，是他们对成长的满怀期待、对梦想的执着追求，让我的笔下能流淌教学相长的和谐，使我能坦诚自己构建良性教育生态的困惑和思考。

短短三天，见识了不同教育观点的碰撞，在其他老师和教育专家身上学到了很多。但是，我也更加珍惜自己所拥有的。无论笔试还是面试，都在考察教师的教育理念和教育思想，所以那一刻真的无比庆幸自己是省常中（"江苏省常州高级中学"简称）人。是省常中几代人的教育理想和教育情怀造就了今天的省常中，也给予我——一名普通省常中人这样一次为他赢得荣耀的机会。

光荣属于省常中，属于所有省常中人！

我知道，坚守初心不容易。可是生命只有一次，我愿意让爱我的人和我爱的人都幸福。我不断地提醒着自己：

要关怀家人——不要亏欠自己，也不要亏欠家人。一个不爱家人的人是不可能真心爱他人的，所以学着爱家人，陪伴家人，拿出更多的耐心给我们的亲人，而不是相反！

要善待同事——生活中有很多东西是要用心经营的，比如友谊，比如感情。十年修得同船渡，能在一起共事是多么有缘的事啊！我们的事业在校园书香里交织，我们的信念在学生心海中沉淀，所以，让我们相亲相爱！宽容、理解，相信每个人的行为都有自己的理由，学习做一个能在团队中营造温暖的人，才可能获得快乐、幸福的人生！

要等待花开——今天在我们身边的这些孩子，在不远的将来就是国家的栋梁和支柱，如果我们作为班主任心中没有对职业的自豪感，我们的学生又怎能长出傲骨，成为民族的脊梁？教学生三年，为学生想三十年，为国家和民族想三百年！

这就是我全部的表达，我愿意为我们的尊严和价值脚踏实地地去努力，愿意为使教师这个职业成为我们热爱的事业去奋斗，愿意为看到学生清亮的眼眸中自信快乐的风采而坚持不懈。

这是我所要的自由——决不忘记自己最初的心愿，要成为自信健康快乐美丽的教师，也希望看到这篇文章的你也成为自信健康快乐美丽的人，最起码，我们要以自己为荣！

我愿意——这是我唯一的筹码！

[专家点评]

用理想点亮青春岁月

齐学红 南京师范大学班主任研究中心

当我们在学生身上看不到理想的色彩，感受不到青春的激情飞扬，可能不是孩子出了问题，而是我们的教育出了问题。而对于当下社会问题、教育问题拥有自己的独立思考和判断，并能从精神层面积极引领学生健康成长的老师并不多见。谢晓虹老师就是这样一位有独立思想，并能身体力行地引领学生健康成长的优秀班主任。在我结识的一线班主任中，当大多数人仅仅在班级具体事务层面思考班主任工作时，谢老师就能在精神层面成为学生的"重要他人"，实践着作为一名专业班主任的价值追求。

高中班主任在学生的一生中有着重要的地位与作用。高中生正处于人生的关键期，班主任承担着引领学生精神成长的重要使命。对此，谢老师有着深刻的体悟。正如她所说："我一直告诉自己，除了这三年，我的心里要有你们三十年的人生，要有这个民族三百年的未来！"一个拥有这样的胸怀和担当的人，才会不断追寻生命的意义和教育的意义，也才会把这样的意义感、存在感、价值感传递给班上的每一个学生。在她的理解里，教育原本就是一种生活，人们用怎样的心境进行播种，就会有怎样的一种收获。

正是在将教育做成一种生活的意义上，谢老师以她独立、自由、真实、正直等人格特质，感染和影响着她身边的每一个人。在我眼里，谢老师首先是一个血肉丰满的大写的人，其次才是教师和班主任。在她的班主任实践中，我们能够感受到她思想的影响力，以及独特的人格魅力在学生身上、在班级建设中的具体体现：她将"为中华之崛起而读书"作为班级建设的目标，并使之成为班级的"班魂"，将一颗颗少年心连接在一起。在充满竞争的应试教育环境下，谢老师班级的学生身上表现出难能可贵的团结互助、相互欣赏、相互包容；每周评选"班级之最"

活动，促进了学生间的熟悉与了解；全员参与班级公约的制定，增强了大家对班集体的认同感；每周一张的"友情提醒"，既是师生之间心与心的交流，更是正能量的传递。

学生心目中的谢老师，能更好地诠释她工作的意义和价值。"一直都认为一个好的教师不仅仅是能让学生喜欢，更是能让学生钦佩的。我喜欢谢老师的孩子气和简单真实，但我更敬佩她的敬业精神和创新意识。"在学生眼里，谢老师是一位有些孩子气和率真的人，她在面对学生时是不戴面具的，更不会刻意保持教师的尊严，而是用自己的言行举止感染学生。她希望培养的是能独立思考、有独立人格和社会责任感的人，而她自己首先就是这样的人。在我看来，很多教师或班主任大多把注意力放在如何面对学生、改变学生上，而忽视了对自我的修养和深刻反省。而谢老师则是一个内心世界完满的人。她在不断自我学习与超越中，在与一个个鲜活的生命进行的真诚对话与交流中，对班主任这份工作的责任与使命，对班主任的职业幸福有了更深的体悟：

"喜欢感受一颗心灵从沉睡到觉醒的慢慢丰盈，喜欢体会一个少年从懵懂到智慧的点点积累。试问，有多少人能拥有这样的幸运，可以怀着这样的欣喜，注视和分享一个个作为个体的人的成长？

"也许真正的热爱就是这样不功利、不自私的，在我的所得和付出这架天平上，从未觉得所得太少，付出太多。记不清自己的心里曾有过多少感动，数不清自己的眼中曾有过多少幸福的泪水，理不清自己的手上握着多少祝福。生活是慷慨的，做一名教师是幸福的。

"看着学生清澈的眼眸中映着自己的温柔，再听着他们清脆的笑声，谁的幸福能和我们相比？"

她对何谓"优秀"，有了更深刻的理解与认识："从职业使命转向事业追求就是我理解的优秀。"

在成为一名优秀教师、优秀班主任的道路上，她无怨无悔。谢老师对教师职业、班主任事业的理解，汇聚为一句话："我愿意！"

韩维萍：做教育园地的守望者

●●● 南京外国语学校

[教育小传]

　　回顾自己的个人成长历程，蓦然发现已度过了五十多个春秋。教学一线三尺讲台三十六载，我经历了"不识庐山真面目，只缘身在此山中"的困惑，体验了"逆水行舟用力撑，一篙松劲退千寻"的艰辛，也收获到"众里寻他千百度，蓦然回首，那人却在，灯火阑珊处"的欢快，心中始终怀有"路漫漫其修远兮，吾将上下而求索"的执着。我的教育理念是：相信每一个孩子都是天使，全心全意关爱他们、尊重他们；耐心倾听每一个孩子的声音，真心实意地帮助他们健康成长！让自信的阳光照亮每一个孩子的心头！我愿意孜孜不倦地做一名教育园地的守望者！三十多年的班主任工作，我遇见和培养了一批又一批优秀学生，送走了一届又一届优秀人才。在教书育人方面逐渐形成了"亲、实、严、活"的特有风格。所带班级荣获"文明班级""恩来班""南京市先进班级"等称号。被聘为南京市儿童发展与德育研究中心组专家；个人荣获南京市"师德标兵"称号并成为南京市首届德育学科带头人。

环境与经历编织教师梦想

我生长在江苏中部泰州市素有"鱼米之乡"的古镇姜堰，家有祖母、父母加姐弟共八人。祖母教给我们做人做事的道理，从小就锻炼我们各种生活的技能和本领。父亲母亲在做人方面口碑都特别好，是我成长中对我影响很大的人。他们常常教导我们："诚实、善良是为人之本。""懂规矩守本分。""吃亏是福。"……父亲是一名共产党员，见多识广，乐于助人；母亲是虔诚的基督教徒，心灵手巧，贤惠能干。他们从来不打骂孩子，有好吃的、穿的总是省给老人和孩子，而且想着法子变花样做各种好吃的食品，让我们在物质比较匮乏的年代能够享受各种美味。同时，他们还用节省下来的钱帮助那些有需要的人。我的同学和妹妹的同学都喜欢到我们家玩。每天从巷子口就能听到我们家飘出来的欢声笑语。可以说幸福的家庭是我们成长的摇篮，在当时许多家庭普遍不重视孩子读书的情况下，我的父母亲教育引导我们姐弟五人先后都考上大学，他们教会我们姐弟的快乐原则让我们终身受益！

我没有经历幼儿园的洗礼就开始了小学生涯。到现在我都记得母亲送我第一天上学的情景，她事先亲手缝制了一个漂亮的新书包，装好了笔和本子等用品，开学那天，母亲一手拿着书包，一手牵着我。我们到了学校大门口，她才把书包背到我身上，并拍拍我的肩说："加油！好好学习哦。"我和母亲挥挥手说"再见"，然后一溜烟地跑了，走到教室门口我回头一看，母亲还在那儿朝着我笑呢。小学时，母亲对我非常慈爱但要求也很严格，再加上她的悉心引导，我的学习成绩一直不错，常常受到老师的表扬，每学期都是"五好学生"，有一次还到县里参加表彰活动，并作为"五好学生"代表发言。后来，由于受到"学习无用论"的影响，在当时大背景下学校停课了，母亲就想方设法找课本或书籍让我们在家学习。

初中起，我就在姜堰中学读书，中学的生活至今令人难忘：饱读诗书的老师、团结友爱的同学、令人起敬的五四堂。常常回想起带领我们跑步锻炼的狄正中老师、和蔼可亲的张德慧老师、年轻有为的唐庆红老师、美丽可爱的王平老师……。他们不仅教导我们学习书本上的知识，还带领我们去农村学农、工厂学工、部队学军，让我们的校园生活丰富多彩。在学校的每一天我都感到充实、幸福和快乐。记得那时我每天都想着争取第一个到教室，第一个交作业，第一个回答问题。现在，母亲还自豪地对我儿子说："你妈妈呀，学习从不让我操心！"有时候母亲还问我是否记得汤老师让班上的同学敲锣打鼓把"五好学生标兵"的奖状送到我家的情景。

…………

功夫不负有心人，终于，我带着梦想和希望，开启了四年充实的大学生活，这也是我幸福难忘的时光。我非常珍惜这来之不易的学习机会，积极参加各种活动，积极为同学服务，带领同学去敬老院、孤儿院为老人和孩子送温暖，到公共场所开展学雷锋活动。当时中国女排获得世界冠军，她们的拼搏精神，以及电影《乡村女教师》对我们影响很大，大家都暗暗下决心，勤奋学习，为未来时刻准备着。我就梦想着做一名受学生和家长喜欢的老师。

信念与努力实现教师梦想

自 1984 年大学毕业后，三十多年来在课堂上、在班级里、在学校中，每天亲历"战斗的早晨""紧张的中午""疲劳的晚上"，也正是这样充实与充满乐趣的教育生活，让我的生命因忙碌而有意义，因与孩子们共同成长而富有诗意，所以我是从心底体悟到做班主任的快乐和幸福！我曾多次放弃改行的机会，执着于我真心喜爱的教师工作。几十年的教育教学工作经历，让我深深体会到当好班主任最重要的是有清晰的个人心理定位，即角色定位，而我对自己的定位是："严"师、"慈"母、"良"友。

"严"师

"严"师的严加引号，意在强调严是指严格要求，精益求精。特别是起始年级，要抓好三个"一"，即"开学第一天、第一周、第一个月"。更重要的是培养学生的规则意识。通过系列教育场景与具体的事件，让学生理解规则意识是整个自然界必须拥有的一种生存意识，任何超越规则的行为必将受到自然的惩罚。让学生逐渐明白，作为一个社会人，我们每时每刻可能都在因时因地地变换着自己的人生角色，每个人都应该清楚并积极遵守所处环境的规则，并按规则办事。

开学初，我们组织全班认真学习《中学生守则》《南外校园守则》，大家共同制定班规，人人严格执行。平时重视检查评比。每天值日班长和纪检委员都认真记录班级日志，下午放学前进行全班小结，发现错误及时纠正，学生每日表现情况与期末评优挂钩。比如：按校规若迟到两次就是自动放弃"公民素养星"评选。大家还达成共识：早晨迟到是可原谅的错误，考试作弊是不可原谅的错误。这样有了严格的制度，人人都去执行，班级才会有严明的纪律、严谨的作风，良好的班级氛围就容易形成。当然班主任还必须掌握这些原则：当众表扬，私下批评。严爱相生，刚柔相济。同时做到：严字当先，爱透其中；严中有理，爱融其中；严而有格，爱而不纵；严而有方，爱而有法；严而垂范，爱不失衡。只有这样我们才能在教育园地里不断耕耘、不断收获。

"慈"母

雅斯贝尔斯说过，教育的过程首先是一个精神成长的过程，然后才成为科学获知过程的一部分。

初中时期的学生比较叛逆，容易受到外界影响，有的学生做事比较容易冲动，易出现违纪现象，但是这个年龄段的学生可塑性也特别强。如果班主任给学生慈母般的关心与帮助，学生就能获得足够的安全感，进而形成对教育者的信任。我们无数次体会到，只有班主任成为学生的"精神关怀者"，才能促进其成长。即做到：（1）关注精神需求（有特殊才能）；（2）注重个体差异（发现闪光点）；（3）唤醒主体意识（找准个人长处）。还需要充分利用班会、晨会等活动培养学生的"责任意识"，让他们学会对自己的行为负责，学会担当。

怎么做一个慈母般的教师呢？

第一，把学生放在第一位，树立现代学生观。班主任要相信每个学生都有独特的天赋、才能、兴趣和力量，要相信每个学生都愿意接受美好事物，要相信每个学生都能在老师的关怀教育下成为一个有用的人。

例如：与学生谈话三部曲。第一，打消戒心；第二，鼓励说话；第三，冷静对待。通过谈话我们可以及时了解学生的思想动态、学习态度、心理活动等。与学生谈话班主任务必用心交流，不能用命令的口吻、警告的语气。实践证明：对处于叛逆期的学生，过于精细的呵护和过于严厉的管束，都不会有好的教育效果，并且容易激发他们的叛逆心理和对抗情绪。我规定自己一个学生一个月至少谈一次话。谈话用词只说褒义词、中性词，而不用贬义词。谈话内容不限，一次一人或一次多人，根据实际情况而定。谈话时间可以选在早晨上课前、中午休息时，或者放学以后。谈话地点可在教室、走廊、操场边上，最好不选在办公室，可让学生自己决定。把学生放在第一位，就是要尊重他们。说实话，与学生谈话最大的受益者是班主任，因为通过谈话你掌握了第一手资料，了解了学生及班级动态，这样能更好地开展教育工作。由此，我在与家长交流时，他们都惊讶：班主任怎么对我的孩子了解得比我们做父母的还要多。

第二，要善于换位思考。想想如果我是学生，碰到一些事儿怎么做？一位教育名师说得好，我们班主任要学会用学生的大脑去思考，用学生的眼光去看待，用学生的情感去体验，用学生的兴趣去研究，用学生的心灵去感受。那么如何换位思考呢？赏学生所长，除学生所短，宽学生之过，多看学生的闪光点。

用童心去理解学生的"荒唐"，原谅他们的"过失"，有时候宽容比惩罚更有力量！平时我的班级里设立"道德银行"和"班级法庭"，若有学生为学校为班级为他人做好事，就给他"存款"；若有学生犯错就得给他"减息";若学生间产生矛盾,就让他们一起上"班级法庭","陪审团""审判长"等让学生自己选择,在"法庭"上还让他们交换"角色"……,最后结果是学生都能握手言和。所以"移情"或者"演心理剧"等也是处理学生间矛盾的好方法。这个比"各打五十板"效果更好,所以有时候班主任要放手让学生去解决问题。

第三,要富有同情心和耐心。同情心是真善美的表现,同情心是维系人际关系的润滑剂(这里同情心也可以理解为宽容心)。在班级工作中班主任还要有耐心,给学生足够的时间;还需耐心指导,给学生搭梯建桥。以下呈现的是我与两个学生间的故事。

与早恋孩子的"心理战"

那是很多年前发生的事情:高一时她是班里气质最佳的女生,文静中有几分成熟的美,学习成绩优异,几乎各门功课她都是第一名。当同学有不懂的问题向她请教时,她总是热情、认真地解答。她的性格开朗,脸上总是挂着甜甜的笑,校内外各项活动都积极参与,运动会上有几块金牌总是属于她,班上同学都很喜欢她。她做事主动,是老师的好帮手。

高二上学期期中考试,她成绩下降得十分厉害,而且整个人看上去心事重重的,往日的笑脸不见了,看见老师就躲。后来了解情况,有人对她穷追不舍,她也陷入"早恋门"了。当时我怎么也不相信自己的耳朵,希望是听错了。

怎么办?那天在办公室想了各种情况,考虑了多种找她谈话的方法,竟忘记下班,幸亏门房师傅提醒。夜里翻来覆去睡不着。第二天一大早,我在教室门口等她来上学。快要上第一节课了,才见她走来,后面还跟着一位"保镖"。他们俩看到我后就分开走了,她似乎红着脸低头走进了教室。那位"保镖"说:"老师早!刚刚好,我没有迟到,这学期都没有迟到一次!""好!值得表扬。快去上数学课,外教在教室等你们了。"那天通过和老师、同学的谈话,了解到他本学期进步明显,不迟到,作业按时交,课上也比以前主动了。

他们高一的班主任告诉我，他是外地学生，喜欢上一个女孩被拒绝后，曾有过自虐行为，性情大变：不再参加活动，不愿意和人交往，成绩直线下降……

她的知心好友告诉我，身为班长的她，不愿意看到同学掉队，主动帮助他补课，带他参加社团活动，暑假外出参加公益活动时，她差点受伤，幸亏他眼疾手快冲过去推了她一下，砖头才没有砸到她。哎，这不是小说中写的情节吗？我又一次不相信自己的耳朵了！

怎么办？我陷入深思和自责中，太不了解这些孩子的内心世界了，平时和他们的促膝谈心太少了，只看到他们的成绩和进步，没有走进他们的内心。（当时我刚刚到学校中英班，因有老师怀孕需要保胎，我担任四个班的班主任，他们是我在十月底刚刚接手的班级，说真的我当时和他们深入交谈的机会太少了。）想来想去，我还是不愿意把他们看成早恋的对象，更不愿相信他人诸多说法。我劝自己要冷静对待此事，更不能因为我的言行伤害了孩子的自尊，影响他们将来的学习生活。

想了许久，又和我的好朋友苏竹青老师商量此事，然后做出决定：一观察了解，二找机会沟通，三不妄下结论。

接下来的时间里，我每天都悄悄地观察他们的言行；早上、中午、下午放学时都找机会分别和这两名学生说话聊天，或点名时，或课间休息时，或去食堂的路上，或放学以后。我还积极地和他们的家长联系，让他们多多关心孩子，若发现孩子有异常的举动及时告知我。

对她：我还像以前一样，就当不知道发生了些什么，也不挑明，就怕提及此事影响她的心绪。但常常找借口布置班级或学校活动任务，或通过她了解班上同学目前学习情况及思想状况等，或让她给年级同学做学习经验讲座，或找外教商量戏剧节的事宜，或推荐几本图书给她阅读……

对他：我比以前更加主动关心，首先在全班表扬他本学期的进步，肯定他在暑期活动中的勇敢表现和助人为乐精神；每天早上教室门口微笑迎接他；中午休息找他商量兴趣小组和社团活动事宜；或让他给低年级同学分享组建社团的心得；带班级女同学去操场看他打篮球比赛，为他鼓掌，为他加油……

还和女孩家长一起商量对策：为了给孩子节省时间，爸爸每天早上7：30把女儿送到学校大门口；妈妈每天下午4：30放学来接孩子。双休日父母陪她一起去参加活动。但父母不和孩子提及此事。这样，极大减少了她和他接触的时间。

他的家长在外地，不想他们为孩子担心，就打打电话或发短信告诉他们儿子的在校表现，表扬他的进步和成长，提醒他们有空到南京看看孩子，关心他不是多给钱，而是多陪伴。请他们常常和孩子通通话，说他感兴趣的话题。这样，父母的关心，使他不再感到那么孤独。

班会课组织全班同学展开讨论：青春期如何和异性相处——学会做同心圆，如何和父母相处——当好开心果。但是不提"早恋"二字，举例对事不对人。

…………

期末考试，她又是年级第一，被评为"六星学子"；而他的成绩突飞猛进，获得了进步奖。

第二学期，一切似乎又恢复了平静，班级里再没有人说"早恋"的事。我的心终于放下了。

2008年5月12日，我们中英班同学正在考试，汶川大地震发生了，考试结束后，听说灾区情况严重，女孩把自己一万元积蓄毫不犹豫地捐给了灾区人民。当年考试她获得全A，被美国排名前四的文理学院录取！他被美国排名前三十的大学录取！女孩父母之后来学校看我说："谢谢老师的良苦用心，让女儿及时走出了青春期的困惑，没有被批评，保护了她的自尊心！当时，她只是不想让那男孩再次受到伤害，也不知道如何拒绝，更不敢告诉家长和老师。家长的帮助、老师的开导让她成长许多，心存感激！"

是呀，如果我们耐心对待孩子，适当灵活地给孩子一些机会，换个角度看他们，就会拓宽他们成长的空间。我也为自己庆幸，如果当初不冷静，不分青红皂白把两个孩子批评一通，再告知家长，后果会是什么样呢？不敢想象。

这个案例让我注意关注青春期学生的异性交往话题，也有意识地提醒自己正确对待学生的异性交往。譬如，认识到早恋是青春期性萌动的结果，异性相吸无可厚非；了解产生早恋的前因后果；不要过早地下结论；想方设法帮助学生走出困惑，如"转移情感""冷处理"等，让他们把时间和精力转移到紧张的学习和健康的课余爱好上去，多关心国家大事，多参加集体活动，多看一些文学名著、哲理性文章，多想想自己的进步，想想将来的事业。同时，我也会利用班会对学生进行适度心理疏导及青春期教育。相信他们，做他们的坚强后盾！用爱聆听，静等花开！

"良"友

班主任不仅要做学生的"严"师、"慈"母，还要做"良"友，在学生需要时、有困难时伸出援助之手。到了初三（或高三）拼搏之时学生考试压力大了，他们会产生考试焦虑，怎么办？

"明天，他不来上学啦！"

一天刚刚下课，我还没有进办公室，就听到我们班的"小喇叭"说："老师，明天C同学不来上学啦！"我心里一惊，问："为什么呀？""小喇叭"回话："数学课上C同学和老师顶嘴，大家都看到了。"

我赶紧去教室，看到C同学趴在桌上。我轻轻走过去，悄悄问："哎，怎么啦，今天你不舒服吗？"此时C同学趴在桌上一动不动，也不回话。我看着时间快要上课了，心里暗暗说冷静。临走前对他又说了一句："身体真不舒服老师带你去医务室，要是没什么大问题，下午放学后你等着我。"

后来，通过了解情况发现C同学真的被老师误会了；另外，我让班长等人关注着他的情绪。

怎么办？他放学会留下来吗？我心里有一丝丝担心。

待值日班长做完小结，我宣布放学后，班上的学生陆续离开了教室，就剩下打扫卫生的学生。在教室门口和学生说再见时，发现C同学没有走，在帮忙架凳子，心里暗暗高兴，赶紧回了办公室一趟。

再走进教室，打扫卫生的学生已经离开，值日班长在等待我检查卫生，C 同学一人在座位上写作业。我检查结束，和值日班长说了几句就让她走了。我说："你好，C 同学！送你一块巧克力。奖励你刚才帮助同学打扫卫生。作业做好了吗？我等你。""谢谢老师。还有一点点就做好了。"他说。我又回了一趟办公室。拿了一本书和一些同学的周记本，再回到教室。此时，C 同学已经在收拾书包了。"今天，还想打篮球吗？要不要吃点面包？""嗯，他们在操场等我，刚刚已经吃了巧克力，不想吃面包了。"C 同学说。"那好，我陪你一起去操场。"于是，我们一起关好门窗，边说边走到操场，他的小伙伴都在向他招手。我说："书包给我，快去打球。"音乐铃声响起，五点半学校清场时间到了。"谢谢老师，我准备回家了。"他说。"好，我要去春秋书店买本书，顺便送你到车站。"在路上我们聊起周记，夸他写数学老师的那篇非常精彩。他脸红了。"老师，我……""你想说什么，我明白。"正好 11 路公交车来了，我提醒他："你赶紧上车。老师送你一本书《做最好的自己》。再布置一项特殊作业，想象一下：'假如我是老师'！"看着他上车站稳，朝他挥挥手。11 路车开走了，我立即给孩子家长打电话，把今天的事情简明扼要地告诉了他妈妈，并问她能否请假到 11 路车底站接孩子回家，与孩子沟通，不批评、不指责，注意观察他的情绪，有需要及时联系。

回到学校我立即去数学老师办公室，正好就剩他一人。我真诚地对他说："抱歉抱歉！班上孩子让您生气了。"同时拿出学生的周记本给他看，其中一本就是 C 同学的，孩子们都夸数学老师讲课生动活泼、精彩纷呈。看看他也笑了！

晚上，班干部商量数学老师的生日卡提前送。

第二天，学生来得特别早，依次把准备好的祝福语按照宣传委员要求贴到红色心形卡纸上。C 同学主动到数学老师办公室认错。值日班长送给数学老师几张"小纸条"，是当时课堂上的情况说明，C 同学被误会了。

第三节数学课，我在走廊静静等候，惊喜出现了：数学老师一进教室，生日歌音乐响起，全班学生跟着一起唱。然后班长走到讲台前，双手送上全体学生一起做的心形贺卡，并对老师说："周日不上学，今天周五，我们提前祝您生日快乐！"全班一起大声说："老师，祝您生日快乐！"数学老师很感动，他对同学们说："谢谢！谢谢你们！毛主席说不了解情况，就没有发言权！昨天数学课上老师误会C同学了，很抱歉！"顿时，全班爆发出雷鸣般的掌声！后来，C同学更加喜欢数学了，期末考试数学考了满分，初三中考数学获得满分！

这个案例给我很大的启发：遇事需冷静处理；对待学生要有耐心；要全面了解学生，看到的有时不是事实；善于换位思考，用学生的情感去体验；尊重老师，同时也要尊重学生，更要尊重事实。班主任还需要睁大一只眼睛去发现学生的长处，眯着一只眼睛去看他们的不足，适当给他们一些机会帮助他们成长。

老师，请您帮帮我
——借分风波

"韩老师，我回来啦！什么时候有空啊？来拜访您。"听着电话里的声音，时光仿佛一下子回到多年前……

期中考试后的一天早上，走进办公室，看到太阳终于露出久违的笑脸，我非常高兴地拉开窗帘，让阳光进来。突然，出现了"咚、咚、咚咚"的敲门声。

"请进！"我说。办公室的门"吱"一声开了一个小缝，但是没有人进来。我又说了一声："请进！"还是没有人应答或进来。"谁呀？快进来吧。"放下手中书本，我边说边走，打开门，有个人影一闪不见了。等了一会儿，还是不见人，我就往回走，但似乎听到有脚步声，感觉有人跟在后面，我停下来，脚步声也停下来。"跟我进来吧。"咦，没有回声，掉头一看，是王同学。"怎么啦？是找我吗？"她开口了，红着脸说："老师，能否出来一下呢？我有事找您！"

她从来没有主动找我谈过话，我马上就答应了。"地点，你选！""老师，放学后去小花园（我们学校学生特有的小天地）。"说着就跑开了。

中午休息时，我去班级了解到一些信息：王同学很想和好朋友一起参加"商赛"社团活动，寒假去上海比赛。这个比赛规格高，参赛费用也高。因此她妈妈对她提出了一些要求，若能达到就同意她参加"商赛"活动。可是王同学语文考试分数没有达到要求，差 1 分就能获得 A 等级。这两天她情绪很低落，甚至都不愿意和同学说话了。她妈妈是个说一不二的人，寒假去上海参加"商赛"的希望就要成泡影了。而报名截止日期就在本周末！……

下午放学后，我准时去小花园，远远地看见王同学已经在那里四处张望，瞧见我来了，赶快迎上来说："老师，我，我……"她吞吞吐吐欲言又止，我笑着说："不急不急，想好了再说。"她低着头，双手不停地搓来搓去，想了好一会儿走到我跟前哽咽着说："韩老师，我……我……"王同学突然抬起头来，语气变得坚定地说："老师，我是来向您'借分'的。请求您一定要帮帮我。期末考试我一定用高分来还！"我看着王同学，心情特别复杂，"借分"从没有听说过的事，执教这么长时间，这是头一遭。眼前这个学生可是班级有名的不求人，是"借"还是不"借"呢？看着王同学可怜而期待的眼神，心中一股疼爱之情油然而生，我说："把你的试卷给我看看。"我发现她的试卷书写工整，卷面分有余地，所以决定"借分"给她。我对王同学说："孩子，这分数不是容易借的，这次我借你 1 分，可是你要想清楚，以后你要成倍地还给我，你能做到吗？你能做到，我就去帮你向外方校长申请并说明理由！"王同学有些犹豫了，因为她知道自己平时不够用功，成绩不太理想，要拿到高分，凭她现在的根基需要付出很大努力。不过，她坚定了信心说："老师，您放心！一言既出，驷马难追。请您相信，我会以实际行动来证明的。"我笑了笑，拿过笔在王同学的语文试卷上加了对她来说宝贵的 1 分。（补充说明：我们国际班分数构成：试卷 40%，出勤率 15%，作业 15%，课堂表现 15%，努力程度 15%。不是随随便便就加分。）

王同学果然没有食言，后来经过一段时间的努力，她不但"还"回了分数，而且变得爱学习，尤其是我每次和她目光交会时，总能读懂她目光中的感激之情，在期末语文考试中，她还取得了班级第二名的好成绩，兑现了她的承诺。从此，她更加主动学习，爱思考，有问题就向老师或同学请教，连外教老师都说她的变化令人吃惊。高二时王同学还成功竞选为班级学习委员，每次考试都能取得令人满意的成绩。最终，她申请到心仪已久的知名大学，现在研究生毕业已找到让人羡慕的工作。每次漂洋回宁，她都会回母校看看大家……

是呀，如果我们适当灵活地给学生一次机会，就会拓宽他们成长的空间！

同时，也要做家长的"良"友。譬如，家长会一定要让家长学生都明白：家长会不是告状会，不是老师向家长告学生的状，也不是家长向老师告学生的状。家长会也绝不单纯是汇报成绩的会。家长会之后应该带给学生反思，带给家长反思，带给教师反思。家长会也不是埋怨会，不是老师埋怨家长在家没管好孩子，也不是家长埋怨老师在校没教好孩子。家长会应该是学校及老师同家长相互沟通的会，应该是相互交换教育管理方法的会，应该是共同商量如何把学生教育管理得更好的会。学生行为是否规范、思想是否进步、成绩是否提高受到许多因素影响，如学生自身的具体情况、学校（教师）的教育管理方法、家庭教育的方式、社会的影响等。家长会就是要通过教师与家长的相互沟通交流，尽力形成教育合力，从而收到事半功倍之效。所以我希望我们的学生和家长都不要害怕开家长会，学生应主动告诉家长，家长应尽可能参加，不要找借口请假。家长会的形式应多样，不能班主任一言堂，可让学生主持汇报或让家长做讲座等。班主任和家长就是孩子的左右翅膀，双方应达成共识，形成教育合力，才能帮助孩子排忧解难，助其健康成长！

做自己生命航程的主人
——有关"特殊生"的转化和引导

不少孩子进了中学以后，家长普遍反映"越来越不听话"，"宝贝疙瘩"变成了"问题疙瘩"。记得多年前我所带的初一（1）班有个孩子和家长矛盾非常大，他在周记里曾经写过一篇名为《青春期遭遇更年期》

的文章，书写他和母亲之间的矛盾不可调和……。孩子的妈妈到学校反映儿子上中学后完全变了一个人，把家长当成"敌人"，甚至"仇人"，动不动就和家长"闹革命"，还差点"绝食"。有几次我还充当了他们家的"救火队员"。

后来我分别找家长和孩子谈话了解情况，发现问题不全在孩子身上，因为家长对孩子要求过高、过严，当孩子出现问题时家长态度不好，管教方法又简单甚至粗暴，这就导致了孩子和妈妈的矛盾越来越大。我当时只得先安慰家长，认真地倾听她的诉说，然后给她一些建议，如：

（1）关注孩子的理想、目标和计划，了解孩子心里想什么，掌握思想动态，尽量保证每天与孩子的及时沟通。

（2）关注孩子的学习习惯、作业完成情况。孩子回家先了解在校学习过程及与同学相处的情况，再了解孩子学习情况，不要只关心学习成绩，而不关注学习过程。

（3）关注孩子的细微变化，关心孩子的内心世界，尊重他的想法，切勿对孩子施加过大的压力，积极营造一个良好的学习氛围。

（4）关注孩子的伙伴群，应以鼓励为主，并对他们在家的行为加以督促和提醒。因为轻松和谐的家庭氛围能够缓和孩子的紧张情绪，让其克服恐惧心理，增强信心。

（5）希望家长平时多多与班主任、任课老师联系，加强沟通，共同教育好孩子。

幸好这位家长能够相信老师的话，并积极配合，她克制了自己的情绪，改变了原有的教育孩子的方法，把孩子当成朋友，做孩子坚强的后盾，在精神上支持他，当孩子失败的时候鼓励他，当孩子成功的时候提醒他。

同时，我也找准机会和孩子交谈，一般是等放学班级同学都走了以后，单独和这个孩子"密谈"。一开始我先了解他内心的真实想法，让孩子自己说明情况。然后我开导他："平时你爸爸不在家，妈妈一人带你不容易，她既要上班又要照顾你的生活和学习……。有人说人生没有彩排，每一天都是现场直播。偶尔会想，如果人生真如一场电子游戏，玩坏了可以选择重来，生活会变成什么样子？正因为时光流逝一去不复返，所以我们更要珍惜每一寸光阴，孝敬父母，善待朋友。你是个好孩子，老师相信你会改变对待妈妈的态度。"

几次谈话后，孩子终于认识到自己的不足，也透露了心声：以后会听妈妈的话，好好孝顺她，学做家务，自己的事情一定自己做（如收拾房间，整理图书等）；希望妈妈能够信任他，不要总是怀疑他；还希望妈妈多多给予他一定的时间和空间，让他做自己喜欢的事。

我把孩子的想法也和妈妈做了一次深入沟通和交流，最后妈妈和孩子达成共识：彼此尊重，彼此信任；有问题共同商量解决的办法，不互相埋怨。

接下来的日子里，这名学生发生了很大的变化，每天早早到校，带领同学背单词；课上认真听讲，积极发言；劳动卫生主动积极；放学回家很及时。他也体会到成功的滋味：班委竞选成功；数学、物理竞赛获一等奖；带领班级篮球队比赛并获得好名次；美术比赛获得一等奖……，最后他成功考取了学校本部高中（他初中是扩招进来的）。孩子和妈妈都很开心。

家校合作形成合力是多么重要。对孩子的教育管理，老师和家长不能只是消极管束，而是要提高认识，积极引导，转化孩子思想，培养孩子良好的思想品德和行为习惯。在班级教育活动中，班主任更要积极倡导和引导学生做自己生命航船的主人，让孩子靠自己的内因成长。人本主义心理学家罗杰斯认为：人有一种内在的积极的成长动力，也就是人有一种内在建设性的倾向，这种倾向在周围环境的无条件关怀、移情理解和积极诱导下能促使人健康地成长。

教育生命，守望教育梦想

三十多年来的教育教学经历让我有了深刻体会：要当好一名老师，

尤其是要当好一名班主任，首先要关爱学生、尊重学生。关爱班级每一名学生的健康成长，特别要有耐心做好学习有困难的学生的思想工作，帮助他们改变现状，逐渐进步。还需具有良好的职业道德、强烈的事业心和责任感，在工作中发挥团队精神，协调好各种工作关系。虚心向同行请教，结合班级实际情况，勤勤恳恳、兢兢业业，使教育教学工作有计划、有组织、有步骤地开展。当然还要有亲和力，善于倾听，善于与人沟通，有洞察力，有爱心和包容心，乐于助人。我在教书育人方面逐渐形成了"亲、实、严、活"的风格。所带班级班风正、学风好。因为有了对学生的这份爱，我自然满腔热情、任劳任怨地工作；真诚合作、虚心学习；全心全意、爱生如子。我习惯每天清晨早早来到静悄悄的校园，迎接着学生的到来；每天下班回到家后，仍有无数个学生故事在脑海中回味。学生们眼里的我总是笑容可掬、和蔼可亲的。只要与学生相关的，事无巨细，我都会予以高度重视。"成也细节，败也细节"，在行动上做学生的表率。所教学生，都养成了不迟到不早退的好习惯，自觉遵守学校常规。为了培养学生讲文明、懂礼貌的良好习惯，在和学生说话时，我也是"请""谢谢你""麻烦啦""对不起哦""很抱歉"等礼貌用语不离口。我还为学生准备了笔、尺子、剪刀、针线包、牛皮筋、绳子、餐巾纸等，放在一个箱子里，需要时过来取，他们戏称"八宝箱"。与学生或家长谈话，先是一句问候，再搬出一把椅子，接着递上一杯水，有时候还会送学生一本书或一块巧克力。

平时我对学生都是和颜悦色的，以表扬和鼓励为主。尤其对后进生，倾注了更多的关爱。2009届一名学生对家长的教育产生逆反心理，学习成绩急剧下降，经常缺课。家长都丧失了信心，可我并没有放弃他，主动同他促膝谈心，讲他曾经的骄傲，谈他应有的美好前程。与他的每一次谈话都在他内心产生强烈震撼，他各方面都有了飞速的进步。后来，这名学生顺利考取大学，学生和家长一直感激我为他的付出。下面与大家分享的就是我和他的故事。

他又找回了自信

在教育教学过程中，我对学生永远和颜悦色，以表扬和鼓励为主。尤其对暂时落后的学生，更倾注了更多的关爱。面对一些"特殊学生"，尽心尽力做好相关的转化工作。

2009届有一名学生，因为受外部特殊环境的影响，他认为家里条件好，父母创造的财富这辈子他都花不完，对学习渐渐没有了兴趣，对家长的教育产生了逆反心理，高二学习成绩急剧下降，经常旷课甚至逃学打游戏。放学后不按时回家，家长后来对他都丧失了信心，可我并没有放弃他，时不时地找借口找这名学生，同他真诚地交谈，耐心地开导他，讲他曾经的骄傲，谈他应有的美好前程，谈近期目标和中期目标等。

有一天下午第三节课，我在办公室里备课，突然一个声音传来："韩老师，某同学不见了。"一班的班长走进来，很着急的样子。了解情况后，找了几位老师帮忙分头行动。最后在二楼凸出的小窗台里看到他的身影。刚想走过去，有人挡住我悄悄地说："老师，不能靠近，他会掉下去的！"然后说出缘由。只好请其他老师先回办公室，我再慢慢走过去，轻声对他说："老师理解你，也心疼你，更愿意陪着你。"一只手撑开伞挡在他的头顶，一只手紧紧拉住他肩上的衣服，生怕他往前一步就会掉下去，静静地陪着他，天在下雨，他在流泪……问他什么也不说。

放学了，他还躲在小窗台角落里，他似乎感觉到我的手臂在颤抖，身子往墙壁靠了靠。我心中的石头终于落下来了，放下麻木的手。问他："累吗？肚子饿了吗？"他摇摇头。

天黑了，雨也停了。他继续躲在那里一动也不动，我知道此时说什么他也听不进去，空洞的说教没有效果。我就继续静静地陪在他身旁。

七点钟门卫师傅过来锁教学楼大门，他还是不想走，我开玩笑和他说："你是想让师傅丢了工作吗？"他抬头看了看师傅，不得不离开他坚持了一下午的阵地。先陪他回教室收拾书包，然后带他到办公室，递给他一张湿纸巾擦了脸，再用干毛巾帮他擦了湿头发，让他换了一件干净的校服后给他泡了一杯热茶，再递给他一袋饼干，对他说："现在愿意和我说说话吗？"他看着我，迟疑了一会儿，终于点头了。我很高兴地笑了。他把事情原委告诉了我（隐私不能写出来）。我听了以后很吃惊，非常同情他，点点头说："老师相信你！也尊重你，理解你！"他开始用疑惑的眼神看着我，最后说了句："老师，谢谢您！"

八点的钟声敲响了，我对他说："送你回家，还是跟我回家呀？"

过了一会儿，他回答说："老师，我想……我想回家洗澡换衣服，还想看看书，补做作业。""好样的！"我郑重其事地说。

把他送回家后，我和孩子的父母交谈了一会儿，并提醒他们：孩子处于叛逆期，引导不好的话后果很严重，打骂不是解决问题的方法。同时给他们建议：请一定尊重孩子，相信孩子！他会做出理性的思考来改变现状。再告诉他们与青春期孩子相处的要点：不激怒青春期的男孩，给孩子自己消化情绪的空间；不火上浇油，避开锋芒冷处理；父母最大的底牌是爱，唯有暖人心才能双赢！

第二天课间，我去教室找他的好朋友进行个别交流，希望他们在关键时刻能拉他一把！同时找他的学科老师，沟通这个孩子的情况，希望老师们适时对他进行心理疏导，鼓励他，帮助他！

这件事后，这个孩子又逐步找回了自信。在以后的日子里，我不断地督促他鼓励他，一有亮点就全班表扬。这个孩子受到了老师的赏识后，看到了此前未有的希望。他曾经和一位老师说："韩老师每一次讲话，都是一种心灵的洗礼，都会让我感到震撼，也让我感到温暖。"他的好朋友告诉我，那次雨中陪伴他很感动，老师没有说教，只是关心和尊重，信任和等待。于是，他又有了学习的热情和信心，特别是在学习及社会实践活动等方面有了很大的进步。后来，这名学生顺利考取世界著名大学。一直到现在，这名学生和他的家长还来信息或来电对我们表示由衷的感谢。

作为班主任，我深刻体悟到生命中每遇见一个"特殊学生"，就会多一份对儿童与青少年成长的理解，也会多一份对教育的理解。对于这类失去自信的学生，我首先选择相信他们，尊重是他们能够持续向上的强大动力。爱心是他们克服怯懦、健康成长的重要养分。因此，我在与学生就情感问题进行沟通时，注重做到"五要"：要了解学生的情感需求，觉察其情感变化，并保持师者的冷静和理性；要弄清学生的情感症结，保持开放的心态，拥有一双倾听的耳朵；要有一颗公正的心，客观分析学生的情感矛盾；要给予学生温柔的安抚，正向激励学生，唤醒其内在情感能量；要给予学生恰当的鼓励，指导学生学会接纳自己，建立积极的自我概念。

"用爱教书，用心育人"是我几十年如一日的真实写照。我喜欢和学生一起学习生活，用自己的真诚和爱，影响并感动着每一名学生，也赢得了他们的信任和尊重，学生都称我为"知心老师""妈妈老师"。

《卡尔·威特的教育》中有这么一段话，孩子的心灵是一块奇怪的土地，播上思想的种子，就会有行为的收获；播上行为的种子，就会有习惯的收获；播上习惯的种子，就会有品德的收获；播上品德的种子，就会有命运的收获。

教育不是管，也不是不管。在管与不管之间，有一个词语叫"守望"。我愿意加强理论知识的学习和专业技能的培训，我愿意继续努力，向周围的老师学习，向专家请教，做教育这块园地里的守望者！让我们耐心守望，静等花开！

[专家点评]

守望内心，关注学生的情感与心灵

李亚娟　南京市教育科学研究所

每位家长都希望自己的孩子能遇到一位优秀又有爱心的班主任，更希望自己的孩子在优秀班主任的影响与教育下，能拥有丰富的知识、健康的心灵、完满的人格。每位家长和教育工作者都希望未来一代有健全的生命和美好的人生。我们为孩子的游戏、学习、生活、交往用心良苦，但未必能够得到理想的结果，往往不能很如愿地培养孩子的同情之心、仁爱之心、宽容之心、虔敬之心、责任之心，而且他们还可能在受教育的过程中产生负性情绪反应，如自卑、忧郁、厌学、淡漠、孤独、自闭，或者焦虑、嫉妒，甚至充满敌意。作为教育者，我们时刻需要问自己，在孩子的成长过程中，需要哪些情感？我想，最需要获得的是爱的关怀，它给人以智慧、力量和信心，促人成长，助人成功。

如今，我看到韩维萍老师用三十余年的教育经历，深度叙述着守望班主任教育园地的教育情怀，在她的理念与思想里，在她的班级与讲台上，诠释着班主任作为学生精神成长的关怀者的角色，用"严"师、"慈"母、"良"友三种自我心理定位，深切地关注着学生的情感与心灵，注重培养学生的情感品质与情感能力。

首先，她有着爱生如子的教育情怀与信念，关注学生的情感与心灵。正是基于对爱的信仰和对心灵的珍视，师生亲如家人，友爱和睦，教师认真聆听学生的每一句心声，认真做好手头的每一份工作。正如真爱并不需要大肆宣扬，她只是在脚踏实地中践行她的理想。

其次，她借助于班级教育情境营造情感场，师生互动注重情感表达。班主任是了解学生成长需要的发现者，是师生互动、生生互动环境的设计者，学生在教师的支持下学习、研究、反思与成长。教师与学生共同生活营造情感教育情境，让班主任的情感素养得以充分彰显。

再次，她温柔的个人情感素养与理性爱的情感表达能力，促进了学生的发展与成长。关注人的情感发展是教育中的一个本源性、根基性问题。因为只有情感才真正属于个体，它是真实的、内在的、独特的，是人类真实意向的表达。从这一意义上说，人的本质正是其情感的质量及其表达。我们确信一个人对某种价值的认同、遵循乃至于形成人格，根本上是一个人情感变化、发展，包括内在情感品质与外在情感能力提升和增长的过程。班主任的情感素养与理性爱的情感表达，最接近学生的内心世界与思维。

未来教育强调教会人们学会生存，学会学习，学会选择，学会合作，学会发展。我们也相信韩维萍老师的教育守望，会在更广的范围内铸就更多情感教育能手型的成功教师和成功家长。

陈斌：遇见孩子，遇见更好的自己

••• 南京江宁高等职业技术学校

[教育小传]

　　教育是一门实践的艺术，教育的意义是在实践的过程中不断接近的。

　　很多老师都有用手中的相机记录学生成长片段的习惯，我也曾如此，不过我还尝试把这些记忆的碎片用教育情节串联成一部部微电影；很多老师还一直在不辞辛苦地批阅着学生的周记，我也曾如此，不过我还规划了写作的主题，把他们的故事编辑成感动他们自己的励志读本。

　　六年的时间里，我带领一批缺乏自信的中职学生完成了二十部微电影和数十万字的毕业文集。通过角色塑造等手段挖掘学生成长过程中的励志故事，利用其自身资源进行自我教育。影片中的角色和情节对现实中的孩子们产生了神奇的力量，让他们见识了不一样的自己，也验证了教育心理学中的"罗森塔尔效应"。

　　六年的时间里，我发表二十多篇论文，参编一部图书，撰写三十多万字教育随笔，个人成为多个研究团队的核心成员，所带班级两次获得"江苏省先进班集体"称号，《华夏教师》《德育报》《扬子晚报》《南京日报》和《金陵晚报》先后报道我的教育事迹。我利用网络主动和外部世界产生连接，逼迫自己不断学习。一段段成长，见证了我从一名新手班主任成长为一名成熟班主任的历程。

　　遇见他们，也让我遇见了更好的自己。

教师改变，学生改变

"少年时，意气风发，踌躇满志。当时曾梦想改变世界。但当我年事渐长，阅历增多，发现自己无力改变世界。于是我缩小了范围，决定先改变我的国家。可这个目标还是太大了。接着我步入了中年，我将试图改变的对象锁定在最亲密的家人身上，但他们个个还是维持原状。当我垂垂老矣之时，终于顿悟：我应该先改变自己，用以身作则的方式影响家人。若我能先做家人的榜样，也许下一步就能改变我们的国家，再以后，我甚至可能改变整个世界。"这是一位安葬在英国西敏寺的主教的墓志铭。品读这段文字，我有些释然，因为我通过我两年半的教育实践为这段话做了一个注释。我做到了改变自己，进而改变我的学生，也开始在一点点地改变我周围的人。

我是工作第八年才开始做班主任的。毫无经验的我，接手了一个其他老师不愿意带的班级，然而也正是这个班级帮我完成了一次成长的蜕变。

刚开始带班的时候，我投入了很多的精力，班级也出现了喜人的进步。一个学期下来，我们获得了先进班集体的荣誉。有一次我无意中听到班上一个学生说："这个新班主任真厉害，我们班还从来没有拿过这个荣誉呢！"旁听来的溢美之词，使我心里兴奋，因为我相信学生的话是发自内心的。我觉得自己的辛劳付出是值得的，看到越来越多的学生喜欢现在的班级，喜欢这个教室，我的内心也充满喜悦。

然而事情并没有按照我预想的顺风顺水走下去，到第二个学期中途的时候，班级连续出现了几起打架事件。尤其让我始料不及的是，原本融洽的师生关系，迅速恶化，越来越多的学生走到了我的对立面。首先是三名学生，由于之前就背负处分，再次打架致使处分累加，被学校处以留校察看处分。而这三名学生把受处分的责任归因于我，径直走到了我的对立面。接着，班级几个问题学生也状况不断，对于他们出现的问题我显得有些不耐烦，因而在处理时有点急躁。当时的一个学生因为早恋的问题引起了学校领导的关注，对于她的问题我欠缺经验，用电话通知了家长。这名学生对通知家长很反感，当时就与我发生了激烈的冲突。总之，那段时间，我和班上这几个学生的关系相当紧张。

一天中午，我像往常一样进班看午休，那时大家都在安安静静休息。大概一点钟的时候，我又去了一趟教室，却发现里面空无一人。我立即给班长打电话，电话关机。我给副班长打电话，对方就是不接。我以为他们提前去上体育课了，没有太在意。大约半个小时之后，我接到一个电话，是学校政教处打来的，说我班学生现在在行政楼，政教主任说他们会处理这件事情。我的心当时就咯噔一下，学生怎么会集体出现在行政楼呢？下午，政教主任和我谈话了，说是学生到校长室反映情况，要求撤换我。主任说，学生的理由是我管理太严，学生受不了管束。

那时，我很想对学生发一通脾气，或者大哭一场，为什么我为学生付出那么多，却是这样的结果？

问题到底出在哪里呢？我陷入了沉思。

学生们感觉不幸福。用学生们的话来说，就是管理得太严了。在一个班级中，如果班主任是绝对的刚性统治而缺乏一定的人文关怀，学生就如同生活在水火之中，是完全没有幸福感的。

的确，新官上任三把火，一时间整个班级就像被熨斗烫过一样，学生们一下子被新班主任的严厉整蒙了。但是学生毕竟不是那块被烫了就不会再起皱的布匹，学生是有喜怒哀乐的人。总有学生会出现这样那样的问题，总有后进生会出现情况反复，当处理这些问题的方式生硬、急躁，企图快刀斩乱麻的时候，当教育像给刺猬拔刺一般时，"刺猬们"就会选择团结起来反抗。

我该怎么办？还要不要做这个班主任呢？

当然要继续做下去，如果不能哪里跌倒哪里爬起来的话，很可能就会一辈子对做班主任产生恐惧心理，这个阴影会追随我的整个职业生涯。

那么如何做下去？如何勇敢直面自己的失败，如何在失败中站起来努力修复岌岌可危的师生关系，这确实有一定的难度。

首先，班主任要把内心的委屈找到适当的对象倾吐，把内心的不良情绪以恰当的方式排除出去，而不是积压在心里。否则这些不良情绪会在日后与学生的相处中爆发出来，成为一种报复性的井喷。

我找了同事们倾诉发生的事情，事已至此，再多的抱怨只会使事情变得更加糟糕，更多的应该是冷静反思。我第一时间找人稀释了自己的情绪，也让自己有了冷静思考的可能性。

其次，必须直面这样的事件，不能选择逃避。越是采取积极主动的方式，越是能够更快地处理好问题。

在校领导的安排下，我在全班召开了座谈会。我个人也就前期的工作方法进行诚恳的道歉。在这样的真诚面前，学生们自然于心不忍（很多时候，学生比老师更加宽容），于是给了我一个"留班察看"的机会。

接下来的日子，师生之间总是显得有些隔阂。一次的公开道歉容易做到，但是每日相处的尴尬如何才能化解呢？等待我的是一个更为棘手的冲突后遗症的处理。处理好了，可以获得凤凰涅槃式的重生；处理不好，会从此加重阴影走向消沉。

变则通，这是最好的方式。教师在这样的状况下，必须修正认知结构，要试着问自己之前是不是以一个成人的标准来要求自己的学生；之前的一些做法有没有充分尊重学生的意见；是不是被表面的成绩迷花了眼，对平日的一些细节没有引起足够的重视；是否真正把自己的教育对象当作一个活生生的人来看待，有没有设身处地地考虑过学生的感受。

思路决定出路，观念上更新了，就要放慢班级管理的节奏，把要达成的目标分解为一个个阶段性的小目标，选择放下高高在上的师道尊严，主动和学生沟通，征询他们的意见。

的确，沟通是最重要的。从前我觉得委屈，自己辛苦付出那么多为何不讨学生喜欢反而遭遇罢免，其实就是沟通出了问题，虽然学生们看到先进红旗挂在班级门口，但内心深处没有体会到幸福感，这样红旗和荣誉就成了班主任一个人的，而不是全班同学的。一个优秀的班主任要把自己内心对优秀班级的追求内化成全体学生对优秀的追求。

学生就是一面镜子，从他们的眼中教师是可以看到自己的不足的。做教师的要善于蹲下身子、静下心来听听他们的意见。学生对教师提出抗诉的时候，就像身体向我们发出警示一样，教师要引起充分重视，并做必要的反思和适时的改变。

想起泰戈尔那句有名的诗：使鹅卵石臻于完美的，并非锤的打击，而是水的且歌且舞。

孔子说："水或方或长，流必向下，和顺温柔。"的确，"或方或长"的工作方式、"流必向下"的工作信念、"和顺温柔"的工作态度，将会使我们的教育也如水一般静静地从孩子们的心田流过。

当教师不再高高在上，当我对学生的态度渐渐温和之后，学生反而从心里尊重我，班级管理开始变得顺风顺水了。

在第一届学生即将毕业之际，我策划了一场不一样的毕业季，为第一次带班画上了一个完美的句号。

最后一个学期伊始，我拟定了一份"有秩序毕业推进表"，表中按时间节点安排了毕业前需要完成的具体事务。由于有了事先的规划和严格的落实，我们的毕业工作平稳而有序。

我们开展了"值日班主任"德育体验活动。活动之初，我们设计了"班主任工作标准化流程表"并挑选两批学生做预演，两批学生的示范及流程表的有章可循使得我们的这项活动十分成功。

德育体验活动为后面的主题征文活动也做了一个很好的铺垫，一方面提供了极好的写作素材，另一方面也为我提出新要求打下了很好的心理基础。接下来，我则隆重推出了"与母校的那些往事"主题征文活动，我有意通过文字把那些过往的细节记录下来，不让这些故事在我们的记忆中逐渐淡化。此次活动开展得非常顺利，我们先后完成了五万字的"我眼中的班主任"、十三万字的"我眼中的同学"、六万字的"我的中专三年"及二十份"个人成长报告"。当我把学生互写的文章打印出来时，他们非常感动，我也从学生的文章中感受到了那份浓浓的师生情。文字让那些陪伴我们成长的往事定格了下来，我们也因此感受到了一份厚重。一名学生给我的留言中说道："我是一个十分重感情的人，感谢你把我们成长的足迹描摹得这么清晰，让我们若干年后还能够知道'回家'的路。"

毕业那一天，我事先准备好了学士帽，为每名学生举行了一个简朴而庄严的毕业仪式。仪式之后，我播放了自己精心制作的毕业纪念册，三个小时的视频播放完后，学生们久久不肯离去。

临行之前，我把制作好的毕业纪念册一一送交到学生的手中。有一名学生塞给我一本毕业留言册，说是特意为我准备的，说比她为自己准备的那本还要精美。留言册上记录了很多精彩的瞬间，他们以自己独特的方式记录了一个老师的成长。

但愿我今天所做的事情在将来看来是有价值的。

教育是有很多的关键期的，学生也期待我们教师能够在关键期里有所行动。很多时候学生在意的不是我们做得好不好，而是我们做没做。

在最后一次"师生互写"中，我提到了不少学生的美丽蜕变，哪怕是在最后一个学期时才有蜕变影子的学生，我也给予了高度的赞扬。而当我看到他们"眼中"的我时，铮铮男儿也忍不住潸然泪下。

老班话同学（节选）
欣欣印象

本周的班会预演中，欣欣的一个举动引起了我的注意。她主动提出要去修改班会用的PPT，这一点我是有点吃惊的。多少次了，我安排她做个事情都是催了又催，最后好不容易才能完工。同桌黄晨晨都说她记性不好，好几次早晨交作业时，我听到的都是一句，"哦，我忘了"。这次能够有这么点变化，多少还是让我感到欣慰的，至少也算得上一种进步吧。

隔天中午她又向我提出可否安排"校园一日游"活动，说团支部要写总结了，得准备材料。这个活动是我在春天的时候和大家提及的，只因天气错过了花期就作罢了。我没有想到她还记得这件事情。我近来时常留意学生的一点点变化，也会用笔和图片记录下他们成长的点点滴滴。这也是我时常和班干部说的，做事情要有主动精神，眼睛里要有事情。其实在现实生活中越是主动的人越是能够积聚更多的能量，我希望他们能够深刻体会其中的真味。

前两天欣欣过来拜托我一件事情。我问她是什么事，她显得很不好意思。追问之下，她告诉我是请我代收一个包裹。我问她怎么不寄到家里，她说不想让她爸妈知道。周四中午又跑过来和我说是否可以帮她付款。我之前也是批评过她追星的事情，她笑笑对我说，没有办法就这么点爱好了。这件事上，我感受到的是她对我的一丝信任。其实，友情也好，爱情也好，久而久之都会转化为亲情。说也奇怪，和新朋友会谈文学、哲学、人生道理等，和老朋友却只话家常。很多时候，心灵的契合已经不需要太多的言语来表达。

最近我也留意过她的几个变化，有好几次看到我时，她都会和晨晨一样大声向我问好，前段时间的搏击操中我也看到她练习的身影，文化艺术节中我也看到了她的身影。我觉得这些都很好，应该说行动起来总是有收获的。记得她是以全年级第一名的成绩进来的，最初的时候老师也是因为成绩安排她做了学习委员。很长时间里她都不知道学习委员该做些什么。这个方面，我们也曾经努力过，但是学习的进步在我们这个大环境下真不是一件容易的事情。成人高考前，我们组织过学习小组互助；成人高考后，我们组织过各种形式的活动促使大家练习技能。虽然成效不是很大，但是也比原地踏步要强一些。记得因为学习的问题，我和她谈过一次。谈话中，我感受到她所遭受到的来自父母方面的压力。其实这也是许多中国家长的通病，认为孩子是他们的私有财产，是他们未完成的梦。许多家长希望孩子沿着他们设计的路线去发展，其实我们更应该尊重孩子自身的成长规律，我们应该问问他们需要什么。记得那次谈话并没有达到我的预期，很多时候我对她也是有种失望的感觉。现在想想，我似乎也是犯了和一些家长同样的错误。到了今天，时隔一个多学期，看到她现在的样子，我觉得还是应该多给她些自由的空间，不要过多地要求什么。教育需要等待！

记忆中还有一件事令人印象深刻，那是一次道歉。她对自己做了一次剖析，这一点很不容易。我在她这么大的时候是不会轻易认错的，即使我错了，也会扛着不说。在她身上我也学到了很多。她是一个不轻易说不的人，每次我交代的任务她都能够接受。她有自己的爱好，并且愿意为自己的爱好付出心血。在教育过程中，每一次的付出都是有所收获的，在她的身上我收获的是迟来的快乐。

小娟印象

很久以前就想写写对小娟的印象了，但是心中总是有一丝的胆怯。在很长的一段时间里，她并不是我很中意的那类学生，我们之间也曾有过一些言语上的不愉快。这种感觉，至今我也不曾回避，我愿意坦诚我的这种真实感觉。也许你要问，老师怎么可以这样？确实，从某种意义上来说，我的这种表现是很不称职的。但是，在我们相处的这两年多时间里，她还是给我留下了几处闪光的印记。今天，我有这个勇气来写她，很大的一个原因就是下午她和我说的一句话，她说自己"长大了，懂事了"。我想，作为一个教师，最希望看到的就是这样的结果，虽然一路走来，我们的路途稍显坎坷，但是我们毕竟携手共进，共同见证了这成长的喜悦。

她让我懂得生活本是丰富多彩的。

我时常回忆起带班之初的情景，每当回味那段往事的时候，我都感谢学生对我的宽容。两年前的我，虽然有工作的热情，但是缺少工作的智慧。那时的一些工作方法其实也在无形中伤害了班级的学生，这其中也包括小娟。我记得那时我总是妄图按照一个模子来塑造我的学生们，我无视学生之间的差异，我似乎想着一夜之间就把不同的人催发到一样的高度。对于一些不能达到要求的学生，我大多选择的是斥责。在很长的一段时间里，从我内心来说是不能接纳这部分学生的。记得有一次，小娟主动把头发染回黑色，我在全班学生面前狠狠表扬了她。一方面，我确实为她的这种改变而高兴，但是，另一方面，我真的问过她染发的真实想法吗？有学生问过我，是不是那些听我话、帮我做事的学生才是好学生。我可以回答她，当然不是。但是，在实际生活中，我却没有胆量告诉她我无法做到足够的包容和理解。但是现在在小娟身上，我发现我真的做到了。我能够做到从欣赏的角度来看待她的个性，她告诉我：世界本是丰富多彩的，我们要学会接纳每一个人的个性。

她让我学会等待。

客观地说，在与学生的沟通方面，我做得不是很好。与有些学生的相处，我显得很是急躁，我的急躁让他们自然选择了关闭沟通的大门。学生毕竟是学生，他们总是可以以宽容的心来对待我们成人的错误。我很庆幸，在即将毕业之际，我还有机会看到自己曾经犯下的错误有被改正的可能。和两年前相比，我不再那么急促地催着他们成长，我只是放慢了脚步记录下他们一点一滴的成长故事。我的印象中小娟是比较喜欢笑的，有几次她都是笑眯眯地招呼我到她的座位旁边，然后拿上请假条让我签字。对此，我收起了以往的批评，只是平心静气地对她说："你真会省时间。"每个人都有缺点，我们没有必要放大对方的缺点，我们要学会等待，等待的心境可以让我更多地看到对方的优点。

她让我学会聆听。

我曾留意过她在日记中的一段话，说的是另外一个同学其实也在默默地为班级呐喊。我很谢谢她的提醒，我其实也很想与那个学生修好关系，但是结果还是失败了。我不想为失败找各种各样的理由，我只能说我当时做得不够智慧，我应该对此负责。虽然事情已经过去，但这毕竟是我班主任生涯中不光彩的一页，我在聆听的方面做得不是很好，扪心自问，我真的很少了解学生的真实想法。我感谢小娟能够指出我的不足，给我提供真切的建议。

教育永远充满奇迹，我幸运在我们相处即将结束的时候能够收获这份奇迹。我希望我的这点收获可以成为我们教育人的共同财富。我希望小娟在她的人生道路上做最好的自己。

学生如是说：我眼中的班主任

盈盈说：

初中毕业，来到了职校，从未对这个学校抱有一点点的希望，我原本以为我会在这里沉睡几年。计划没有变化快，我们在这个绝境中遇到了一个"难缠"的班主任。

他是第一次在这个学校当班主任，我们是第一次在这个学校受到束缚，我们与他注定会"大干"一场。

我们入校的第一年，他还是一个令人"讨厌"的语文老师，他不懂怎么与我们相处，上课总是很沉闷。语文课他留给我印象最深刻的是一节公开课，那是我唯一一节没有想打瞌睡的语文课，虽然课上他讲的课文我还是听不懂，但是我知道他凭着那堂课打动了所有的听课老师。

第二年，我们彻底"死亡"了，换了他当班主任。我们当时就是不满加郁闷！怎么可以让我们的"敌人"做我们的"头头"呢？还记得我们在第二年闹出了一件大事，我们集体闹到校长室要求换班主任。校长在我们班举行了一场别开生面的班会，要求大家面对面把问题逐一解决，我们当时口角相争的场景还历历在目。但是，那时的无理取闹和任性，间接地让我们明白了我们班除了他不会再有老师愿意接管了。

现在他接管我们两年了，从一开始的水火不容到现在相处融洽，过程十分艰辛。但是我想这是我们不可或缺的记忆，它让我这三年变得十分充实。不论是我们针锋相对的时候还是现在的和睦相处，这一年的记忆是我觉得最多的。下面就带大家一起去回忆回忆吧。

我的字很丑大家都知道的吧，这可不是秘密。但是有谁知道，在第三学年刚开始的时候，班主任曾专门因为我的字找过我谈话，他用鼓励的语气告诉我："只要你认真写，努力写，不放弃，就会有改变。"这真的让我感动了很久，因为哪怕我的朋友都没有激励过我，这是我对班主任的第一次改观。

第三学年第一学期和第二学期的"乐月之星"比赛，他一反常态，不仅没有阻止我去，还非常"给力"地为我加油。我也非常努力地拿了两个"第一"。人生就是一个舞台，不要计较舞台的大小，只要你把握了每一次展现自我的机会，那么再小的舞台你也会发光发亮。这是我对班主任的第二次改观。

2011年5月，我参加了江苏省啦啦操、健美操比赛。我们每天都很累很累，班主任还叫我写一个历练日记，记下每天发生的点点滴滴，一开始觉得很无聊，但是还是坚持写了一个星期，我在去比赛的那个晚上打开日记本，里面的心酸和满足我无法形容。我只能很负责任地说，我那天长大了好多。这是我对班主任的第三次改观。

同样送班主任一句话吧！"坚韧是成功的一大要素，只要在门上敲得够久、够大声，终会把人唤醒的。"希望你可以敲醒更多的同学。

晓乐说：

三年过去了，在这三年里我收获了很多，也失去了很多。三年前我是一个做事鲁莽、想法幼稚甚至有点不知天高地厚的疯丫头，而现在的我，已经被磨炼得做事冷静、说话动脑子、行事很低调了。你知道这是为什么吗？因为我身边一直有个"唠叨"不停的班主任。

我想不用我介绍，大家都应该知道他了吧！他带我们班已经两年多了，在相处的这段时间里，他在我脑海中的形象不停地改变。他刚开始接手做我们班主任的时候，大家都特别反感，我当然也是，因为总觉得他拒人于千里之外，天天板着脸，那时候我们从心底就已经拒绝了他，之后我们班又发生了很多不愉快的事。记得以前，我总是在学校打架闹事，每个星期总要发生点事情，因此没有老师喜欢我。每次闹事之后，陈老师就立马到班上来找我，但是他找我谈话的时候从来没有对我发过火，这让我很惊讶，因为我知道他其实脾气不太好。谈话次数多了，渐渐也就听得进去一些了，慢慢我发现其实陈老师对我真的很有耐心，一直都在鼓励我，而不是讽刺我，没有看不起我们这样的"差生"。这让我心里有一丝感动，这样的老师应该是把我们当作自己孩子一样看待的吧，就算不能把每个学生教成天才，但是也能把这些学生变成一个个积极向上的好孩子。

渐渐地，我对他原有的印象开始改变了。以前我在路上碰到他从来不说话，后来变成每次看到他都会跟他打招呼，他在路上碰到我还经常载我一程。以前我都是惹事才被叫到办公室，可是现在都是去办公室"办正事了"，以前班级里的事从没我的份，更别想老师会找我管理班级事务了，而他的出现，让我有了这个机会，让我体会到了一份责任感。

过去总是他找我谈心，而现在我偶尔会给他一些建议，融洽的沟通让我从陈老师那里懂得了很多道理。陈老师在这两年里教会了我很多，我们到学校来不光只是为了学习书本知识，更多的是来学习怎么做人、做事。陈老师总是说，人都是要互相尊重的，我深刻体会到了，你对别人好，别人就会对你好。

其实有时候想想，做班主任也很不容易，班级那么多学生要管理好，还要照顾到每个学生的差异。三年来，不管是对我还是其他学生，他都付出了汗水和精力。班级同学生病回家，他安排同学打电话关心，别的班主任想不到的点子，他都想到了，还在网上找资料给我们，把我们的作品展示到网上去，在杂志上能看到我们班这几年的成果，等等。这些都是他为我们的付出，你看到别的班主任这么做了吗？我想只有真正为自己的学生着想的老师，才会这么努力付出吧！从一个全年级最差的班，到现在所有老师都喜欢的一个班，这些功劳非他莫属。

还有一年时间我们就要毕业了，我想象不出一年后我们毕业的场景，或许会有很多的不舍，但是我想应该更多的是激动吧，我们要把在学校里学到的东西，拿到外面去实践了。我想陈老师也是高兴的，看着和自己一路走来的学生们即将走向社会；他是高兴的，因为我们将和他一样成为一名优秀的老师。

此时此刻，我只想代表班级所有同学真心地对陈老师说声谢谢！谢谢三年来对我们的培养与照顾！您辛苦了！

创新手段，为自己打造一件教育新武器

练武的人都有一件自己钟爱的兵器，比如关公的刀、赵云的长枪、张飞的长矛。在王晓春老师的书中看到"教育诊疗"这件新武器的时候，我就在想自己是不是也该找一件新式武器。一次班级元旦联欢，让我找到了自己管理班级的新式武器——班级微电影。在班级微电影的创意中，我较为熟练地掌握了配套效应、登门槛效应及积极关注等心理学

知识，为我管理班级提供了很好的帮助。

班级微电影，是指借助于微电影的形式在班级内引领学生拍摄主题微电影，提高学生参与班级管理的积极性，通过角色塑造等手段促进学生的个人成长。通过把新媒介与班级管理相结合的方式，利用学生自身的教育资源进行自我教育。

那是我第二次中途接班后迎来的第一个元旦，辞旧迎新是一个很好的教育时机，鉴于以往的元旦迎新活动大多以文娱节目为主，我就在想，可否换一种形式，做点不一样的内容。

我和学生们商量，"可不可以试着拍几部微电影"。说来也怪，学生并没有太多的诧异。

这个班级是中途接手的，是另外两个班级各分流出一部分学生组成的新班级。在班级管理之初，我就注重和学生建立良好的师生关系。第一次见面的时候，我就送给每个学生一个棒棒糖，并期许他们有个甜蜜的开始。面对新组合集体的各种困难，我尽可能地挖掘他们身上的潜力。在最初的一个月时间里，我把主要的注意力放在成人高考的复习应考上，我们取得了全校第一名的好成绩，并遥遥领先其他班级。分班后第一次"战役"的胜利极大地鼓舞了学生们的士气，紧接着我们又取得了"跑操精品班"的称号及常规管理第一名的好成绩。这些铺垫工作为我提出这个大胆的想法提供了很好的支持，所以学生大多是愿意去尝试一下的。

我与他们商定了主题，"青春、励志、迎新"，把全班分为四个组，准备时间为一周。最终完成四部作品，《当末与未相遇》《回家的诱惑》《坚持自我》《锦城》。

元旦那天，我们邀请了幼教部的老师，模拟电影节首映式的形式召开了首届班级微电影首映式，并为导演和演员颁了奖，整个活动既轻松愉快又环保健康。微电影制作的过程及电影本身的内容都起到了很好的教育作用。

首映式结束了，我们的活动还在继续。后期我以多种方式对导演、编剧、演员等角色进行持续跟踪，做个案研究，并成功申报了南京市

"十二五"规划个人课题。以后我们又尝试拍摄了十多个主题的班级微电影，如节日、班级小团体、校园宣传片、班级 MV、毕业季等。学生基本上利用业余时间完成，每一期以一周为制作周期。我们举办了三次班级微电影首映式，基本上实现了学生自主制作，培养了学生诸多品质，把微电影打造成班级的一张名片。

微电影以其低成本、易操作等特点让电影这一实践性较强的艺术进入"寻常百姓家"，通过技术手段满足了普通人成为主角的需要，以其强大的聚合力把班级中分散的资源聚合起来。通过实践与总结，最终我们以微电影为中心，聚合资源，构建系统，在微电影剧本创作的基础上衍生出班级写作社，创造性地完成两本励志读本——《所谓生活，就是执着》和《偶遇》。

教育是门实践的艺术，教育的意义是在实践的过程中不断接近的。只是因为在网络中多看了你（微电影）一眼，再也未能把你忘怀，只是因为这次偶遇，才促成了我在教育实践中的一次改变。

学生如是说：
给我一个角色，给你一个不一样的我

秀秀说：

我不知道我未来会成为一个什么样的人，但这次微电影拍摄对我的影响很大。如果不是老师让我们做这些，我也不会发现自己会有如此的潜能。一个从未想过的现在，一个如此努力的我。所以，我想说，永远都别轻易否定自己，哪怕所有人否定你，拿出你的努力，总会有人去肯定你。另外，我还想说，谢谢你，我爱你，三班。

倩倩说：

若是说到拍摄这部微电影的目的，其实最初的目的不过是完成老师的任务，但是渐渐地在拍摄和制作的过程中我找到了真正的目的。

小享说：

这个角色就是现实中的我，改变前非常没有耐心，越做不好越会生气，摔门而走的动作我真的有做过，后来真的有改变一点，至少练习了

一首完整的曲子。微电影制作完后，我每看一次都觉得要更努力，当我没耐心时，我就想到影片里改变前的样子，我不想变回那样，所以我现在不断地向前跑。

写作就是这么简单，只是因为信任和坚持

小静说：

他总是给我机会，让我去发挥，我从来没想过我也可以写东西。真的，从来没想过。印象里，这些好像都是"好学生"去做的，跟我根本挨不着边。可没想到，现在竟然是我在做这件事情，并且一直是我。

他总是找到我，让我去写征文，除了告诉我有关写作的要求之外什么都不多说，也从来没有催促我要快点写好。起初我真的很没斗志，甚至觉得愧疚，因为我认为自己肯定做不好。越是内疚就越不想得到这样的结果，所以文章写好后我就一次次地修改，修改了不知道多少遍，直到修改得麻木了。他看了我写的文章后也没有说哪里写得好，或是哪里写得不好，他只是说他相信我。两次的征文活动都是这样，包括本学期最重要的人物志，他当时让我去写的时候也只是说他相信我，所以我坚持到现在。好几个月，每周一篇。最后，他说要我把这一年里大家写得好的文章整理成书，并让我一个人完成，他说他相信我。是他一次次的信任才让我坚持到现在，可能他不知道，他给我最大的礼物，正是信任。被信任的感觉，真好。

他说他相信我，我怎么舍得让他失望？所以，我的两次征文分别获得一等奖第三名和一等奖第二名，也整理出了两本书《时间囊》和《青春有约》。但在我看来，最好的礼物是获得肯定。感谢机遇，让我生活在这里，让我遇到这位给我肯定的人。在这样不羁的青春里是他给了我机会，是他鼓励我说我可以，是他让我不断进步，是他让我成长，更是他教会了我机会是留给有准备的人的。

也许我对于他来说只是一名普通的学生，送走了我们，他还能遇到另一个"我"这样的学生；但是对于我则不同，这几年里，我只有一个班主任，他是我学生生涯里最后一个班主任。很高兴，他没有放弃我们

任何一个人；很高兴，我们在青春岁月里还可以在他的带领下一起奋斗一程。多么幸运，我来到了这个曾经让我排斥的班级；多么幸运，这个我曾经排斥的陈斌老师是我的班主任；多么幸运，我叫王静，这个名字被选进了这个新的家庭，可以让我重新开始！

小燕说：

三年前，我就像一个陀螺，必须有人鞭策一次，才会行动起来，做每件事都是懒惰的，甚至还会抱怨，就算是现在喜欢的写文章在当时也认为是一件无聊的事情。

陈老师给我们布置了写人物志的任务，刚开始虽然去写，心里却是抱着一种做任务的心态，也不知道如何下手，我心里也明白，我的文采真的算不上好。反而，我觉得我的同桌非常厉害，她的文采总让我羡慕不已。我也会告诉自己，坚持去写，尽管写得不好，写出来了，总会有改变的。或许，因为自己顾虑得太多，太害怕，所以做每件事都有点胆怯，不敢轻易尝试。不过，我还是看到了动力，刚刚开始只有几个人去写，慢慢写的人变多了，后来全班都写了，有的甚至写得更多，渐渐地，这些文章成了一本书。

这时候心里才有一丝触动。原来选择去坚持一件事，最后的结果可能会令人惊喜。

《偶遇》序言（节选）

可是如果人生没有了意外，那么哪里来的惊，又哪里来的喜呢？

在这里的三年，我总是可以听到你们说自己不应该在这里。比如，有人写道："我也总想，如果三年前我没有上这所学校，那么我会在哪里？日子会比现在还要轻松吗？还是比现在要糟糕得多？如果我没有来到这里，我大概一辈子都不会碰钢琴键吧，我也许会放弃我喜欢的舞蹈，这样我就不可能有那些证书和那些跳舞的日子。然后我可能会整天埋没在书本里，绞尽脑汁，最后把我所有的青春都用在了书桌上。"

这本书是大家自己写的这三年的小结，或喜或悲，或成功或失败。可能有些事早就已经被时间淡忘，但是在写这次小结的时候又突然冒了出来，敲打着你的脑袋，提醒着你别忽视那些过去的感受。

有些人可能从来没回忆过这三年都发生过什么。可能这些人都只活在今天里，没有昨天的记忆，也没有明天的幻想，就这样，无数个今天之后，就匆匆过了三年，什么也没有留下。又或者可能有人相较而言会好些，会在这次写这本书的过程中幡然醒悟，一下子想起三年来所有的过往，所有的期待和幻想，想起这三年都学会了什么，又失去了什么。可能会把自己的感受统统写下来，存在书里。又或者会有所保留，写下一部分的总结，而剩下的重要记忆会留在心里，想起时用来回忆，不想想起的就任由它在心里淡化，最后灰飞烟灭，绝口不提。

这本书里有人写了自己的技能，有人写了友情，有人写了自己的成长，也有人写了自己对过去的反省和对未来的想法。不同的人，不同的三年，不同的生活，不同的故事。但是所有的故事都发生在同一个地方，同一所学校，同一个班级，同一群人身上。

这是一段短暂却又漫长的时光。

日子一天天地过去，我们埋怨它走得太慢，不耐烦地一天天抱怨着，直到现在才发觉它离开得实在太快，快得甚至还没看清那些一起生活的人，就已经要分开了。

不知道有多少人在这里写下了想念，写下了不舍，写下了自己的难过和成长。

可不管你写下了什么，经历了什么，快乐或是不快乐，请感谢这段时光，感谢这群陪伴你走过煎熬、一起成长的人。感谢这个曾被你抱怨过的地方，还有这段被你催促着快些过去的三年时光。

重新认识自己

正如弗洛伊德所说，人所做过的事情并没有被忘记，而只是被埋进了潜意识的仓库之中。在适当的条件下，它们将会如浪潮般地涌现出来，令你忽然明白其中的许多奥秘。对个体生命成长过程的梳理，则是帮助我们重新咀嚼那些潜藏在我们记忆深处的往事，对此，我们总是可以悟出很多奇妙的东西。反思让我们走得更远。

1. 互联网时代，与优秀的人做朋友

我曾是一个有点自我封闭的人，但是做了班主任之后我在网络的世界中重新审视了自己，在网络的世界里找寻到了属于自己的幸福。我学会了和朋友们倾诉我的痛苦，也学会了和朋友们分享我的幸福。

班主任工作让我接触了新教育在线论坛、心语沙龙群、K12论坛、自主化实验团队，一次次的痛苦、一次次的挫折把我推向了网络的世界。起初并没有觉得网络有什么好处，也只是穿梭在各个专业论坛，没有什么收获。偶然间读到一篇文章，作者叙述了他的网络成长之路。这篇文章让我重新认识了网络的力量，我开始积极主动寻求外部世界的帮助。我邀请在网络上结识的当时在美国哥伦比亚大学做访问学者的华中师范大学博士刘长海为我班学生写了一封信，主要交流了他个人的成长经历；向湖南汇美阁手工艺工作室的创始人刘颂松工艺师预定了一封信，请她谈谈她的创业故事；邀请在阳光助困网结识的一位有过支教经历的幼师专业的大学生给学生做学习生活报告会。

2011年，我的第一篇文章发表于《班主任之友》。这篇文章源自班主任研究会组织的话题研讨。在这个团体中，我积极参加每一项活动，老班话幸福、齐读共赏、话题研讨加速了我的成长。2012年我和第一个班的故事在《华夏教师》编辑的促成下发表于"我和我的班"栏目，并在封面予以推荐。2013年，我毛遂自荐把我经实践整理出的第一个讲座稿《我的班级微电影》，在全国中职学校德育论坛、第十一届全国班主任大会上做了分享。2014年应邀在南京师范大学班主任研究中心做"微电影与班会课"的主题讲座。2016年我和第二个班的故事发表于《班主任之友》杂志封面人物专栏。一路走来，遇见了太多的贵人，是你们给予我成长路上的帮助。在这个互联网时代，你越努力你的运气就越好，你越努力就越能够和最优秀的人成为朋友。

2. 做你自己，设定适合自己的节奏

河南一位老师在学习先进经验的过程中引发了一场悲剧，这不得不引发我们对如何学习先进经验的反思。

我觉得学习先进经验重在结合自身实际进行消化，要创造出适合自己的做法。先进经验中有很多易于模仿的内容，有些做法容易产生立竿见影的效果，这部分内容往往成为我们在学习过程中的首选对象。在我做班主任之初，先后研读了一些教育名家的图书，学习了一些好的做法。在卫生打扫方面我借鉴了"事事有人做，人人有事做"的做法，一改班级轮流值日的做法，实施定岗定人，把班级卫生打扫分为两块，包干区和教室，每一块再细分到人，每个人从早到晚就负责自己打扫的一块，专人负责检查。该举措实施之后，班级卫生打扫进步很大。此类经验在实施过程中易操作，易显现成绩。

先进经验中还有一部分内容是不易消化的，也是不易模仿的，轻易地模仿往往会造成"画虎不成反类犬"的结局。这部分内容往往是先进经验的精华所在。但凡先进经验都是结合自身的实际创造出来的，都有其适应的生存环境。所谓"橘生淮南则为橘，生于淮北则为枳"。我在班级尝试了学习小组的做法，形成学习委员、课代表、学科负责人三层负责制。预期想法是每个学习小组的学科负责人负责本小组成员的学科学习，各学科课代表负责各小组学科负责人的学习，学习委员负责各科课代表的学习。每种角色的目标人数控制在六至十人。实施几个星期以后，根据统计资料反馈，效果并没有预期的好。对照了做法后发现其中的差异，被模仿的学校是整个学校所有的老师都在实施这一做法，而我只是一个班级一个老师在这么做。我这么简单的移植无疑会以失败而告终。

反思我们学习先进经验的做法，不能满足于立竿见影的易操作的内容，而应该积极探索先进经验中的精华部分，即别人是如何结合自身实际创设出适合自身发展的做法的。别人的具体做法不一定适合你，别人探寻做法的过程一定值得我们学习。

班主任工作说到底是做人的工作，需要班主任对人性有充分了解，不但要了解学生，还要了解自己。有着什么样的学生观、自我观念，将决定你有什么样的思维方式和工作策略。我是一个慢性子的人，这既是一个劣势也是一个优势，性格没有好坏之分，只有用得好与不好的区别。在我对自我有了充分的认识之后，在处理学生的问题时我的情绪就没有那么激动了，我为自己赢得了多思考的时间。人与人的交往中最需要尊重，而长期以来的师道尊严的传统使得我们面对学生的时候多多少少都有点高高在上的感觉，没有真正做到尊重。但是从我个人的实践来看，这其实是很容易做到的一件事情。我们要全身心地接纳学生的一切，哪怕他的缺点。

对班主任来说，在班级管理中我们既要发挥自己的优势，也要充分挖掘和发挥学生的优势。我个人比较喜欢读书，在班级管理中我就充分发挥了这个优势。我用了半年的时间来推动学生办了一份班级周刊，并设立班级图书角，鼓励学生阅读和写作。半年的积淀让学生对学习有了新的认识，有学生在文章中说我让本不爱读书的她开始喜欢读书了。我觉得这就是一个认可。

我们做事情要有科学的态度、科学的思维，遵循最基本的规律。面对具体的问题，我们要做具体的分析，而不是一味地追求问题的快速解决。其实古往今来的很多道理是大家都明白的，但是真正落到实处的不是很多。任何一个好的理论，只要你坚持做下去就一定会做出成绩。我们要有咬定青山不放松的韧劲。具体到一个班级，你要研究出适合你们班级的方法，而不是简单地套用别人的方法，因为每个班级都是不一样的。

3. 大连接，成为一个主动的学习者

做班主任最初的想法只是完成职称的任务，对于痛苦的认识也只是忍一忍。后来我发现痛苦就像一面镜子，让我更好地看清楚我自己。班上有几名脾气火爆的学生，经常会因为一点小事闹得不可开交。接手班级之初，和他们的相处是摆在我面前的一道难题。起初我很难控制我的情绪，他们发火我也发火，硬碰硬，结果两败俱伤。后来我参与了学校心理辅导沙龙团队，研习了感觉、共情、移情、沙盘游戏和人格分析等技术，其中移情与共情技术让我们的沟通变得更畅通。我尝试去了解脾气火爆的人群，做了很多功课。我发现他们有的时候控制不住情绪其实是一种习惯，并不是有意针对我，我也从他们的家长那里了解了他们在家里的一些情况。记得一名学生在一次发火之后给我发来短信说："老师对不起，我也不知道怎么今天就和你发火了，对不起！"至今我还存留着这一条短信，我想提醒自己当她生气发火的时候要多些宽容。一名学生在和我沟通时总是"先声夺人"。起初我也不能接受她这种方式，而对抗的结果是我还没有说教几句，她就拂袖而去。多次的失败促使我开始思考我的做法是否得当，最终我学会了微笑。之后的每次沟通我都是微笑着听她先把她的观点讲完，也许是因为能够不被打断地说出自己内心的真实想法，她感到很是满足。也许也正是因为这点，她总是可以听进去我的一点点忠告。其实正是这些性格鲜明的学生让我更清楚地看到我自身的种种弱点，也正是我们班级四十多个性格鲜明的学生促使我进一步提升我个人的修养。

生活在世界上，痛苦也是我们一生中必须面对的一个话题。细数经历的各种痛苦，我逐渐意识到，痛苦是一面镜子，照到的不是别人却是我们自己。当我们静下心来重新审视痛苦的时候，我们发现可能是我们自己出了问题。我们总是习惯于去改变别人，其结果总是不令人满意，或许真的是我们自己的方法出了问题。幸福其实就是我们各自心灵成长的一个映照，它需要我们遵照自然界的规律用痛苦去给它施肥。痛苦把我推向了一条反思之路，痛苦为我们创造了解决问题的条件。

人生就是在痛苦中走向幸福的，逃避痛苦不正视痛苦，我们终将无法体会到幸福。把痛苦看成生活中的一部分，而不是多余的，视之为正常，我们就没有那么多的痛苦了。

4. 我的阅读与写作经验

著名的哲学家费尔巴哈有句名言，"人就是他所吃的东西"。我个人认为可以从两个角度来理解这句话。从生理学的角度来说，进入我们口中的各种食物给予了我们物质层面的成长；从心理学的角度来说，透过视听等途径获得的各种知识给予了我们精神层面的成长。人的成长总是外显在这两个层面上的，然而这两个层面的成长在大多数情况下却是不同步的。很多时候我们精神层面的成长往往落后于我们物质层面的成长。人有一套良好的生理机制，当我们饿了的时候，我们的大脑会很快感受到这一生理需求，进而发出需要进食的信号，如果我们长时间不去回应这一需求，那么就会因为没有食物而死亡。然而人类对于来自心灵发出的指令，则反应得较为迟钝，精神层面的需求也没有物质层面那样具有时间上的压迫性，加上精神层面的成长本身就有着不可见不可触摸的特性，所以我们也较容易理解为什么很多成年人有着与其年龄极不相称的心智。

从小我就很爱读书，也很爱买书，但是现在回想起来，这样的读书经历并没有给我的成长带来多少帮助。一言以蔽之，我不会读书。

大学毕业后，我依然爱读书，爱买书。和以往读书的时候一样，每次我都会快速地把书看一遍，而后则是束之高阁，不再相见。此时我并不觉得读书让我有了什么进步，也没有发现不读书的时候有什么退步。

说起真正对阅读问题的思考还是起于我的班主任工作。班主任工作之初，我比以往更加热衷于买书。我买了市面上和班主任工作相关的书达二百本之多，我开始模仿书中的一招半式。我学着给学生写报喜帖，编班级史册，为学生过生日，让班级学生写谁的进步最大，给班干部做精美的聘书，以及学班级卫生承包的做法，短期内我的模仿都很成功。这个阶段，阅读对于我来说就是模仿。

我真正的写作始于班主任社群的研讨，研讨要求每个老师每周写两篇教育叙事文章。记得开始的时候，我写得不是很好，断断续续地写了几篇短文。2011年暑假，我去济源市参加了《班主任之友》杂志举办的论坛，与会老师的精彩发言给了我很大的震撼。我结识了新教育在线"纸里故乡"主题帖的主人。她让我第一次感受到了阅读与写作给人成长带来的质的变化。从济源归来，我开始了教育叙事的写作，新学期开学后，我大体做到了每周写两篇千字文。

我在新教育在线上读到了初荷（本名：李迪）老师的一段话："据身边人说来，我也算得一个爱读书的人。得到这样的评价，我自然是高兴的，却也有丝丝忐忑：朋友们怎知，我的读书一向只是停留在消遣、娱乐上？仅此一点，我就不能不面红耳赤地承认，自己压根儿就不是做学问的人。但我又是从内心深处渴望自己进步的，忽一日听得魏智渊和干国祥老师谈读书的经验，才知道自己一向的阅读过于轻飘，缺乏分量，只满足于表层的阅读快感；才知道没有障碍的阅读也是一种可怕的阅读，除了偶尔习得一招半式技巧，基本上是愉快地荒废时光……"我似乎为自己多年来的阅读毫无进步找到了症结所在，我知道了，我一直在做的是一种消遣性阅读，我没有把阅读融入我的生命。而后，改变慢慢发生。

感恩我的班主任经历，让我有机会重新审视我自己。

感恩我的学生，遇见了你们，让我遇见了更好的自己。

[专家点评]

一位通过反思性实践遇见教育幸福的班主任

李亚娟　南京市教育科学研究所

2014 年 1 月，我组织南京市德育课程优秀成果评选，目的是让全市一些默默无闻的普通教师与德育工作者有机会展示自己的教育实践与创新成果。就是在这次成果评审的过程中，一位普通职校教师厚厚的材料给我留下了深刻的印象，朴实的思想、朴实的做法、朴实的坚持，一切都是朴实的，虽然这份材料没有获得很好的奖项，但这位朴实的职校教师让我印象深刻，他就是坚持在班级做微电影的陈斌。自从结识以后，细读过他写的文章，听过他的主题发言，看过他做的微视频，也和他交流过过学前教育专业学生的管理。而今再有机会细细品味他《遇见孩子，遇见更好的自己》的文字，我发现了一位学会反思性实践的普通班主任，更发现了普通的班主任工作能够让教师认识孩子，认识教育，认识自己，认识幸福，这就是通常人们所说的生命与职业生态融合的状态吧！

我以为班主任，责任重大，令人尊敬，但若能在工作的过程中拥有反思性实践思维，并能遇见自己，这是需要多方面的努力与悟性的。一位普通的班主任能够做到如此，那就没有枉费做一次教师的人生经历。

什么是反思性实践？通俗地讲就是"回想"，通过回想去感受、认识、理解自己在教育过程中拥有的知识、技能、思维方式、理解力、灵活性以及适应性等。班主任如何练就反思性实践思维呢？通过对不同类型的班主任调查研究，我把班主任的反思性实践过程总结为以下几点。

1. 描述。关注发生了什么、谁参与了。他们在体会所发生事件时有什么想法、感受和情绪。陈斌老师通过画学生、画自己、画教育，描述了自己的"遭遇"、自己的被否定、自己的无助、自己的问题、自己改变的空间……，一系列的描述，诠释着当事人、参与者的感受与情绪。用教育叙事的方法改变自己教育研究的方式。

2. 分析。探究为什么会有这样的做法，考察背后的价值观、信念和假设。也就是实践联系理论的过程，通过思考新的或者其他资源、信息，以期帮助理解所发生的事情。这是对儿童发展的深度理解。陈斌老师分析了自己曾经过于看重成绩的陈旧观念及原因，理解了教育应该指向人，注意场景性，了解学生发展的规律与秩序，教育需要留意学生的每个细节与变化，并需要运用教育策略进行合理规划。

3. 行动。将新的思维方式付诸实践，尝试新的或不同的行事方式，以提升实践质量。陈斌老师更新自己的观念以后，尝试让学生和家庭参与进来，与学生共同构建意义；围绕学生发展与学习的本质，支持协助学生进行学习与生活；激发学生的学习潜能，倾听学生的声音并做出回应；监督自己的反思过程，重新审视自己的班级管理与教育。

4. 反思。认知上的反思，包括对每个学生、他们的家庭的了解；反思学生及其家人的所言及所行；反思不同的文化、不同的认知和存在方式；反思所在的环境及群体的首要任务。陈斌老师通过学生对自己的真实描绘，通过不断的学习与实践尝试，对职业学校教师需要培养学生什么品质与能力做出了自己的独特思考。

5. 规划。陈斌老师基于职业学校学生发展的实际及未来，为他们整体性学习做规划，规划学习环境、教学策略，设计并建立学习的物理环境与心理环境。

6. 提出新的问题。完成前五个步骤之后，重新对"我们如何充分利用学生已有知识、兴趣和优点规划他们的学习？如何和家庭合作来规划学生的学习？如何吸引学生积极参与学习？什么是得当的教学策略和实践？我们如何给学生高期望值，使他们都能够成为成功的学习者？我们如何努力找到有效、公平的方式，保证每个学生有机会达成学习目标获得发展？"等一系列问题的追问，循环往复地进行尝试实践。

综上，陈斌老师在他丰富的反思性教学实践过程中，勇于承认自己未知的部分，敢于质疑自己的教学实践，努力寻找解决问题的办法。通过与职校老师讨论、征求学生意见、联系各方资源等方式方法，形成了属于他自己的反思性实践思维与独特的教育风格。

情结·情谊·情操
——对优秀班主任成长历程的理解与表达

八年前，带着一种深藏心底的情结，我来到与中小学、幼儿园一线教师、校长（园长）们密切接触的教育科研单位，尝试用行动来践行自己做基于教育实践问题解决的研究梦想。也许就是因为这种情结，在繁忙的工作与繁重的家庭负担之余，我走进了南京师范大学班主任研究中心一直坚持做的"随园夜话"团队，在这里与美丽智慧的齐学红教授以及"红粉"班主任们（我内心称这些班主任为"红粉佳人"）相识、相知、相惜。在自由、宽松、不纠结的情感氛围中，我们相互关切，彼此爱护，长久以来结下了深厚的情谊。和这些班主任在一起，经常会被他们场景性的描述所打动，他们描述的这些场景，有感性的情绪，有理性的情感，有无数次尝试之后的挫败与欣喜，有一直坚守对抗的死磕，更有彷徨后的智取与以正面教育赢得学生的教育智慧……。他们身上那种经过深思熟虑之后的由感情和思想综合起来的不轻易改变的心理状态，我称之为情操，一种无须谈高尚的朴实与忠诚，一份无须谈伟大的淡定与执着，饱含教育感情的心境，我觉得这就是班主任的教育情怀。

正好近两三年，受齐学红教授相邀，一起编撰《班主任工作十日谈：幸福老班》，有幸能对书中十位班主任的教育历程进行解读，这让我受益匪浅。通过他们个人的教育历程叙事与多维表达，我似乎更坚定了自己最初的实践研究信念。特别是齐学红教授的《班主任的教育情怀从何而来》这篇序言，开启了我新的思想闸门，促动我必须写点什么，来表达对齐老师以及本书中十位班主任的崇拜与敬意。

情结：铸就教师的理想信念

伟大的教育家陶行知受其求学、生活经历及当时的时代背景影响，一生坚守"爱满天下"的教育信条，"捧着一颗心来，不带半根草去"，践行大爱、博爱，坚守平等与广泛的爱，"平民教育"情结铸就其"爱满天下"的教育理想信念。南京师范大学附属小学斯霞老师从十八岁开始当教师，爱小学教师爱得痴迷，爱得纯粹，不为地位所动，不为金钱所动，她只喜欢当小学教师，只喜欢学校。正是由于她爱学生、爱学校，对于从事教师职业终身无悔，才有"童心母爱"教育思想闻名全国。书中的十位班主任，虽然没有成为教育家，但是他们没有一位不是内心充满着"做教师的情结"而幸福地做着教师的。他们有的是从学生时代开始，由于对教师的喜欢、敬佩、崇拜，感悟着教师对自己的教育力量，在内心深处就结下了教育情结；有的从小生活在教师家庭，祖辈、父辈的职业就是教师，带着祖辈、父辈建立起来的教师家风与家训，不知不觉中就期待自己也能成为一名教师；当然也有的如我一样并未有意成为教师，但在从教的过程中，因为受职业感染力、教育对象等深刻影响而许下坚定做一名好教师的愿望。不管因为什么，这种内心的情结就成了为人师者的内在驱动力，做一名教师，做一名学生喜欢的教师，做一名好教师，成为每位班主任的教育理想与信念。正是因为有了这种情结，在教育生活场景中，即使会经常面对纷繁复杂的教育选择，面对充满挑战的教育关键事件，面对不同时期不同人的质疑与不信任，但由于内心拥有教育情结，也就自然难以割舍，难以忘怀，难以不坚守内心的理想与信念。

情谊：维护教师的仁爱之心

每一个教师心中埋藏着的教育情结会铸就自己的教育理想与信念，但作为班主任，在教育生活与闲暇过程中，与同学、同人、同伴等的浓厚而深切的情谊往往会一直维护着教师的仁爱之心。

在教育的过程中，如果没有仁爱之心，就不可能让教育者与受教育者的心灵发生触动，就不可能有和谐的师生关系，更不可能有教育影响力的发生。

书中这十位班主任，每一位的教育叙事中，都描述了让自己印象深刻的学生、同事，生活中的贵人与认可自己的领导，不断学习过程中巧遇的智慧学者，等等。这些关系之间生长出来的温暖情谊一直滋润、激发着他们的仁爱之心，做一个充满爱、学会爱的德性教师成为他们的共同价值观。在这个价值王国里，学生是一样的，但又不都一样，学生学习中可以犯错，也必然会犯错，学生质疑，甚至与自己对抗都是正常的，因为没有质疑，认识就不可能得到提升，没有成长的教育是虚假的，虚假的教育无法体现教师的仁爱之心。

第一，班主任超越世俗与功利，爱学生。无论是通过教师叙述的学生眼中的自己，还是自己眼中的学生，从中都可以看出这些班主任无论在最初与学生建立关系，还是在日后师生相处的过程中，都在思想与行动上超越世俗、拒绝功利，并且这种价值观，学生是了解、理解的，对学生产生了非常重要的榜样影响力。这种师生之间的教育影响力，对班主任内心的道德、激情，以及教育的智慧与行动都是至关重要的精神动力。永远斩不断的师生情谊，会持续地对超越世俗功利的价值观给予积极正反馈，也将永远滋养教师的仁爱之心。

第二，班主任肩负责任与使命，爱教育。通过教师们叙述的自我成长过程，我们看到不管到哪个成长阶段，教师们都在不断学习、不断成长，完善自己的知识结构，提升自己的教育素养，审视自己的教育行为与方法。在学科教学与班级教育过程中表现出的自主创新与创意，特别是面对学生教育难题反复不能解决表现出来的耐心，甚至是倔强，充分显现其澄明的内心与思想，而且他们能够坚持行动，不停努力地表达着对教育的热爱。

情操：诠释教师的思想与行动

主张生活德育的鲁洁教授认为道德教育必须是对"人"的教育，德育的目的是让受教育者"成人"。换言之，道德教育从根本上说，是

"使人成为人"的教育，就其具体目标来说，是"成就人的德性"的教育。因此，教育活动和道德教育活动要促进基于人的生存本性的自我超越，使"人"成为"人"。

班主任所做的不是简单的工作任务，而是专业性非常强的育人工作，关系到班级每个学生的发展与成长。

十位班主任结合自己的成长经历、教育实践历程，诠释着他们由感情和思想综合起来，不轻易改变的心理状态，即情操。他们践行"德育生活化"，由新手班主任的注重创意与个性，到成熟班主任注重经营与表达。他们"教学做合一"，除了完成教学任务，还要运用科学与艺术，努力激发和培养学生的自我意识，发展其与同伴、亲人、朋友、集体、周围世界和谐共处的能力，更以心灵开启心灵、以智慧影响智慧的方式，传递丰富的教育情感。他们注重在学生心中埋下善良、友爱、自由、公平、平等、私德与公德的种子，注重情感教育，在构建和谐的师生关系的过程中，在处理班级事务的过程中，多维培养学生的责任意识，重视仁爱教育，建立正义制度，优化教育环境，不仅为学生的今天发展助力，也肩负起了培养学生一生受用的完美人格的使命。

情结、情谊、情操，是我向十位班主任学习之后，用来勾勒我心目中的教育情怀的三个维度。虽然没有人称他们为教育家，但是他们在纷繁复杂的社会背景下，坚持一心为生，不轻易放弃，内心的情结、情谊与情操，通过朴实的教育行为与行动持续地坚守着，这就是我理解的一线班主任的"教育家"情怀。他们已经拥有了实践教育家的核心价值品质。当然，我也希望一直能够有机会与他们一起学习，共同见证他们朴实的教育情怀惠泽更多学生的心灵，影响更多人。

李亚娟

2017年7月